Chen Changshu

陈昌曙文集

可持续发展卷

陈昌曙/编著

科学出版社

北京

内 容 简 介

本书是《陈昌曙文集》中的"可持续发展卷",是陈昌曙先生在哲学的视角下研究可持续发展问题的主要观点。本书深刻分析了可持续与发展何以兼容;可持续发展的内涵及其何以可能;可持续发展的主体及其与自然的关系;可持续发展的方法;科学技术在可持续发展中的正反作用;在当今时代背景下,中国如何发展可持续等内容。

本书可作为全国高校技术哲学参考书和科学技术哲学研究生参考用书,同时,对科技工作者、管理者和政策制定人员也具有重要参考价值。

图书在版编目(CIP)数据

陈昌曙文集·可持续发展卷 / 陈昌曙编著. —北京:科学出版社,2015

ISBN 978-7-03-045814-8

Ⅰ.①陈… Ⅱ.①陈… Ⅲ.①陈昌曙(1932~2011)–文集②可持续性发展–文集 Ⅳ.①B-53 ②X22–53

中国版本图书馆 CIP 数据核字(2015)第 227164 号

责任编辑:郭勇斌 樊 飞 / 责任校对:钟 洋
责任印制:徐晓晨 / 封面设计:铭轩堂

科学出版社出版
北京东黄城根北街 16 号
邮政编码:100717
http://www.sciencep.com
北京厚诚则铭印刷科技有限公司 印刷
科学出版社发行 各地新华书店经销

*

2016 年 4 月第 一 版 开本:720×1000 1/16
2024 年 1 月第三次印刷 印张:14 1/2
字数:600 000
定价:**169.00 元**
(如有印装质量问题,我社负责调换)

总　　序

陈昌曙教授是中国技术哲学的开创者和奠基人，是我国科技哲学领域的一代名师。他在哲学道路上近半个世纪的耕耘，始终跋涉于马克思主义哲学和科学技术哲学领域，为我国当代哲学的发展和技术哲学学科的创立做出了重要贡献，在国内外享有较高的学术声誉，影响深远。

陈昌曙教授 1932 年 7 月 7 日生于上海，1950 年毕业于江苏苏州中学，同年考入东北工学院（现东北大学前身），1954 年被选派到中国人民大学马列主义研究班学习，开始了他的哲学学术生涯，两年多的研修历程，也使他的哲学才华逐渐展露。1956 年回到母校任教，从事哲学教学和研究工作。1961 ~ 1965 年，他开始将哲学认识论的研究与自然科学相结合，研究自然科学方法论问题，这为他日后的技术哲学探索累积了丰厚的学养。1978 年"文化大革命"结束了，他和千千万万个中国知识分子一样，满怀热情地迎接科学的春天，开始探索我国技术哲学这一新的学术领域。

20 世纪 80 年代初，陈昌曙教授对我国技术哲学独立地位的思考日渐成熟。1982 年，他发表了《科学与技术的统一和差异》一文，明确提出了科学与技术划界的思想，阐述了技术与科学之间存在着本质性的差异，从而奠定了技术哲学学科在中国的独立地位。1986 年以后，他广泛深入地了解了采矿、电子、化工、自控等专业的特点，仔细考察了工程技术人员的研究过程和成果，认真探究了工程技术人员思维方式和研究方法，进一步深化了对工程技术学科的认识，这些独创性的研究都为我国技术哲学学科的奠定了坚实的基础。

1992 年，陈昌曙教授带领的学术团队在技术哲学领域斩获颇丰。在理论研究方面：提出了人工自然理论、科学与技术的差异、技术的本质和技术体系的结构等新观点和新理论，形成了技术哲学理论的研究重点；在应用研究方面：重点关注了东北老工业基地技术改造中的哲学问题和社会学问题，以及技术创新、可持续发展中的技术等应用问题。正是沿着理论和应用两个方向，陈昌曙教授带领的学术团队为技术哲学学科构建了坚实的支柱，并逐渐形成了技术哲学研究的"东北学派"。

1980 ~ 2001 年，陈昌曙教授发表了 60 余篇文章探讨技术哲学问题，内容涉及技术哲学得以成立的基本前提、技术哲学的研究对象、历史演进、学科性质、学科体系、基本内容、技术的本质与要素、技术与生产、技术与工程的关系、技术与社会的关系、产业与产业技术，以及可持续发展等问题。经过 20 余年的努力，他开创了具有工程传统的中国技术哲学研究方向，高屋建瓴地绘制了我国技术哲学发展的图谱和路线图，在国内外学术界产生了深远的影响。

在学科创建之初，陈昌曙教授遇到的第一个问题就是要建立什么样的中国技术哲学。由于多年以来深受马克思主义哲学思想的浸染，他将中国的技术哲学定位于以马克思主义为指导，以中国工程技术实践为土壤的哲学学科。当然，这种定位无论就中国的学术环境，还是从他学术成长道路而言，都是必然的。陈昌曙教授的哲学道路就是从马克思主义哲学开始的。1955 ~ 1957 年，他以辩证唯物主义为基础，深入细致地研究了唯物辩证法和认识论，在《哲学研究》上发表了《关于唯物辩证法的两对范畴》、《唯物辩证法的范畴——本质与现象》、《唯物辩证法的范畴——形式与内容》等系列文章，出版了《唯物辩证法的主要范畴》（人民出版社，1957 年）和《唯物辩证法的范畴——必然性和偶然性》（湖北人民出版社，1957 年）两部著作。在之后的研究中，他又以历史唯物主义为基础，阐述了对社会主义的认识，对劳动价值、知识价值和劳动分配关系的理解，以及领导干部与马克思主义哲学的关系等问题。

自哲学研究以来，陈昌曙教授对认识论问题极为关注，并将认识论与自然科学相结合，试图打开科学认识论和方法论的"黑箱"。除"文化大革命"期间被迫停止所有研究工作以外，他从未间断过对这些问题的思考，其思想的火花可见其学术生涯的各个时期。因此，科学认识论和方法论的研究成果，是陈昌曙教授技术哲学思想的理论基础，也是其技术哲学思想的重要组成部分。

对于国际技术哲学的理论成果，陈昌曙教授认为应该用辩证的态度去认识。他指出："我们不赞成把国外的技术哲学或技术论原原本本地搬到中国来，把它抬高到不适当的高度。西方技术哲学和日本的技术论当然是值得借鉴的，其中也包括有益的资料和合理的思想，有的还试图用历史唯物主义的观点探讨问题，但同时也要注意到，无论是德国或是美国的技术哲学，或者是日本的技术论，都处在形成的过程中，对工程技术界和学术理论界的影响都不甚大，而且，国外的技术哲学终究不是针对我们所面临的问题，在提出问题和解决问题的观点方法上也有可分析批评之处。"他和远德玉教授合著《技术选择论》的目的之一就是要在批判西方的"技术自主论"思想的基础上，明确人与技术之间的选择关系。在这部论著中，两位先生一致认为：人虽然不能完全自由地选择技术，但是在一定程度上，人对技术有着广阔的选择天地，在技术选择上也有自己的用武之地。当然，他们也并没有完全否定"技术自主论"，也认为其中"包括着合理的东西"。

两位先生对待西方学术思想的态度也正是我们今后应该效仿的。

中国的技术哲学要直面中国工程技术实践中的现实问题，使之成为工程师能够听懂并可以实践的哲学，从而实现人文学者和工程技术人员的对话，这是陈昌曙教授对中国技术哲学的基本要求。他从科学与技术的关系，技术的先进性标准与适用性标准的区别与联系，技术发展的内部关系，技术研究的体系，技术发展的条件，技术科学与工程技术研究的方法论，技术、自然与人的协调等 8 个方面，对中国技术哲学要回答的实际问题给予明示。从这一点上看，中国技术哲学从一开始就是工程传统的。尽管陈昌曙教授十分喜欢技术，但他本人并不是一位职业工程师，相反，他是一位有着卓越哲学思维的哲学家，其深厚的哲学底蕴使他能够突破工程师的职业视角，以一个哲学家的角度反思工程技术，这使得他的技术哲学尽管具有浓重的工程传统色彩，但还是体现了其人文主义的反思倾向，这在他撰写的《技术哲学引论》中关于"人工自然"和"可持续发展"问题的讨论里表现得尤为突出。

陈昌曙教授自开垦中国技术哲学这块处女地伊始，就在思考中国技术哲学发展的基本问题，因为凝练的基本问题具有研究纲领的意义和价值。20 世纪 80 年代，他在《技术是哲学的研究对象》一文中就初步构建了技术哲学的研究框架，在宏观上对技术哲学的研究方向做了初步探索。20 世纪 90 年代末，他认为提出中国特色技术哲学基本问题的时机已经成熟了。2000 年 10 月 14 日，在清华大学召开的"第八届全国技术哲学研讨会"上，陈昌曙教授和陈红兵博士提交了《技术哲学基础研究的 35 个问题》这篇带有研究纲领性的论文。文中就技术哲学的学科定位和性质、技术哲学研究的理论意义、技术哲学的本质、科学与技术的关系、技术的价值、技术发展的规律性等 6 个方面提出了 35 个至关重要的问题。就如同 20 世纪德国数学家希尔伯特提出的 23 个数学问题一直指导着整个 20 世纪世界数学研究一样，陈昌曙教授关于技术哲学基础研究的 35 个问题，以其深远的立意、丰富的内涵和深邃的思想，不仅深刻地影响着当代中国技术哲学的研究范畴，也必将对我国未来技术哲学的发展产生历史性的影响。

当然，陈昌曙教授的学术视野并没有局限于理论层面的探讨，先生以其独特的视角，关注着现实问题。1978 年以后，关于科学技术如何成为生产力的问题，他从当时我国科学技术发展的实践出发，提出"技术是科学转化为生产力的中介"这一重要思想，为我国科学技术尽快长入经济，实现科学技术的生产力功能提供了理论基础；为注重基础科学研究同时大力加强应用研究的科技政策的制定提供了科学依据，促进了当代中国科学与技术的协调发展。

自此以后，从哲学层面关注现实问题成为陈昌曙教授重要的研究方向，论题涉及 STS 问题、技术社会化问题、技术创新问题、高技术问题、企业技术改造问题、东北老工业基地转型问题、可持续发展问题等诸多方面，先生为此撰写了大量论文，充分体现了科学技术哲学的应用价值。

陈昌曙教授一生致力于中国的技术哲学研究，开创了中国特色的技术哲学研究传统，为中国技术哲学的发展指明了方向，"没有特色就没有地位，没有基础就没有水平，没有应用就没有前途"。这是先生的至理名言，它鼓舞着我们后辈学者朝着此方向不断探索着理论与实践的未来世界。

陈昌曙教授的学术成果，之前主要以论文和专著的形式单独发表，先生去世之后在遗稿中又发现了很多没有发表的文字资料。这些已发表和未发表的论著，从不同角度多方面地反映着先生的学识、学养、学术、学风。现今我们将这些成果整理成《陈昌曙文集》，在科学出版社出版。

先生虽已驾鹤西去，却为我们留下了大量而宝贵的精神财富。《陈昌曙文集》的出版，必将对具有中国特色技术哲学的发展产生重要影响，也必将使我们在国际技术哲学领域里，不断推进具有中国气派和中国风格的技术哲学思想，使我国的技术哲学在国际技术哲学领域占有一席之地，产生重要影响。

陈　凡

2014 年 6 月 7 日于沈阳南湖

目　　录

下篇　可持续发展研究

上 篇

哲学视野中的可持续发展

前　言

　　"可持续发展"是当今的热门话题，越来越多的人认识到，人类必须有可持续发展的战略，必须保护生态环境和合理利用资源，人类的未来才有希望。但是，对我们来说认同和探讨可持续发展问题的时间终究还不长，关心和研究它的人终究仍不够多，对可持续发展的宣传也还不很充分，在这种清况下我们究竟应当怎样来认识和对待可持续发展，特别是如何使之成为公众能广泛接受的观念，如何使可持续发展战略付诸实际，仍是一个需要认真探讨和解决的课题。

　　公众接受或统一认识的重要性无需多说，为此当然需要加强对可持续发展理论的普及工作，包括可以在学校教育中开设"可续发展概论"之类的课程，在干部教育中举办可持续发展问题的讲座；同时，我们也应注意到，要引起和加深人们对可持续发展理论的重视，要在这个问题上求得认识上的一致，要真正统一思想，还必须有不同的观点，不同意见的陈述、论证、争鸣或辩论，只有经过互相对话、交流和切磋，才有可能求异中之同，逐渐达到统一和提高认识的目的。

　　对于可持续发展，当今的主要问题不是已有了一致肯定的看法而宣传不够，也不是人们已有了完全确定的结论而只是理解得不充分，事实上人们在理论观点上对可持续发展的看法仍是有差异、有分歧的，或实际上有不同意见却争论的不够，我以为，这个方面的问题不仅是欠缺不同见解的争辩，似乎就连"摆观点"（把不同的看法摆出来）也欠充分，好像我们大家都已完全同意可持续发展，剩下的问题只是去解决人口控制、环境保护、资源节约等具体问题了。当然我们的报刊在关于人类中心主义的问题上已开展了争论，已有了各种意见，但有关可持续发展理论的意见分歧决不是仅限于人类中心主义或非人类中心主义之争，还有其他的许多重要问题（包括更有现实意义的问题）需要展开争鸣。在可持续发展的理论性问题上，对于不同的观点和意见摆得越是充分，争得越是热烈，离统一认识也就越近；而学术上不同意见的讨论、争鸣和认识趋于一致，又会影响到公众对可持续发展理论的关心、接受和达到共识。基于这一点，为了有助于引起讨论，本书将把在可持续发展问题上的一些看法列举出来，而且重点放在与他人观点不尽一致的方面。

当前更需要研究的是如何找到和实现可持续发展的对策。现在有大多数著作和文章都着重于论述可持续发展的必要性、重要性、紧迫性，而对于实现可持续发展的复杂性、艰巨性，对于实现可持续发展战略必须要解决的困难和问题，却较少有分析。实际上，为了可持续发展，我们不仅需要说明它的重要意义，不仅要有对理论性问题的论证和辩论，从哲理上辨明是非，还需要在揭示出可持续发展的矛盾的基础上，探索和提出解决这些矛盾的设想和对策。可持续发展不应当仅是种理念、提法或口号，同时也应当成为可操作或运作的现实，基于一这点，本书将把可持续发展的一些矛盾和困难尽可能列举出来，同时作一点对策思考，当然，本书所谓的对策思考仍然是哲理性的；因为笔者毕竟只是一个书生，只可能是摆矛盾多，想办法少，更无力提出解决现实矛盾的办法、真正可操作的措施。

列举关于可待续发展的矛盾和困难，并不就是一件开创性的工作。例如，已经有学者分析了环境保护的若干两难，包括：经济建设与环境保护的矛盾，工业开发与能源节约的矛盾，人口增长与家庭教育的矛盾，增加生产与减少污染的矛盾，开发现代文明与保护传统文化的矛盾等。本书不过是想尽可能多地列举出可持续发展的矛盾，并尽可能多地讲点一家之言而已。

作为"前言"，还有必要对本书写作的动力和"特点"略作交代。在我写《技术哲学引论》的"技术与未来"一章的"新的发展观"一节时，曾涉及可持续发展问题，那时就想到过，以后如有可能，要以可持续发展为主题，再作点研究和写点东西。那时有的一些"问题设想"和尔后又萌发的观点，部分地反映在我给1998年于厦门召开的"哲学与现代化学术研讨会"提供的资料中，那份以"从哲学的观点看可持续发展"为题的材料提出了27个问题，包括：

（1）可持续发展已受到政治家、社会学家、经济学家、生态学家和环境科学家的重视，可持续发展问题能否（及如何）成为哲学研究的对象，哲学界对研究和宣传可持续发展应当和可能做些什么？杜博斯曾说："我们必须从广义的哲学概念出发，对人类环境的实质问题，进一步探求和理解其自然平衡的内在因素。"①那么，对于可持续发展，又是否可能从哲学上来探求和理解其内在因素和矛盾？

（2）人类文明的类型应作怎样的划分？既划分为物质文明、精神文明、制度文明，又划分为狩猎文明、农业文明、工业文明、生态文明或后工业文明，该如何理解？"生态文明"的概念能否成立，有什么内涵和特点，生态文明与工业文明有什么关系？如何进行"文明观"的研究，是否可以划分为科学主义的文明观、人文主义的文明观、经济主义的文明观和生态主义的文明观？

（3）人类文明的时代应作怎样的划分？时代的划分——有什么意义、根据和准则，既划分为原始时代、奴隶制时代、封建制时代、资本主义时代，又划分为铁器时代、电气时代、计算机时代、知识经济时代，该如何理解"生态文明时代"的提法有什么根据和意义？

（4）究竟应当怎样评价工业文明的历史作用或功过？在什么意义上说工业文明或工业文明时代已不可持续下去，现在的发达国家仍然处于工业文明的阶段，还是已有了向新的文明类型的过渡？目前，世界上的大多数国家和地区正在推进工业化的发展，它们应在何种程度上接受工业文明，或应在哪些方面扬弃工业文明，怎样才能避免工业文明的负效应？

（5）工业文明是怎样和在何种程度上影响到生态环境的？生态破坏与环境污染在内容、性质、根源和危害上有何异同，能否说工业不发达和人口压力大乃是造成生态破坏的主要根源，而工业过度的、无节制的发展，以及"消费经济"，则是环境污染的主要根源？从人为的因素和根源看，中国的1998年长江水患主要是无节制地发展工业文明造成的，还是经济不发达造成的？

（6）应当怎样科学地界定可持续发展的概念？可持续发展概念的应用目前是否存在泛化的倾向；应当怎样来规范"可持续发展"，它与"绿色发展"有何异同和关系，对人类要"走绿色发展的道路"，该怎样理解？

（7）可持续发展被定义为"是既满足当代人的需要，又不对后代人满足其需要的能力构成危害的发展"，这个定义在逻辑上的"不对称性"该如何理解？它摒弃损人利己，又只确认利己（满足当代人）不损人（不危害后代人），为何不明确要求既利己又利他？

（8）"可持续发展"一词中的"可持续"与"发展"该如何理解？能否

---

① 芭·杜博斯：《只有一个地球》，吉林人民出版社，1997：39

认为发展是为了满足人们的需要，而可持续则是对发展的限制词，即对发展的限制，可持续与发展何以兼顾，有何两难。有人认为可持续发展只是一种理想，可望而不可及，该如何评说？

（9）人们的自然观对生态环境的破坏究竟该负什么责任？有人提出，"人要做自然界的主人"的观念，"人定胜天"的观念，乃是造成人们去制服自然、战胜自然，从而破坏自然的根源，人们关于自然的理念或人们的自然观，与人们的现实利益或需要，对生态环境的破坏各负多大的责任？

（10）可持续发展与人性论有什么关系？是否可以说，传统的发展模式是利己（只顾满足当代人）损人（危及后代人）的，这种情况的发生是由于人本性就利己或自私，因而总会首先顾及自己的利益、眼前的利益、本地区的利益，而几乎不顾及他人的利益、后人的利益、全局的利益，能否说生态环境的破坏源于人性恶，可持续发展的困难也源于人性恶？

（11）超越传统自然观的"主客二分"是否可能？对于人和世界（自然界）的关系，为什么要以人为主体，人何以成为主体，人经过何种"资格审查"成为主体，还是天赋人权成为主体？超越主客二分如果可能，应以何为主体，还是应当不要什么主体或无主体，如果主客二分是无法超越的，该怎么办？

（12）能否说自然界也有存在和发展的权利？人要尊重自然包括尊重自然界和自然物的发展权？如何理解自然物（生物、生态系统是否还包括无机物）有其"内在价值"和"自身利益"，认为价值必须与人相关、权利必须与义务相关，其理由是否充分，当人的利益与自然物的利益（包括其他生物的利益）发生矛盾时，该如何对待？

（13）人类今后是否还要改造自然、利用自然、控制自然，还是必须从根本上转向"与自然妥协"、"善待自然"，抛弃改造自然之类的念头，我们必须要保护自然，是否还要同自然作斗争，包括战胜自然灾害？

（14）如何实现人与自然的协调发展？人与自然界的协调发展是否意味着人与自然的共同进化，如何界定人与自然的共同进化或共同发展，人的发展（社会的发展）与自然演化在条件、速率、性质上有何差异，如何实现人与自然的共同进化或共同胜利？

（15）怎样评述"善待生命"的原则？怎样解释许多人（普通人）都有不忍杀生的情绪，动物保护的界限如何确定，为了维护人类的生活条件，必须杀灭害虫，驱除害鸟，这时如何善待生命？同时，为了维护人类生存，需要维护自然生态系统的食物链，又需要在一定程度上"保护"害虫、害鸟，这时是否就是善待生命？

（16）对地球伦理学、环境伦理学、生态伦理学的内容、基本观点和意义，该怎样看待，它们究竟应当属于人文科学的伦理学分支，还是属于哲学思辨，把人类的伦理规范推广应用于无机界和动物界的根据和理由是什么？

（17）人与自然的和谐同人际间的平等有何关系？天人和谐是人际平等的前提和基础，还是人际平等是天人和谐的前提和基础，或是二者没有内在的联系，在现实生活中该如何把这种和谐与平等结合起来？

（18）可持续发展的基本原则之一是"代内公平"，代内公平与代际公平有什么关系，在富者与穷者之间如何实现公平，用什么办法实现由一部分人先富转到共同富裕，代内公平的原则与"效率优先，兼顾公平"是否矛盾？

（19）代内公平包括富国与穷国的公平，用什么途径和方式保证富国和穷国的公平和伙伴关系，在激烈的国际竞争的条件下，如何依靠各国共同的努力创造人类共同的未来？

（20）可持续发展的另一个原则或最根本的原则是"代际公平"，代际公平何以可能，当代人如何才能顾及后代人，有什么可操作性的办法来实现和作保证，而如果代际公平是无法操作和实现的，可持续发展岂不仅仅是一种设想和愿望而已？

（21）生态环境的破坏危及各个国家、各个阶级、每个人，不管是富人和穷人、老人和年轻人、白人和黑人，可持续发展是人类的旗帜，实现可持续发展必须要求有"人类的整体意识"的指引，人类整体意识包括哪些内涵，在人们之间、国家之间仍多有纠纷的现时代，如何才能建立和确认"人类整体意识"？

（22）实现可持续发展，要求有适宜于保护生态环境的资源配置，市场经济机制如何与此匹配（这仅仅是经济学问题，还同时也是哲学应当研究的问题），是否可以把市场机制、企业行为与生态环境保护结合起来，如果市场机制与企业行为同生态环境保护在原则上就是不相容的，怎么办？

（23）政府在实现可持续发展上有什么职能。可否认为政府对可持续发展的实现起主导作用，在保护生态环境问题上，怎样看待政府的远见与"政府的短见"？

（24）如何认识科教兴国与可持续发展的关系，科教兴国与可持续发展是怎样互补的、统一的，这二者之间有什么差异，确认科学技术是第一生产力，这主要是就科教兴国说的，还是也反映了可持续发展的要求？

（25）该怎样来认定和评价技术悲观主义。《增长的极限》对可持续发展的提出有重要的贡献，何以说《增长的极限》是技术悲观主义的代表作，能否说这本书主要是经济增长的悲观主义，而不是技术悲观主义；能否说海德格尔和法兰克福学派的观点主要是技术人文主义，不是技术悲观主义；与此相关，需要确认究竟谁是技术悲观主义的代表人，哪本书是技术悲观主义的代表作？

（26）怎样说明科学技术的两重性。是科学技术本身既好又坏，还是科学技术本身无所谓好坏（科学技术是中性的），只是人们对科学技术的应用才有双刃剑性质，使科学技术既能为善又能为恶？

（27）科学技术对可持续发展怎样起作用。现有的科学技术是否能适应可持续发展的要求，有哪些不适应，所谓"绿色科技"和"可持续发展技术"有什么实质性的内容；为了走绿色发展的道路，满足改善生态环境的要求，当今的科学技术是否需要有体系上的变革。

写这本书的困难，一是文献钻研不够，二是缺乏调查研究，实际资料积累少，自然质量不高，但既勉为其难，总得有点交代，在前言里大致说一下本书的基本内容和写作特点。

第一，虽然主要是对"可持续发展的矛盾和对策问题"的一般性辩论，仍力求使书中讨论的问题有现实的针对性，以我国的情况为背景，只不过对中国可持续发展问题的讨论是很粗略的、肤浅的。

第二，书中较多陈述个人的观点，较少引述他人的研究成果，并非都不赞成已有的意见。例如，笔者也认为当今首要的问题是要认识人类的生态环境已面临严重破坏的现实，人类正面临着"是持续发展还是自我毁灭"的严峻选择；笔者也不同意"人是自然的主人"、"人类要征服自然"、"向自然开战"和"人定胜天"等提法。笔者的这些观点在本书中多少会有此反映，只不过本书不以表示赞成作为重点内容来叙述。

第三，书中的看法不可避免是有片面性的和有错误的，这不仅是限于时间和自已的水平，而且还因为笔者有个偏见，认为讲话和文章与其全面却平淡，莫如片面却能有点深入。因而，本书中的谬误肯定是难免的。例如，笔者认为工业文明并非就完全不可持续了，它不仅在事实上延续着，而且还应是未来文明的基础和组成部分；例如，笔者以为不仅可持续发展的模式与传统的发展模式是矛盾的，"可持续"与"发展"也是难以兼顾的；还有，笔者以为导致不可持续发展的根源主要不应该从人们的自然观去寻找，"人是自然的主人"、"人类改造自然"的观念不是造成环境破坏的主要根源，倡导"自然权利"、'自然内在价值'、"善待自然"和"尊重生命"的观点也无助于可持续发展的实现；又如，笔者以为当今最根本的问题未必是要特别强调取消"主客二分"和批判人类中心主义，而是要具体分析作为持续发展主体的人们（人类）所面临的矛盾，要认真研究人怎样才能摆好自己的地位；再例如，笔者以为，市场经济、民主政治的"代议制"和干部的任期制，也有不利于持续发展的缺陷，在当今世界不能只讲"人类利益""人类的一致努力"，而仍然要讲功利性、功利观点，或不能完全抛弃阶级的观点。

当有人知道本书的倾向，了解到书中将较多地讨论可持续发展的困难，提出一些与论证可持续发展的已有文献不尽相同的观点时，曾戏言说本书可以叫"可持续发展批判"，并说这样的话书会更有销路。笔者作答说，批评某个观点并非本书的主旨，而主要是想多讲关于可持续发展的困难，多讲困难，是为了可能引起重视和有助探讨如何去克服困难；如果书中有一些对不同观点的意见，也只是为了或有助于通过辩论求同，从而可能会有助于探讨对策。可持续发展实在是太重要、太必要了，如果看轻了它，包括低估本该重视的矛盾反而有害；把可持续发展仅仅看作是种应当拥护的理念，或看做是能够轻易被大家接受和做到的事情，恐怕那才真正是对可持续发展的"批判"！

第四，本书虽然是对可持续发展的矛盾与对策的思考，实际上主要是陈述关于可持续发展的矛盾和困难，兼论及有关的对策，而且，书中也没有明确地分为"矛盾"与"对策"的两个部分，可能是有的章节略多探讨矛盾，同时涉及对待矛盾的对策思考，有的章节基本上属于对策问题，同时论及对策上的矛盾。本书所讲到的对策思考，都是有关对策问题的哲学思考，几乎没有什么可操作上的具体意见。本书既是关于可持续发展矛盾的哲学思考，也是关于可持续发展对策的哲学思考；很可能，哲学思考一是缺乏实证，二是缺乏不可操作，三是或有启迪。前两者是不争取也能做到的，后者是争取而通常做不到的。

最后，诚挚地希望听到读者对本书的批评，一本书出版后最大的"悲哀"是没有任何反应，既没有人认同，也没有人反对、最大的欣慰是能引起讨论，或有助于争鸣。

第一章　可持续发展的模糊性与确定性

　　"可持续发展"在今天已是常用词，但作为全书的第一章，开宗明义，需要给最基本的概念作点描述和界说，而且，由于人们对于"可持续性"和"可持续发展"的理解和运用不尽相同，更有必要做一点"正名"的工作，名正言顺，至少是可以使讨论方便一点。

一、可持续发展的泛化

　　汉语中的可持续发展是从英语 sustainable development 译过来的，这个英语词中的 sustainable 即可持续，有"能够维持的"、"可以支援的"乃至是"可以被接受或忍受的"之类的含义，从而略有别于其近义词 confineable（可以连续下去的）、successional（陆续的）和 persistent（持久稳固的）等。而且，sustainable development 概念在提出时，就是与环境、生态、资源、人口等全球性问题密切相关的，就是与当代人的需要与后代人权益的关系密切相关的。因而，在英语国家里，在讲到 sustainable development（可持续发展）时，人们对这个词的外延和内涵都会有基本相同的理解，例如，他们通常不会把这个英语词用来表述一家公司的业务可能不断发展，或一所学校的教学工作可能坚持或延续下去。

　　但是，在我们用汉语讲到可持续发展时，情况就不大一样了。近些年来，"可持续发展"、"持续发展"、"可续发展"的提法频频见之于报刊，并成为人们的日常用语，但仔细推敲起来，当不同的人们在不同的场合、针对不同的对象、说明不同的要求来使用这一词语时，其指称和含义常常并不一致或存在歧义。一些人常会认为，对于需要支持和不该废弃的东西，对于应当使之连续、后继和"不要断线"的东西，似乎都可以和有必要提出如何实现可持续发展的问题，例如，某一个经济单位（加公司、企业、工厂）的可持续发展，某一种产品（如空调器、VCD、小汽车）生产和营销的可持续发展，某一种艺术形式（如京剧、话剧、歌剧）的可持续发展，某一种优势运动项目（如乒乓球、羽毛球、女子中长跑）的可持续发展，以及某一所学校的可持续发展，某一门课程教学的可持续发展，某一位青年教师学术水平的可持续发展等。基于这种情况，也许可以说，"可持续发展"一词可能广泛应用或已经用得很广泛，乃至可以说这个词的应用在中国存在着某种泛化的倾向。

对于这种泛化倾向我以为是可以理解的，在不少情况下也不必去严肃批评或严格正名。本来，汉语中的"可以"、"持续"、"发展"都不是什么专用语词，广义地说，可以持续的发展（可持续发展）也包含着能够持久发展、不断发展、连续发展的意思。同样，对于日常的议论或一般公众来说，也不必去严格区分"可持续性"、"可持续发展"、"持续发展"与"发展的可持续性"等概念。

然而，对于泛化使用的"可持续发展"可以容许，可以理解，不必过于咬文嚼字和过于认真地纠正，并不就是要一概容许、不作分析和不能评论。相反，在我们讨论到人类未来、国家的社会经济发展战略，当涉及生态、环境、人口和资源等方面的问题时，或要与 sustainable development 相对应时，"可持续发展"一词就不应当是泛化的，而应当是一个专门术语和学术概念。

为了对可持续发展的泛化有一个清醒的认识，也为了便于讨论，避免使问题过于复杂化，需要对这个词语作一点粗略的界定。是否大致上可以说，有一种是广义的（或模糊的、泛化的）可持续发展，即把不断发展、继续发展、持久发展、扩大发展乃至坚持原样发展，都统称为可持续发展，与此相关，自然可以讨论一家公司、一所学校、一个科室、一个家庭、一个人的可持续发展问题。另一种则是狭义的（确定的或特定的）可持续发展，是与生态、环境、人口、资源等问题紧密相关，与人类（或人们）的未来密切相关的可持续发展。应用这个特定的或狭义的"可持续发展"的概念，我们除了要着重关注人类的可持续发展外，还可以和应当研究国家以及地区的可持续发展问题。在必须使用狭义的"可持续发展"概念时，就不应该把这个词过于泛化。正如张坤民在其主笔的《可持续发展论》中所说："可持续发展是一种特别从环境和自然资源角度提出的关于人类长期发展的战略和模式，它不是一般意义上所指的一个发展进程要在时间上连续运行、不被中断，而是特别指出环境和自然资源的长期承载能力对发展进程的重要性以及发展对改善生活质量的重要性。"①

目前，我国的绝大部分论著、报刊文章和教科书，在涉及这种狭义的或专用的可持续发展概念时，都承认和引用了1987年联合国的世界环境与发展委员会的报告《我们共同的未来》中提出的定义："可持续发展是既满足当代人的需要，又不对后代人满足其需要的能力构成危害的发展。"②由于当时的世界环境与发展委员会的主席是格·H.布伦特兰，她主持了《我们共同的未来》的编写工作，人们有时又把上述的定义称之为"布伦特兰定义"。

人们对布伦特兰定义的看法也不是完全满意和一致认同的——有的认为它在语言上是含混的、暧昧的、难懂的；有的认为它只讲了人与人的关系，没有明确提出人与自然的关系问题，需要加以补充；有的认为它反映了代与代之间的公平要求，而没有考虑到国与国之间的公平。但是，从布氏定义已经有了很高的公认度来看，从这个定义是与人类的未来紧密相关看，应当或可以说，狭义的"可持续发展"或布伦特兰提出的概念的指称和含义是相对确定的。

从这个定义可以看出，"可持续发展"所表述的乃是某种动态的过程、道路或途径，也正如该定义者所说，可持续发展是"一条新的发展道路，不是一条仅能在若干年内在若干地方支持人类的进步的道路，而是一直到遥远的未来都能支持全球人类进步的道路。"③本书讨论的就是狭义的可持续发展，即是与生态环境、人口、资源等问题密切相关的可持续发展，而且，我们是以太阳系仍然存在的特定条件下来讨论人类的可持续发展的，而非抽象地议论人类无限的未来。因为从广义的演化论的观点看，从现代的天体演化说的观点看，一切事物都有其产生、发展和消亡，都不会永垂不朽，太阳系在几十亿年后也会消亡，我们不可能去设想亿万年后的人类，不可能设想"永远的可持续发展"（根据现代自然科学主要是天体演化学说的观点，地球大约还能存在50亿年，这大约也是人类可能生存的最长时间），而只能讨论人类未来十几代、几十代的可持续发展，也只能讨论更狭义的可持续发展。

---

① 张坤民：《可持续发展论》，中国环境科学出版社，1997：27
② 世界环境与发展委员会：《我们共同的未来》，王之佳等译，吉林人民出版社，1997：52
③ 世界环境与发展委员会：《我们共同的未来》，王之佳等译，吉林人民出版社，1997：5

但是，即使是这样的可持续发展（sustainable development），仍然是既有其确定性，又有其不确定性或模糊性。这不仅是指这个术语在汉语地区的译法就不尽统一，有译成"可持续开发"，也有译为"永续发展"、"永续可能的开发"等；即使是我们都把它译为"可持续发展"，也仍有理解上的不同。

首先，对于这个专用的可持续发展概念的内涵和核心，人们虽有共同语言，但也有表述上的差异，许多讨论可持续发展的论著中都提到，对"可持续发展"至今还没有一个完全统一的界说。例如，在张坤民主笔的《可持续发展论》一书中就列举了国外学者对于"可持续发展"的十几种定义，提到可持续发展是"在连续的基础上保持或提高生活质量"；是"人均收入和福利随时间不变或者是增加的发展"；是"在不损害后代人的利益时，从资产中可能得到的最大利益"；是"在保持能够从自然资源中不断得到服务的情况下，使经济增长的净利益最大化"；是"在生存不超出维持生态系统涵容能力的情况下，改善人类的生活质量"；是"为全世界而不是为少数人的特权而提供公平机会的经济增长，不进一步消耗自然资源的绝对量和涵容能力"，是"当发展能够保证当代人的福利增加时，也不应使后代人的福利减少"，等等。而且，在国外，人们在讨论专用的可持续发展时也有 sustainable development（能持续的发展），sustained development（已持续的发展）的不同理解。

不同学者对可持续发展有各自的见解和提法，或者虽然都引用《我们共同的未来》给出的定义却有不尽相同的解释，这与各个部门、各个学者的职业（行业）特点和知识背景相关：

世界银行认为可持续发展是"把发展建立在成本效益比较和审慎的宏观分析基础上，它能加强环境保护，并导致福利水平的提高和维系"。

有些环境经济学家主张"可持续发展是经久不衰的经济发展，它必须通过这样的途径完成：减少经济活动对环境的影响，确保任何时候对后代的影响都是递减的。如果这种影响损失不可避免地强加于后代，那么必须进行充分地补偿"。

世界资源研究所认定可持续发展是"建立极少产生废料和污染物的工艺或技术系统"；有的哲学家更强调可持续发展是"人与人之间、人与自然之间的互利共生、协同进化和发展"。

与地理学研究关系密切的学者则认为应当在可持续发展中加入"区域需要"的内容，认为"可持续发展的定义应当是：特定区域的需要不危害和削弱其他区域满足其需求能力，同时当代人的需要不对后代人满足其需求能力构成危害的发展"。

其次，与对可持续发展的定义理解和表述上的差异密切相关，人们对于可持续发展的核心思想的理解和表述也各有不同，有些可以说是大同小异，有的则有着较大的差别，甚至存在着明显的分歧。有的强调可持续发展的核心是生态环境，有的认为是消除贫困；有的强调首要的是人际平等，有的更强调人与自然的协调。例如有以下的一些提法：

"可持续发展的核心思想是：健康的经济发展应建立在生态可持续能力、社会公正和人民积极参与自身发展决策的基础上。"（陈耀邦主编：《可持续发展战略读本》，中国计划出版社 1996 年版）

"发展是可持续发展的核心……只有发展经济，消除贫困，才能在发展中实现持续。"（尚金城等：《中国可持续发展的理论内涵与实现对策》，见北京大学中国持续发展研究中心等编：《可持续发展：理论与实践》，中央编译出版社 1997 年版）

"可持续发展概念的核心是人的全面发展。"（田德旺等主编：《环境与发展导论》，中国环境科学出版社）"持续发展的核心，在于正确辨识'人与自然'和'人与人'之间的关系，要求人类以最高的水准与泛爱的责任感，去规范自己的行为，去创造和谐的世界。"（牛文元著：《持续发展导论》，科学出版社 1994 年版）

"如何以最小的环境损失换取最大的经济发展是可持续发展的核心。"（张坤民：《可持续发展论》，中国环境科学出版社 1997 年版）

"持续发展的含义是明确的，其核心思想是在经济发展的同时，注意保护资源和改善环境，使经济发展能持续进行下去。"（朱健主编：《现代科学技术基础知识》，科学出版社、中共中央党校出版社 1994 年版）

"可持续发展的核心问题是人与自然的矛盾。即人类生存需要与自然资源消耗的矛盾。"（石峰：《可持续发展与精神文明探微》，《光明日报》1998 年 8 月 21 日）

"可持续发展思想的一个核心内容是平等，它包括下列两个方面：第一是体现未来取向的代际平等。……第二是体现空间观念的代内平等。"（王德胜等编著：《自然辩证法原理》，北京师范大学出版社 1997 年版）

"可持续发展的目标是社会发展，基础是经济发展，必要条件是环境保护，核心是科教。"（北京大学中国持续发展研究中心编：《可持续发展之路》，北京大学出版社 1994 年版）

"可持续发展的核心内容，就是在协调好人与自然关系纳前提下，提高人的生活质量；缓解人与自然的矛盾冲突；在满足当代人需要的同时，保证不危及后代人满足其需要的能力；强调任何国家的发展不能以损害别的国家和地区的发展为代价，特别是要注意维护发展中国家和地区的需求。"（官鸣主编：《自然辩证法概论》，厦门大学出版社 1998 年版）

再者，人们在讨论可持续发屁问题时，虽大都很重视生态的可持续发展，又大都认为可持续发展并不仅仅是要解决生态环境的问题，认为可持续发展应当包括（或涉及）生态的可持续发展、经济的可持续发展与生活的可持续发展三个方面。正因为对这一问题的理解是如此多样，人们在考察时的重点和角度自然也就会各有不同。有的更强调生态的可持续发展，有的认为首要的是社会的可持续发展，应当更关注经济的可持续发展，有的则认为生态的、经济的、社会的可持续发展同样重要。即使同样是研究社会经济的可持续发展，人们着重探讨的方面和问题又有区别，有的认为要实现可持续发展主要应当解决人口问题，有的认为主要是资源问题、能源问题，也有人认为主要是人才问题、教育问题，或主要是人的素质问题、道德水平问题，等等。

所有这些问题都是值得讨论的，表面上看，例如对于什么是可持续发展的核心的理解似乎纯后抽象的提法问题、表述问题，甚至是在作"文字游戏"，但对这类抽象问题的探讨却常常是不可避免的，而且是既有学术价值又有现实意义的。在这里，我们只是提出可持续发展的概念需要有某种规范，当然这种规范也需应当讨论之列。重要的是要结合实际和针对现实的情况来讨论可持续发展的界定、核心和内涵，要对历史与逻辑的统一、理论与实际的联系来规范可持续发展。

规范可持续发展，不仅是要给这个概念下一个较为明确的定义，更为确切地把捏它的核心内容，而且还要全面地揭示它的丰富内涵和宽阔的外延。为此，只是一般地划分为生态的、经济的和社会的可持续发展还不够，还需要有具体深入的展开，我们在这一点上是有许多事情可做的。例如，已经有人探讨了"强可持续发展"与"弱可持续发展"的关系问题。有的学者在分析实现可持续发展的必要条件的基础上，从约束程度的角度将可持续发展分为安全意义上的可持续发展、补偿意义上的可持续发展、动态意义上的可持续发展等三个层次，并作了有哲学意义的分析。[1]

---

[1] 杨发明：《可持续发展的涵义及其实现的基本条件与手段的探讨》，自然辩证法通讯，1997,（1）

对于规范可持续发展来说，更重要的是，要扣这种发展的内容和任务具体化，或者说，要回答为了实现可持续发展我们应当做什么和怎样做的问题。对此，可持续发展的倡导者们已经有过一些设想。美国世界观察研究所的创始人布朗所长在1984年就说过："建设一个持续发展的社会，无论经济和社会都需要来个根本变化，即经济发展重点和人口政策都需要来个大改变。这些改变，其规模之大是无可怀疑的。人类生存的每个方面——饮食、就业、休息、价值观念、政治和习惯都将被触及。在进行过渡时，新技术成为必需，老技术势将淘汰。风能气象学家将代替石油地质学家；农民将是能源的消费者，同时也是能源的生产者；能源审计员、太阳能建筑师、森林学家和计划生育员均为大量需要。这些新技能的需要，将对大学、企业和政府机构助教育和训练设施提出彻底的挑战。"①在把可持续发展的任务和前景具体化这一点上，我们今天的眼界比起布朗来似乎并没有特别明显的充实、扩展和深入。

对可持续发展的概念、核心和重点的理解不一，特别是对可持续发展的界定不同，增加了问题的复杂性，使问题的探讨常常不很确定或更有争议，从而削弱具体的对策研究，也不利于加强对可持续发展的宣传。目前，已有人对这种情况表示了忧虑，认为现在已出现了成百个不同的"可持续发展"的定义，及关于定义的数以万计的论文，各种观点无不打上不同学科或组织的烙印。虽然多元的理解是件好事，但人们的"各取所需"的实用主义态度，将大大减弱可持续发展原则的现实约束力。

对于可持续发展的界定、内容和特点等问题，本书将在后面再作讨论。不管怎祥，即使仅仅是为了词条的明确和讨论的方便，对"可持续发展"有一个简明的、较确切的定义也是必要的，不可缺少的；当然，我们也不必过于强调定义的意义，而要把功夫更多地用在对可持续发展的基本特征和问题作具体的分析上。对这个问题，有必要重温恩格斯在给"生命"下定义时说过的话，他曾讲到，我们关于生命的定义当然是很不充分的，是有着不可避免的缺点的，同时他又指出："在科学上，一切定义都只有微小的价值。"②基于这点，本书不拟对可持续发展的种种定义作详细的辨析，而只是说明，本书所探讨的是狭义的"可持续发展"，即与生态环境问题密切相关的可持续发展，并基本上采取了《我们共同的未来》给出的定义（布

---

① 莱斯特·R. 布朗：《建设一个可持续发展的社会》，科学技术文献出版社，1984：5
② 《马克思恩格斯选集》第3卷，人民出版社，1997：122

伦特兰定义），认为可持续发展的核心思想是既要考虑当前发展的需要，又要考虑未来发展的需要，不要以牺牲后代人的利益为代价来满足当代人的利益。

同时，由于本书基本上是"从哲学的观点"去看生态环境问题或可持续发展问题的，只能算作是有关可持续发展问题或矛盾的"一般性辩论"。本书虽然在有的地方涉及人口、资源、能源、人才、教育等方面的问题，但却没有（也没有能力）把这些问题作为专门问题去作深入具体的分析，最多只能算是对人口、资源、能源、技术、教育和政府行为、企业行为等问题的泛论。当然，作为哲学性的丛书之一，或许是允许或原谅缺点空话的。

二、关于绿色发展

对于可持续发展，当前还有将其表述为"绿色发展"的，如以"走绿色道路"来表述走可持续发展的道路、把可持续发展研究丛书表述为"绿色丛书"，例如，吉林人民出版社在 20 世纪 90 年代就出版了包括 11 本书的《绿色经典文库》（吴国盛主编），为实现可持续发展呐喊。我国的一些学者还发表了《大自然观——关于绿色道路的哲学思考》（柳树滋著，人民出版社 1993 年版）、《通向 21 世纪的绿色道路》、《绿色文化与绿色美学通论》等著作，翻译出版了《绿色经济的蓝图——论可持续发展》、《绿色政治——全球的希望》等。人们还常用"绿色浪潮"、"绿色思想"、"绿色意识"、"绿色计划"、"绿色工程"、"绿色产业"、"绿色制造"、"绿色生产"、"绿色工厂"、"绿色能源"、"绿色运动"、"绿色组织"、"绿色市场"、"绿色消费"、"绿色消费主义"、"绿色伦理"、"绿色科学"（如"绿色化学"）、"绿色技术"、"绿色精神"、"绿色教育"、"绿色文化"、"绿色未来"，以及"绿色标签"等来反映有关与可持续发展有关的概念和事物。

可以认为，以绿色发展来表述狭义的可持续发展还是相当贴切的，因为绿色明显地与生态有关（生态系统中最多的是绿色植物），可以较形象地联系到生命、纯洁和生态保护。绿色也与安全有关，较易联系到无害、无污染、清洁。例如，还有所谓"绿色材料"（指在制备、生产过程中，能耗低、噪音小、无毒性并对环境无害的材料）、"绿色塑料"、"绿色产品"、"绿色食品"、"绿色饲料 "、"绿色药品"，以及"绿色设计"（GD），此外，还有"绿色生活"、"绿色地产"（主要是节能建筑）、"绿色家庭"、"绿色冰箱"及"绿色公交"（为降低大气污染，公共汽车以液化气为燃料），或者把防护林带叫做"绿色长城"等概念和提法。

可以认为，用绿色发展来表述可持续发展和与之相关的事物是有理由的和应予赞同的，甚至可以说．绿色发展更贴近于是指狭义的"可持续发展"，而有别于一般的"连续不断的进展"。绿色对于人类的未来也确实极为重要，人类不能没有绿色，有人说"只有绿色才是人类的希望"，这是颇有理由的。当然，也不是所有冠有"绿色"二字的术语都反映着可取的东西，如"绿色贸易壁垒"就不是好的，"绿色捕杀"或许是中性的。

但是，绿色发展毕竟更像是一个形象化的词语，不像"可持续发展"那样更明显地是一个科学理论的概念。"绿色发展"等概念似乎更难以作出严格的界定，例如，英国绿色组织"地球之友"领导人波利特就列举了"绿色"的最低标准是："尊重地球和其上所有的生物；愿意和地球上的全体人民分享这个世界的财富；通过可持续过程对经济增长的激烈竞争的替代来达到繁荣；通过非核防御战略和极大降低武器开支来达到持久的安全；拒斥物质主义和工业主义破坏性的价值；在我们全部资源中，认可将来世世代代人的权利；强调对社会有用、对人有益、由面向人的技术历促进的工作；把保护环境作为健康社会的前提条件；强调人的成长和精神发展；尊重人的本性中柔美的方面；在每一个尺度上开放的、参与的民主；承认大幅度降低人口规模的至关重要性；在每一个种族、每一种肤色、每一种信仰的人们之间的和睦；以保护更大有效性和可更新能源为基础的无核的、低能量的战略；强调自力更生的和非中心化的社会共同体。"①

"绿色"含义的复杂性与"绿色组织"、"绿党"把绿色更多地用于社会政治活动有关。人们日益使绿色运动超出于环境保护运动的范畴，把反核运动、反战运动、女权主义运动等都称之为"绿色运动"。美国最大的绿色政治组织——"绿色通讯委员会"提出要"绿化"我们的政治、精神、文化的所有方面，提出了"绿化"的10个关键值，即绿化或绿色发展包括着要求有：①生态智慧（推广生物中心论）；②基层民主；③兼顾个人责任与社会责任；④非暴力；⑤权力分散化；⑥社区性经济；⑦后家长制价值观；⑧尊重多元性；⑨全球性责任；⑩用长远战略眼光看待未来。② 目前，在欧

---

① 转自《深绿色思想的理论构成及其未来涵义》，自然辩证法研究，1995，（1）
② 转自[美]戴维·格里芬：《后现代精神》，中央编译出版社，1998：55~57

洲的许多国家（如德国、意大利、英国、奥地利、芬兰、比利时、瑞典等）都有以环境保护和维护生态平衡为主要纲领的"绿党"。德国的绿党在 1980 年成立，1983 年在议会里占有 27 个席位，现在已成为执政党（联合执政）之一。法国、芬兰的绿党目前也在政府中参与联合执政。各个国家的绿党还曾联合起来，召开了国际绿党大会。虽都在"绿色旗帜"下，但是各个国家的绿党的纲领和各个绿党代表的要求，其具体目标和内容又有不小的差异，可以说有"浅绿色"与"深绿色"之别。

今天，我们需要认真研究"绿色"——在这个方面，我们仍有研究不足的问题，例如，对于绿党纲领的了解和学习不够，同时，我们也要注意到，对"绿色"一词的应用同样也有着泛化的倾向，绿色概念的模糊性似乎比可持续发展观念的模糊性有过之而无不及。而且，绿色的模糊性还与中文的绿色与外语中的 green 存在差异。green 一词在外语中有绿的、新近的、温暖的、精力旺盛的和苍白的等多种指称和含义，当我们把外语中的某个属于 green 的词译为绿色事物时，需有所辨识。

对于"绿色"的泛化，更难要求有绿色规范，难以设想会由联合目的一个委员会给"绿色"和"绿色发展"的概念下定义。基于这种情况，在本书中，我们通常使用可持续发展的提法，但有时也提到绿色发展和走绿色发展的道路。本书说的绿色发展不仅是上面的可持续发展的同义词，更主要是与生态环境问题相关的可持续发展，而且所涉及的内容大多是与生物技术、生物工程相关的，因而也可以说是"狭义的绿色"，而有别于泛他的或广义的绿色。

第二章　工业文明能否延续

可持续发展概念和理论的提出，人们对可持续发展问题的关注与强调，是针对人类已经面临着不可持续的"险境"，针对着生态环境已出现了相当严重的问题；如果现代的社会经济发展模式本来就可以持续，如果已有的工业文明必定会安稳地延续下去，而没有或不会危及整个人类的生存，也不会导致"寂静的春天"或伤害人类唯一的地球，如果工业文明就足以保证"我们共同的未来"，就大可不必去讲可持续发展。已有许多文献以大量触目惊心的、日趋严重的材料表明：人类必须对自己已有的行为和观念作出认真的反省，必须对以往的发展模式作出重大的调整，必须实行根本性的转变和变革，否则，人类就会破坏掉自己的生存环境和生活条件，就可能会走向自我毁灭。

在批判传统的社会经济发展模式时，许多文献特别强调了工业文明的不可持续性，有的则提到工业文明已走到尽头，工业文明已完成其历史任务，认为人类在选择自己未来的发展目标时，需要建立和发展另外一种不同于工业文明的、可持续发展的"新文明"。

建立可持续发展创新文明，是人类面临的伟大的和现实的任务。同时，我们也应当冷静地思考以下的一些问题：如何全面地评价工业文明时代的功过？工业文明在当今已根本不可延续，还是既有其严重的不可持续性，又在某些方面是可以持续、需要持续和能够持续的？人类的未来文明或可持续发展的文明，同工业文明有什么关系？是否包含着工业文明？等等。这些可能是"杜撰"出来的问题，但对我们的理论研究和实践行为又不是毫无意义或无关紧要的。探讨可持续发展的矛盾，理应并可以从工业文明是否可能延续开始。一是实现可持续发展，是要有对工业文明"不可持续性"的批判；二是要有对工业文明"可持续性"方面的分析和继承；三是只沿袭传统工业文明的发展模式就不能转向新的可持续发展道路，只批判工业文明也不能有真正的可持续发展。

一、受警告的工业文明

曾有一个学生让我给他介绍一两本外国人写的有代表性的人文社会科学的书看，我建议他第一要看《共产党宣言》，其次可以看《增长的极限》，这两本书的性质、内容和意义当然有很大的区别，但二者也有一些地方相似：它们都被翻译成多国文字，都重印过很多次，从某种意义上说都是讨论"不可持续问题"的经典文献——《共产党宣言》揭示了近代资本主义的社会制度不可持续，是"红色经典"；《增长的极限》则说明了近代工业文明的经济增长的不可持续，是"绿色经典"。

由美国学者丹·米都斯等人写的《增长的极限》自 1972 年发表以来，在世界各国都有了很高的知名度，已有许多文献论述这本书的巨大意义。这里从可持续发展问题的角度再简赂地讨论这本书的贡献。它的贡献主要可以从书中的三点结论来考察。

第一，它是近代工业文明不可持续发展的控告者和判决书。在发达国家正处于经济高速增长和空前繁荣的时期，它以大量事实和系统分析表明，世界人口、工业生产、粮食生产、不可再生资源的消耗和环境污染这五个因素都是遵循指数规律增长的，因而是有其极限的。它的第一个结论就是："如果在世界人口、工业化、污染、粮食生产和资源消耗方而现在的趋势继续下去，这个行星上增长的极限有朝一日将在今后 100 年中发生。最可能的结果将是人口和工业生产力双方有相当突然的和不可控制的衰退。"[①]可以认为，这本在 1972 年出版的书是第一部权威性的"不可持续增长宣言"，正如美国学者马文·贝克所说："这本书给了我强烈的印象，使我思考地球的有限性以及以现有速度开发资源的不可持续性。"

第二，它提出了人类必须走可持续发展道路的预言。它既要求改变已有的增长模式和趋势，要求建立稳定的生态环境和经济条件，又指出实现这种改变以支撑遥远未来是可能的。书中还提出了可持续发展的原则，如认为要"使地球上每个人的基本物质需要得到满足，而且每个人有实现他个人潜力的平等机会。"[②]这里提到的"支撑遥远未来"、"基本物质需要的满

---

① 丹·米都斯等：《增长的极限》，吉林人民出版社，1997：17
② 丹·米都斯等：《增长的极限》，吉林人民出版社，1997：17~18

足"和"每个人有实现他个人潜力的平等机会",已构成了可持续发展理论的基本要点,可以说,《增长的极限》乃是倡导可持续发展的先驱。在这个报告发表约10年后,在1980年的《世界保护战略》中才有可持续发展的概念的提出,到1983年才有了"关于可持续发展的第一个真正国际性宣言",即由联合国环境与发展委员会发表的《我们共同的未来》。

第三,它提出人们需要尽早准备进入一个伟大的过渡时期,即"从增长转向实现全球均衡"。"全球均衡状态的最基本的定义是人口和资本基本稳定,倾向于增加或者减少它们的力量也处于认真加以控制的平衡之中。"①

对于本书所讨论的问题来说,大致指出以上三点已基本上够了。但是,为了进一步为《增长的极限》的报告辩护,也为了说明人们对它的不同理解,这里再对"不同理解"讲一些意见,也可以算是关于可持续发展的矛盾的一点分析罢。人们常常对《增长的极限》作以下的评价:一是认为这本书是技术悲观主义的代表作;二是认为它倡导的"全球均衡状态"、"自觉抑制增长",是主张或提出了"零增长"的方案。对于技术悲观主义,我们将在最后一章里再做述评。这里只讨论所谓的"零增长"方案的问题。其实,在《增长的极限》报告的原文中,并没有明确提出零增长或无增长的概念。说丹·米都斯等主张均增长,乃是反对他这本书观点的人们给予的概括,当然,这种概括并不是凭空强加的,而是有其理由的,因为书中确有文字指出,全球均衡状态的第一个最低要求,就是"工厂资本和人口在规模上不变。出生率等于死亡率,资本的投资率等于折旧率"②。然而,即使可以把这个观点归之于人类的未来要实行"零增长",这也似乎并不是此书的核心观点和基本主张。丹·米都斯等在书中明确指出,《增长的极限》并不想要成为一部未来学的著作,"我们的目标是要提出警告",即对自发的、不加约束的增长提出警告,当然在这个报告中也提出了"尝试性的建议"。在"全球均衡状态"一章(全书最后一章)中,它明确提出了可供人们选择的三个方案:一是不受限制的增长,二是由人们自己对增长加以限制,三是由自然对增长加以限制,它所特别强调的观点,乃是"自觉抑制增长"(附带说,这本书的中译名叫《增长的极限》,是鲜明的书名;但从宜译说,又莫如叫做"限制增长"、"抑制增长"或"对增长的限制",当然这只是机械地符合其原文即 the limits to growth 语法或主题)。它还指出"均衡状态"

① 丹·米都斯等:《增长的极限》,吉林人民出版社,1997:132
② 丹·米都斯等:《增长的极限》,吉林人民出版社,1997:133

乃是一种动态平衡，我们虽可以把这种平衡归之于均衡增长，但二者毕竟是有差异的。而且，如果把它的主张完全等同于零增长或不增长，也无法解释书中的下述观点："我们毫不含糊地支持这种论点，给世界人口和经济增长一个制动器，而绝对不是导致冻结世界各国经济发展的现状。"[①]

《增长的极限》一问世，很快引起了广泛的、爆炸性的反映，赞成者有之，反对者亦有之。赞成者以德国经济学家梅萨罗维克和佩斯特尔向罗马俱乐部提交的报告《人类处于转折点》为代表，他们除提出了与《增长的极限》相类似的观点，如目前世界人口增长过快，能源消耗过快，人类的继续发展面临巨大的困境以外，还有三点值得重视：其一是它把增长的类型划分为指数增长、无差异增长、有差异增长和有机增长，对人类未来的发展提出了要以"有机增长"来取代"无差异增长"的新观点；其二是强调了要对人类处于转折点有紧迫感和危机感，要充分重视对人类未来的"末日宣判"，而不能抱有盲目的信心。它指出，全球危机接二连三地发生，"说明人类在历史发展中正处于一个转折点上。如果对未来灾难的明显迹象——确实已感觉到的——视而不见，只求依靠"信心"，这倒是使末日的宣判应验的好办法[②]；其三是它也提出了可持续发展的思想和原则，强调要发展一种世界意识，要发展一种使用物质资源的新道德，而且指出，"如果人类要生存下去，就必须发展一种与后代休戚与共的感觉，并准备拿自己的利益去换取后代的利益。如果每一代都只顾追求自己的最大享受，那么，人类几乎就注定要完蛋"。"必须发展一种对自然的新态度，它的基础是与自然协调，而不是制服自然。"[③]

《增长的极限》发表时遭到了很多人的反对。例如，美国学者西蒙在其所著的《没有极限的增长》（中译本由四川人民出版社 1985 年出版）一书中就主要批评了《增长的极限》一书的研究方法，认为它的模型过于简单，只考虑了五个变量，而未包括原料、社会制度、科学文化等因素，西蒙还对工业文明的发展做出了乐观的估计。如书中提到了"无限的自然资源"、"核能是取之不尽的廉价能源"，提出了人口将在未来达到平衡、人类资源不可能穷尽、能源水不枯竭、生态环境会日益好转等观点。1976 年，美国兰镇公司的赫尔曼·卡思在其《今后 2M 年——美国和世界的一幅远景》一

① 丹·米都斯等：《增长的极限》，吉林人民出版社，1997：130~137
② 梅萨罗维克等：《人类处于转折点》，三联书店，1987：1
③ 梅萨罗维克等：《人类处于转折点》，三联书店，1987：143

书中指出,过去 200 年和今后 200 年的 400 年是人类社会的"大过渡时期",在这个时期里既有迅速的发展,又有令人不安的困难,但目前的人口、粮食、能源和环境污染等问题借助于科学技术进步是能够解决的,人类必然会摆脱各种困境,所有国家都将发展起工业社会和后工业社会。但是,反对增长极限论的人也大都不否认现有的社会经济发展模式有其弊端,都认为世界在人口、粮食、资源和环境污染等方面存在着不容忽视的重大问题,即存在着使人类难以持续发展下去的现实困难,只不过他们对这种危险的严重程度、解决办法、未来前景具有自己的相对乐观的估计和态度。

需要指出的是,在《增长的极限》发表之后,揭露近代工业文明有其增长的限度或不可再持续下去的材料和论述也日益增多,特别是近 20 多年里有关人类面临生存危机的材料和论述,更证明了这本书提出的警言。《增长的极限》及在其后相继发表的《人类处于转折点》等报告,对于联合国召开环境与发展问题的国际会议,成立环境与发展委员会,对于《我们共同的未来》的出版,可持续发展概念和战略的提出,都起到了重要的奠基性的作用。因而,我以为,如果要开列 20 世纪人类文化的重要代表作,而且又仅限于约 20 部,这本书是有理由占一席之地的。《增长的极限》迄今已再版 10 多次,被译成 30 多种文字,在我国就有两个译本并再版,也可见其重要和影响。

《增长的极限》提出的关于人类面临困境的警告,主要是对于工业文明条件下无节制地发展经济的批判。20 世纪如年代的后现代主义则进了一步,要从根本上批判工业化、现代化、现代性和"现代文明",包括批判"西方工业思想体系"。在后现代主义者看来,个人主义、人类中心主义、经济主义、消费主义、民族主义、军国主义、机械主义、父权主义等,都属于"现代性"和"西方工业思想体系",并且认为:"我们时代严重的全球性问题——从核武器的威胁和有毒化学物质到饥饿、贫困和环境恶化,到地球赖以生存的体系的破坏——凡此种种都是几个世纪以前才开始统治世界的西方工业思想体系所产生的直接后果。"①

一些后现代主义者对社会经济发展的观点,与《增长的权限》也均为一致,乃至可以认为是对《增长的极限》的复述和发展。例如,美国经济学教授赫尔曼·E.达利在其《稳态经济:治疗增长癖的后现代良方》一文中,就批判了把经济增长看作至高至善和灵丹妙药的"增长癖",他甚至还

---

① 大卫·格里芬:《后现代科学》,中央编译出版社,1998:169

提出了"过度增长癖"和"晚期过度增长癖"的概念。他提到，在当今世界，经济的物质规模已经发展得如此庞大，已经没有多大空间可供物质方面的指数方式增长了，并以专门的一节阐述了"生物物理和社会伦理对增长的限制"。达利讲的"对增长的限制"不仅与"增长的极限"几乎相同，他主张的"从增长型经济向稳态经济的转变"与"从增长转向全球均衡状态"也如出一辙。有区别的是，达利讲的稳态经济并不是 GDP 的零增长，在稳态经济中虽然要使人口和人工产品的总量保持恒定，但在这种经济中知识和技术的因素是非恒定的，因而稳态经济会在质的方面不断提高；就像一个稳态图书馆每添一本新书同时剔除一本旧书，但用来补充的新书在质量上一定优于被替换掉的旧书。[①]

大凡对工业化、经济增长和现代化持批评态度者，通常也是积极主张关心后代人、关心生态环境即倾向于实现可持续发展。达利在这篇文章中提出了限制增长的四点理由，首先是"为了给未来几代人更多的机会，必须限制以地理和生态资源消耗为代价的经济增长欲望"；其次是"人类经济活动侵夺了其他物种的生息繁衍地，从而造成了有感觉的次人类物种数量上的锐减甚至灭绝，因而，增长的欲望必须受到限制。"达利提出的另两点理由，虽然是从"应当限制"的角度说的，却实际上反映了实现可持续发展的困难，他认为，富国的经济增长只是为了满足人们的相对需要面非绝对需要，因而累积增长的欲望应当受到限制；最后，"经济增长对于道德资本亦即促进增长的态度具有腐蚀效应，譬如它鼓吹自私自利和技术统治主义－还原主义世界观，因而增长的欲望应当受到限制。"[②]

为了说明近代工业文明和传统的社会经济发展模式何以难以持续或不可持续，只是引述一两本著作或一两位学者的观点显然是不够的，还必须有足以说明问题的具体的材料。考虑到已有大量的文献资料揭示了工业文明发展带来的几大全球性问题，本书不拟以详实陈述有关事实为内容，只是对工业文明的弊端作一概括的综述。

可以说，工业文明的发展已经造成了人类不可待续发展的三个方面的重大问题，其中有的问题可以认为主要是工业文明犯下的"罪状"：

第一，资源短缺。这里不仅是有铁、铜、铝、铅、锌等矿石的大量消耗，更主要的是非再生性资源（特别是非再生性能源）的过度消耗，按传

---

① 大卫·格里芬：《后现代科学》，中央编译出版社，1998：161~185
② 大卫·格里芬：《后现代科学》，中央编译出版社，1998：174

统的消耗量计，石油仅够维持 50 年，煤、天然气仅够开采二三百年？

第二，生态破坏。主要是土地资源和森林资源的大规模丧失，全球森林在过去 100 年中已减少了一半，土壤侵蚀、水土流失、草原退化和土地沙漠化也很严重，世界沙漠化土地已达 3600 万平方公里，几乎是俄罗斯、美国和中国国土面积的总和，再者就是生物物种的灭绝，生物多样性减少，生态破坏直接导致动植物资源短缺？

第三，环境恶化。这是工业文明造成人类不可持续发展的突出问题，主要表现为：①燃煤烟尘和二氧化硫污染——20 世纪中叶世界八大公害事件的一半以上是由此造成的，其中 1952 年的伦敦烟雾事件，5 天内就有4000 人死亡；②汽车废气和二氧化碳的过度排放，地表的温室效应加剧，海平面上升；③全球气候异常，自然灾害增加；④臭氧层破坏，同温层臭氧减少，辐射到地面的紫外线增加（紫外线过量有害于人体和其他生物体）；⑤水体污染严重，地下水位下降，淡水供应不足；⑥酸雨；⑦垃圾、工业废渣、有毒废料过量；⑧光化学污染；⑨海洋污染等。对人类生存环境的污染与地球生态系统的破坏可以略加区分，同时环境恶化也就是生态破坏。

这些问题的出现，是《增长的极限》研究和写作的背景，是 1972 年联合国召开人类环境会议和编写《只有一个地球》报告的背景，是世界环境与发展委员会在 1983 年明确提出可持续发展理论的背景，是 1984 年布朗的《建设一个持续发展的社会》一书出版的背景。而这一切都是针对着工业文明的发展模式，不能再照老样子继续下去了，布朗曾就"持续"问题所指出："八十年代的经济压力，其根源在于环境恶化和资源不足。这些压力反映在土壤侵蚀、森林缩减、渔业资源减少、草原退化和石油储量下降等方面，证明了收益递减律是不可抗拒的。这些不断增长着的经济压力是世界文明难以持续下去的标志，也是人类不能沿着现有道路继续走下去的明证。如果要使文明持续下去，就必须沿着另一条道路前进。"

值得注意的是，国内外的许多文献在揭示生态环境被破坏的问题时都讲到过一个观点：在近代工业文明发展以前的历史时期里，尽管狩猎文明、农业文明也对生态环境有过不良影响，但并没有造成严重的后果；只是工业文明才发展到破坏自然，强行制造人工环境，并使生态环境的破坏发展到威胁人类自身生存的程度。或者如有的学者所指出，在远古和古代，问题主要是要保护人类免遭自然的伤害；在近代和现代工业文明时代的问题，则是保护自然免遭人类的破坏。这些提法是有道理的，而它们又确有一个共同的焦点——集中于谴责工业文明，然而，正因为要集中谴责工业文明，又可能产生一些片面性或局限，例如对农业文明也会破坏生态环境估计不足，例如对工业、农业以外的影响环境的因素估计不足。其实，战争、封锁、制裁也是破坏生态环境的，人类在任何时代的日常生活特别是垃圾和粪便的排出也是破坏生态环境的；当今各国的许多城市几乎处于垃圾的包围之中，甚至可以说如此大量的垃圾积累就有可能使后代人难以生存。当然，城市垃圾太多也是与工业化相关的，但总不能把垃圾多都算在工业文明头上。

本书没有补充什么新的材料和观点来声讨工业文明，甚至多少还有点替工业文明开脱，但有几点是需要肯定的：①工业文明确有很大的贡献，又有很大的弊端，工业化把人类带上富裕的高峰，又把人类引向毁灭的边缘；②在工业文明时代得到高度发展的国家如美英日德等国，已经在资源和能源消耗上达到很高水平，当今世界的其他国家都要走已有的工业化道路。都要赶上美国那样的工业文明，这是难以做到的，也是地球无法承载的；③正像狩猎文明时代、农业文明时代只是历史上的一个时期那样，工业文明时代也不会永存。

二、工业文明的现实

工业文明已不能再按原样继续下去了，这是现实的；但是，工业文明在今天和可具体预见的年代里仍会延续下去，这也是现实，甚至仅仅从经济增长这一点看，人们也难以确认工业文明有何种增长的极限。《增长的极限》及其支持者的许多项言并没有得到证实。从学术研究看，我们也仍需要对工业文明作进一步的探讨。

发端于 18~19 世纪并在 20 世纪达到高度发展的工业文明，虽然暴露出多种严重弊端，但至今仍然在事实上继续着。当今美日德英等发达国家主要地仍是工业文明发达的国家，至少到 21 世纪初，还难以断定它们会是别的什么文明最发达的国家，如生态文明最发达国家或精神文明最发达国家。

对于目前在世界上占多数的发展中国家来说，实现工业化仍是它们基本的、重要的任务。就其主流看，这些国家在今天决不是工业已足够发达，工业化或工业文明过多，而是工业不够发达，工业化发展不够和缺少工业文明。我们在谴责工业文明的时候，也不要忘记我国还是要实现工业化和工业现代化的。当然，发展中国家既要求建立工业文明，就难以完全杜绝和避免发展这种大国会导致的负效应。

从可持续发展与生态环境问题研究的角度考虑，还有必要把17~18世纪的工业文明与19~20世纪的工业文明作一些比较分析，尤其是要分析20世纪的或现代的工业文明的特点。工业文明当然是与工业化、与各类工业的发展相关的，而对工业化的不同发展阶段以及不同种类的工业来说，它们对生态环境的影响又是互有区别的。17~18世纪的工业文明可以说主要是机械的（机器生产）文明，在19世纪里有了"钢铁文明"、"铁路文明"的大发展，并开始有了"电气文明"。20世纪里则有了"汽车文明"、"高分子文明"、"计算机文明"等的兴起。

各种类型的工业和整个工业化进程都会造成生态的改变，造成程度不同的环境污染，但是，现代的化学工业，包括无机化工和有机化工，包括大型的重化工和各种精细化工，靠化肥、农药发展的"化学农业"，以及各种化学合成药物、化学防腐剂的广泛运用，对各种生物、对人体并经过生物链扩散，对整个生态环境造成了并正在造成严重的影响，这些影响是长远的，而且是我们今天难以充分估量这些影响的严重程度。自1972年联合国的《人类环境宣言》发表以来，全世界不仅仍流失了约5000亿吨地表土，每年向大气排放二氧化碳60亿吨，化学工业、化学农业、化学医药、化学食品也更明显地表现出它们的负面影响。或许可以说，与砍伐森林、围湖造田、捕杀野生动物相比，化学污染会造成更深刻、更长远、更广泛的生态环境问题。

化学污染是现代生态环境恶化和造成更大潜在危险的首犯。前面提到的20世纪由于环境污染引发的"八大公害"事件，主要就是化学污染造成的。据统计，商品化的化合物约有7万种，其中几乎没有毫无毒副作用的。有些农药、饲料添加剂、防腐剂可能会致癌，有的杀虫剂、除草剂会经过农作物影响动植物和鱼类，再经过它们影响人类，例如使人的免疫力降低，发病率上升。化学污染物在各种生物和人体中积累的长远后果，是我们现在还无法充分预料的。

工业文明及其弊病在今天都仍在延续，不治不防，病入膏肓则会毁及整个生物圈。然而，我们同时也可以提出和注意问题的另一个方面，即实际上在继续着的工业文明是否已经完全没有理由继续存在下去，或者说，我们对工业文明究竟是现在就应当"判处死刑，立即执行"，还是可以缓期判决，让它戴罪立功。我们同时也可以追问，现代工业文明究竟还会有多长的寿命，世界人口、经济增长在当今是否已达到了"增长的极限"，人类是否可能和应当去实现"零增长"。

黑格尔曾有过"现实的就是合理的，合理的就是现实的"的名言，这句话对于讨论工业文明也是有意义的：工业文明有其不合理性，因而有"非现实性"；工业文明是现实的，因而又有"合理性"，这两个方面都需要冷静思考和认真对待。对于以过于乐观的态度来看待和对待工业文明的，需要更明确地说明工业文明的不合理性（弊病）和"不现实性"，说明"非工业文明"（如生态文明）的合理性和现实性；对于以过于否定的态度来看待和对待工业文明的，需要更明确地说明工业文明不仅在历史上有现实性和合理性，在今天仍然有其现实性和合理性。也可以说，对于工业文明的盲目乐观主义与悲观主义，都有其片面性。

当前，在国外和我国有许多学者更强调要批评"工业文明乐观主义"观点，认为《增长的极限》比《没有权限的增长》更能发人深醒，悲观主义比乐观主义更有价值。我大致上同意这样的评价，至少是因为"工业文明悲观主义"更有助于充分地、清醒地认识当今生态环境问题的严重性，更有助于充分地、深入地认识到可持续发展战略的重要性。但是，我又以为不必急于给《没有权限的增长》或乐观主义的观点下一个"既缺乏根据，又不讲科学"的结论。至少，对工业文明的发展持现实的、乐观态度的人，更强调科学技术的发展不仅有可能会发扬工业文明的长处，也有可能会防治工业文明的弊端，弥补其缺陷，有助于克服当今工业文明而临的困难，这种对科学技术的作用持肯定和乐观的态度，就值得分析研究，而不能说是"不讲科学"或"缺乏根据"。

我以为，即使是需要着重于批判工业文明，否定工业文明时代，对工业和工业文明也要有恰当的分析，包括要有必要的肯定；何况，是否需要和如何开展对工业文明的"重点批判"还是一个有待商量的问题，或许，我们需要承担和宣传的是保护生态环境与保护工业文明这样的双重任务。肯定或保护工业文明，并不仅仅是基于"现实的就是合理的"的抽象哲理，而是考虑到，我们当今的时代在相当程度上仍处于工业文明的时代，当今世界相当一部分国家仍是工业文明国家，当今人类的许多地方仍需要进行工业文明的建设，在我们的国家，在中国的未来几十年里，建设工业文明朗经济文化，仍是头等重要的任务。

即使从人类文明朗未来看，从中国未来的发展看，工业文明也仍是不可缺少的。在如何看待工业文明及其问题上，我认为应考虑到以下几点：

（1）材料、能源、信息是一切人类文明的干枝，而材料和能源都离不开工业，都是靠工业文明发展起来的。除了远古时代的人们主要取采集现成的自然物（包括狩猎）为生，文明时代的人类都需要取制成品来维持自己的衣食住行，事实上，人类最早期的文朗就开始于有了萌芽形态的工业——手工业，就开始于手工业与畜牧业和农业的分工。近代文明源于机器大工业的兴起，工业即制造业是近代人的生产资料和生活资料的主要来源。未来的人类文明也需要有更发达、更高级的工业来提供更新的材料和能源，来提供各种各样的制成品。现代社会、现代人的生活不可能只有生态，只有环境，还必须有制造业，即工业。环境保护也离不开工业，环保产业也是工业和离不开整个工业。《我们共同的未来》一书也明确指出，可持续发展是要满足人类的基本需求："人类许多基本的需求只有通过工业提供的商品和服务才能满足，向可持续发展的转变必须靠工业不断产生的财富作为动力来完成。"①

在这里，有必要对作为制造业的工业的意义多讲几句。毫无疑问，商业和外贸、金融保险业、通信和信息业、医疗卫生业、文化教育业、交通运输业、旅游业、服务业等对现代的和未来的社会经济发展有越来越重要的意义，但信息业需要以显示器、打印机等制成品为基础，健康业需要以药物、医疗器械为基础，交通运输业要以飞机、汽车为基础，服务业要以各种食品、服饰为基础，而金融保险、商业外贸又要以上述的一切为基础，如果不以坚实的工业为基础，如果在过大程度上靠金融炒作、地产投机来繁荣经济，也势必会陷入"生存危机"；只靠制成品来发展的经济是没有活力的，而所谓泡沫经济或许可以说就是制成品基础薄弱的经济。

（2）针对着工业文明提出的"增长权限论"，对需要控制人口、节约资源、治理环境等方面的问题有积极意义，但"增长的极限"毕竟是一个模糊的概念，说经济的增长有其极限，基本等于说生产力的发展有其权限那样，虽然在原则上不错，但这个界限或极限是很难确定的。而且，另一个原则也不错：人们的需求不会有极限，在这个意义上，经济发展（经济增长）也不会有极限。

（3）对工业文明的发展持悲观论点的根据之一是世界人口增长过快，世界人口数量太多。《增长的极限》在其第一章的开头引用了我国《韩非子》的一段话："今人有五子不为多，子又有五子，大父未死而有二十五孙，是

---

① 世界环境与发展会员会：《我们共同的未来》，王之佳等译，吉林人民出版社，1997：19

以人民众而货财寡，事力劳而供养薄。"在许多论及可持续发展问题的文献中，也特别强调了人口问题的严重性。确实，在所有的全球性问题中，人口问题是头等重要的；如果世界人口在今天不是近 60 亿，而是 1960 年的约 30 亿，如果中国人口不是现在的约 13 亿而是 1954 年时的 6 亿，世界和中国的资源问题、能源问题、生态问题和环境污染问题几乎就会是另一个样子：资源消耗少必然能源消耗少，能源消耗少必然环境污染小。但是，我们还应当注意到，所谓人口数量以几何级数增长的观点是过于简单化的，这个观点也不符合当今一些发达国家的实际情况，甚至不符合我国一些城市（如上海）的实际情况。或许还可以说．尽管在最近 100 年中世界和中国的人口有了很快的增长，但从长远发展上看，人毕竟是唯一能自我控制自己数量（人口）的生物物种；随着经济文化的发展达到了相当水平，人类会更加重视人口的质量，人口数量是不难保持均衡的。

（4）科学技术主要是以工业文明为基础发展起来的，科学技术可以将天然自然物资源化，人类文明演化的历史就是一部把天然自然资源化的历史。科学技术的发展总是不断积累、不断提高、没有顶峰的，资源的开发和综合利用也不会有极限。

（5）工业文明是由人创造的，工业文明的弊端、缺陷和困难也是由人揭示的。人能够主动地与"非自我"即与自然界相协调，从而解决环境治理的问题，实际上，人类向自己提出要认真对待环境问题至今才不到 30 年（从 1972 年联合国会议通过《人类环境宣言》算起），一些国家已在环境治理上取得了明显成效，更多的国家包括中国已把治理环境摆到重要议程并采取了有效的实际措施。可以有理由相信，只要继续坚持，再过 30 年世界和我国的生态环境状况应当会有较大的改善。

三、关于生态文明时代

对于工业文明的批判，自然会引出应该以什么样的新文明来取代工业文明的问题。已有许多学者探讨了人类的未来需要什么样的文明，或人类的未来文明是什么。这种探讨还涉及对整个人类文明的阶段划分、类型划分和时代划分，在这些问题上，人们的看法和提法是不尽一致的，一种观点是把文明类型划分为狩猎文明、农业文明、工业文明和后工业文明。[1] 也

---

① 张赴民：《可持续发展论》，中国环境科学出版社，1977：3

有人认为："人类社会的文明史已经经历了狩猎文明、农业文明、工业文明，正在走向信息文明同时也孕育着生态文明。"①

一些文献主张把人类的未来文明规定为"生态文明"，认为生态文明将取代工业文明，持这种观点的人指出，至少应当认定21世纪将成为生态文明的时代，或认定"21世纪是生态文明时代"，或者再稳妥些，笼统地说"人类将最终走向生态文明时代"。主张以生态文明来取代工业文明的学者大多认为，农业文明的特点是为人类生产粮食，工业文明的特点是创造财富，而生态文明则将为人类建设一个美好的环境。除了生态文明的提法，还有人认为，未来的新文明应当或可以称为"环境文明"、"后现代文明"乃至"知识文明"。这些观点有一个共同处，即认为要坚持和实现可持续发展，也就是要从工业文明转向与之有根本区别的另一种文明，如向后工业文明或生态文明过渡；认为生态文明、环境文明乃是可持续发展的目标，或认为它就是"可持续发展文明"。

为了从理论上充分地阐明可持续发展，讨论未来文明的提法问题，讨论如何由现代的工业文明向未来文明的过渡，以及生态文明与工业文明的关系等问题是有必要的。至少，这会有益于比较未来的、新的人类文明与现代的工业文明之间，应当和可能有哪些根本性差异的问题。

在这个问题上，我以为有以下几点是需要考虑的：

第一，讨论时代的界定和时代的特征，有重要的理论意义和现实意义。当然，人们不知道自己生活于什么时代，也一样过日子，但是，作为现代人，作为领导现代化建设的政党和研究现代问题的学者，是必须重视时代划分和时代特点的，我们的思想认识、理论提法和实践措施需要反映时代的特征，至少，如果我们可以充分肯定当今已经在根本上属于后工业时代、知识经济时代，而不是什么工业文明时代，在报刊宣传上总该有相应的反映。

第二，时代的界定是一个内容复杂、尺度多样、论证困难、常有争议的问题。例如，尽管工业文明时代不会永存，但我们现在毕竟还处于（或基本上仍处于）工业文明的发展阶段，还难以确切把握和表述人类在主要从事采猎、农业、工业活动之后，什么是其最有标志性（代表性）的活动和成就，还难以用这种标志来划分时代。例如，对过去的时代和当今的时代，我们已有了多种多样的提法，从生产工具和使用材料看有石器时代、

---

① 刘宗超：《生态文明与中国可持续发展走向》，中国科学技术出版社，1977：11

铜器时代、铁器时代、高分子时代，从动力（能源）看有蒸汽时代、电气时代、石油时代、核能时代、太阳能时代，还有从信息来区分的纸与笔的时代、计算机时代、微电脑时代，有人类活动领域的空间时代、宇航时代，以及从社会制度看的原始时代、奴隶时代、封建时代、资本主义时代、社会主义时代等。或许，我们在当前首先需要认真研究这些提法的关系，包括研究所谓"知识经济时代"、"知识时代"、"数字时代"、"网络时代"等提法的含义。在充分讨论和严格论证前，现在似乎既不必急于把人类的未来归结为"知识文明时代"，也不必急于把人类的 21 世纪就称之为"后工业文明时代"或"生态文明时代"。

对于时代问题的探讨，可能还涉及文明与文明时代的区别和联系的问题，例如：当前已不是农业文明的时代，现在是否还存在和需要有农业文明；未来可能不是工业文明时代，那时是否还存在和需要有工业文明；知识文明会越来越重要，知识文明重要是否就一定是知识文明时代。与这些问题相关，就可以思考，在人类文明史上工业文明时代成为过去，是否等于说工业和工业文明就此退出历史舞台，或者说人类的未来仅需要工业，而不需要工业文明，仅需要农业，而不需要农业文明，等等。

第三，暂不讲时代界定，而只论工业文明、生态文明，我以为，正像知识经济的概念可以成立和探讨那样，生态文明的概念也是可以成立和接受的。但是，这里仍有一些需要探讨和商榷的问题，首先是需要研究和给予生态文明以较确切的界定。无论是狩猎文明、农业文明还是工业文明，都是按人类的活动和成果来划界和命名的，如果把生态理解为自然环境，而自然环境又不是人创造的，这时的生态文明该作何理解？显然，我们可以把它理解为地球上的文明，但这样一来又会失去生态文明提出的本来意义，因为农业文明、工业文明都是地球上的文明；而如果把生态文明解释为"地球文明"，又难于理解。当然，人们可以把生态文明看做是实现了人口、资源、环境、生态相协调的新的社会文明，是生态与信息相统一的复合文明，这可能是有新意的，只是需要具体分析和说明这种生态文明究竟有哪些内涵。而且，如果我们认定未来文明是生态文明，还需要认真探讨它与其他文明的关系。有人认为生态文明与信息文明是孪生兄弟，或生态文明是目标（目的），信息文明是生态文明得以实现的管理手段，这些也值得讨论。

第四，与此有关，我们或许还需要开展关于"文明观"的研究。例如，人们已经从物质文明、精神文明、制度文明作了划分，我们通常所说的狩猎文明、农业文明、工业文明基本上是就物质文明来再划分的。如果需要确认生态文明的范畴，至少需要说明生态文明同物质文明有什么关系，生态文明本身是就属于物质文明，还是物质文明与精神文明的统一，或者是物质文明、精神文明与制度文明三者的统一，这些问题都有待探讨和回答。再例如，当我们强调生态文明、环境文明时，还需要说明生态主义的文明观对科学主义的文明观、人文主义的文明观和经济主义的文明观的态度，说明这些文明观的相互关系，说明何以生态主义的文明观是唯一正确和唯一合理的；即要有对科学主义文明观、经济主义文明观、人文主义文明观的全面的历史的分析。在这类问题没有深入研究之前，我们虽可以倡导生态主义的文明观，似也不必急于断言只有生态主义的文明观才是唯一正确的。

第五，即使认为未来的人类文明或21世纪的文明就是生态文明，生态文明也是以现代工业文明为基础的，是对工业文明的"扬弃"（克服和保留）。那种认为工业文明将被（或应被）生态文明完全取代，工业文明正在衰亡他应当衰亡，生态文明与工业文明截然不同的观点是不可取的。未来的生态文明，一方面，当然要去除或消除工业文明时代的"环境病"，要治理或惩治"工业腐败"，要大力发展生态产业（如生态农业、林业）和环境产业，要有信息产业，要有服务行业，要实现资源的有效的综合利用，开发和使用新的清洁能源，实现清洁生产；另一方面，它也必然要有工业，离不开工业。人类文明包括未来文明不可能自然（自然而然）实现，不可能来自自然界的善待或恩赐，而必须靠人们自己去创造。创造就必须有工业，包括轻工业、重工业，实现了清洁生产的工业（制造业）仍然是工业。在未来文明中不仅有我们当今所说的"新兴工业"、"朝阳工业"，还会有似乎被淘汰的"传统工业"、"夕阳工业"；采矿业、电力工业、电器制造业、机械加工业、汽车（或其他机动车）制造业、建筑业、纺织和服装业等，仍旧是未来文明的极重要部分。

在未来文明中，不仅要有我们今天所说的现代工业，还会有手工业，包括各式各样的制造业。人类文明和文明的发展永远是需要制造物质产品的，现代文明和今后文明的发展也永远离不开制造业，或许可以说，有工业也就是有工业文明——尽管它可能不占主导地位。

谈到这点，还涉及关于"朝阳工业"与"夕照工业"的认定。有一种观点认为，只有无污染的工业才是朝阳工业，而有污染的工业是夕阳工业，据此，在生态文明中就可以包括朝阳工业，而要淘汰夕阳工业。但这种理解又与认为新兴工业是朝阳工业、传统工业是夕阳工业的观点不同。看来，我们需要对朝阳工业和夕阳工业的概念作出确切的界定。在人类的任何时代、任何文明类型中，都总会有新兴的产业，有已经成熟的产业和趋于下降的产业，未必在生态文明的时代就只有朝阳产业，没有夕阳产业了。与传统的工业文明相比，生态文明肯定是有其优越性的，但我们却未必要把优越的东西都归之于生态文明。

讨论生态文明与工业文明的关系，讨论工业在未来文明中的地位，以及讨论朝阳工业与夕阳工业，都会涉及化学工业的问题。化学工业特别是有机合成、精细化工，曾被认为是人类最伟大的创造和工业文明的骄傲，从主要是对自然物的提取（如从矿石提取金属）到人工合成非天然物（如合成纤维、合成橡胶），曾被认为是人类创造性的一个里程碑。

曾几何时，化学工业又被认为是造成生态环境污染的祸首，尤其是在发达国家，也包括在正大力推进工业化的发展中国家，人们对 100% 的天然棉织物的喜爱远胜于化纤织品，对含有化学添加剂的食品高度警惕，好像在未来的人类文明中，在生态文明的视野中，化学工业已没有什么地位。

化学工业在生态文明朗发展中是否有其地位，有什么样的地位，需要认真研究。事实上，当今的环境污染确实是由化学工业的发展带来的，不仅炼油，相当大部分的制药、化肥生产是化工，广义地说，炼铁、炼钢、炼铜和铝电解也是一种化工（重化工）。不能设想，在未来的人类文明中就可以没有化学工业，而且现在的环境治理在很大程度上仍然要靠化学的方法和制品，不少学校的环境专业就设在化工系。对于化学工业的污染问题，人们正在开展关于化工生态化或建立生态化工的讨论，但不要忘记生态化工仍然是化工。可以设想，人们既然创造了化学工业，也应当能够用化学工业的成果去防治污染，能够建立起持合生态环境要求的化学工业。在生态化的文明中应当和需要容得下化学工业。

第六，工业文明给生态文明留下了宝贵的财富，为生态文明的发展提供了重要的武器。工业文明的人们跨越过地球的表面，决不是像有的人所说只是"在他们的足迹所过之处留下一片荒漠"，而是为生活在未来文明社会的人们既留下了遗憾，又留下了希望和珍宝。可以肯定地说，在未来文明中，牛顿力学的基本定律、麦克斯韦的电磁感应理论、爱因斯坦的相对论、量子力学、电子学、控制论、计算机、自动化等科学技术成果，仍将起到极为重要的作用，甚至可以说，未来文明的人们离开了这些成果就一步也难以前进，而这一切都是工业文明时代的产物和成果，都与工业发展提供的基础紧密相关。未来文明或生态文明的存在和发展，也不能只依靠生态学、环境学、生物学，何况，分子生物学、基因工程等成就究竟应归属于工业文明名下，还是应看做是生态文明的头功，或许还是可以讨论的问题。

总之，我们可以把未来文明称为生态文明或别的什么，但无需对工业和工业文明（包括 18~19 世纪的工业文明）持完全否定态度。现在工业污染固然是世界环境破坏的最重要方面（决不是唯一的方面），所谓的能源危机和资源危机主要由工业过程引起（这并非是这些危机的根本的、深层次的原因），所有当代全球性问题也都同工业文明的发展相关，并将随着工业化进程而不断扩大和加剧（这主要是历史上的工业化进程），但未必要把工业文明命名和等同于是"黑色文明"，把农业文明看做是"黄色文明"，并把它们与"绿色文明"截然对立起来。

对于生态文明，或许可以简单地说：①生态文明要以工业文明为基础；②生态文明是人类未来文明的新内容、特点；③人类未来文明将是生态文明和工业文明的结合。也可以说，人类未来的文明既不都是圣洁纯净的生态文明，也不就是污浊灰暗的工业文明。萨克塞在评述生态学"失去纯洁"时指出："……工业在适应生态，生态也在适应工业，生态学因此失去了它的纯洁。如果说生态学有前途的话，那么只能以工业的形式，而工业如果有前途的话，它也只能成为生态学的工业。这里预言了工业和生态学的综合。"①

---

① ［德］汉斯·萨克塞：《生态哲学》，东方出版社，1991：107

第三章　可持续与发展何以兼容

尽管人们对工业文明的历史作用和功过的认识有所不同，但有一点是一致的，即都认为传统的社会经济发展模式特别是工业发展已造成了资源的过度使用，造成了日益严重的生态环境破坏，并危及到人类的延续生存和发展。为了避免这种危险，必须痛下决心，转到可持续发展的新模式和新道路上来。可持续发展是人类的希望，人类的未来取决于可持续发展的实现。

然而，工业文明和传统的经济发展固然有其麻烦，但可持续发展也是"费解"的。这里的所谓费解，一是指可持续发展的概念需要费点思考去理解，二是指可持续发展的实现需要费点力气去解决，特别是需要相当的经费去克服困难。这些费解，反映着可持续发展本身的矛盾。本章对这些矛盾作总体性和概略性的分析，以后的各章也可以看做是这些矛盾的展开。

一、需要与限制

前面提到，可持续发展一词有其确定性和模糊性，《我们共同的未来》一书给作为专用词的"可持续发展"下了一个得到公认的、较为规范的定义。即便如此，我们也仍有必要对其内涵作详细分析，这个分析也许有助于探讨和解决可持续发展的矛盾。

可持续发展的"经典定义"是：它是满足当代人的需要，又不对后代人满足其需要的能力构成危害的发展。可以看出，这个定义的提出是经过仔细推敲和煞费苦心的，它用了两个似乎并不对称的逻辑语句：一个是肯定性的判断——要满足……另一个是则是否定性的判断——不要危害……很可能，给出这个定义的学者们在这里并不是故意要采用不完全对称的逻辑，也许他们疏忽了定义的语句有逻辑上的不对称性。这个定义的困难正反映了实际上存在的矛盾，即满足当代人的需要可以确定地看到和表述，而"不对后代人满足其需要的能力构成危害"则难以十分肯定。关于这个矛盾，后面在探讨代际公平问题时会再有所涉及。

《我们共同的未来》在给可持续发展下了上述定义之后，紧接着就说明这个定义包括着两个重要的概念。第一个概念是"需要"，它所说的需要实际上指的是要有发展，即对于人们的"尤其是世界上贫困人民的基本需要，应将此放在特别优先的地位来考虑"；第二个概念是"限制"，它所说的限制实际上指的是要保证可持续，即要有对于"技术状况和社会组织对环境满足眼前和将来需要能力施加的限制"[①]，也就是对"满足需要"或发展的限制。就此而言，也可以把可持续发展理解为需要发展与限制发展的统一，或理解为既要求满足人们（当代人）需要又限制人们（也是当代人）去满足的统一。

在这里有必要对可持续发展作点语义上的推敲。"可持续发展"作为一个专用词，属于发展的范畴，表征一种发展模式、一种发展道路或一种发展战略。仅就语法看，可持续发展中的"可持续"，只是对于"发展"的定语，在这个意义上讲发展，仅是指"可持续的"发展，讲可持续是指发展有其"可持续性"，作为一个复合词组，通常不应当把其主词和定语分割开来再并列讨论，即不能把可持续发展简单地理解为"可持续"加"发展"。

但是，从语言分析的角度看，"可持续性的发展"与"发展的可持续性"又有着不尽相同的外延和内涵，可以分别地进行讨论。为了较为具体地分析可持续发展的矛盾，比较全面地理解"可持续性"与"发展"的关系，及有助于讨论所谓的"可持续"与"发展"的两张皮状态，在这里，既有必要对可持续发展作全面的、辩证的理解，又有必要作一些"形而上学的"分割的探讨。从一定意义上说，我们也确实可以认为"可持续发展＝发展可持续"，或从可持续与发展这两个方面去探讨可持续发展，尤其是去解析可持续发展的矛盾。

可持续发展既讲满足需要，又要施加限制，从这点来看，可持续发展概念中的"可持续"乃是对"发展"的限制性规定，可以说明确这一点，乃是理解这个模念的内涵的关键。在这里，如果把"发展"理解为要有向前的驱动，则可以按"可持续"理解为要有某种制动，理解为"对发展的负效应"和"失控"的约束；虽然在整体方向上有前进，但"可持续"与

---

① 世界环境与发展会员会：《我们共同的未来》，王之佳等译，吉林人民出版社，1997：52

"发展"的性质和作用却并不是完全同向的。"可持续发展"的提法与"明媚春光"在词语上不同，可以说，明媚是春光的"固有属性"或"必然属性"，春光通常就是明媚的；但我们却不可以说可持续乃是发展的必然属性，或说发展通常就是可持续的。也许可以说，"可持续发展"的提法有点像"凉爽夏日"或"可凉爽的夏日"，它的定语对主词有某种消减性的或弱化的限制。

应当说，布氏定义把可持续发展规定为满足当代需要与顾及后代权益的统一，规定为满足需要与施加限制的统一，乃是一个相当全面和准确的概括。发展当然是要满足人们的需要的，同时，对于人们的无限制的需要，对于人们借助于技术的手段和组织的力量来无限制地满足需要的能力，又不能不加以限制，没有限制、约束、控制，发展就没有可持续性。传统的发展模式是只追求满足需要，缺乏限制和约束，可持续发展的模式，是既要有限制相约束又要满足需要的。没有限制和约束的发展，是只顾及当代人需要的发展，是可能危害后代人权益的发展；发展而又有限制和约束，才能顾及后代人的权益，或不破坏后代人满足需要的能力。

《我们共同的未来》对可持续发展及关于需要和限制这两个方面的论述，也可以理解为是多重意义上妥协的结果，这既反映着经济增长动力与环境保护压力必须妥协的现实，又表现出要求人类应与自然界妥协的观点，也是持不同观点的人们之间的妥协的产物。这与本书的编写由来自不同国家的专家来完成有关。书中既反映了发展中国家专家的观点，也反映了发达国家学者的观点，例如讲发展首先是承认发展中国家要实现发展和摆脱贫困，讲限制也包括着对工业化发展的限制。但是，这本书毕竟主要是由学者们来写作的，而且其中有不少是来自发展中国家的学者，书中对发展与可持续关系的某些论述虽然在侧重点上有点差异，但总的说是坚持了可持续与发展并重，而没有明显偏颇。

在这本书中，一方面，它确认了可以有"差异"的原则，即认为，对于可持续发展，对于社会经济状况和水平不同的国家，在宣传、近期目标和措施上是应当有所区别的，各国对可持续发展原则的解释可以不一；另一方面，它同时又强调了要坚持有"同一"的原则或"共同性原则"，即应把可持续发展作为全球、全人类所追求的共同目标，为实现统一的目标采取一致的行动，各个国家、各个民族都应当对可持续发展的规定及其两个方面有共同的认识，必须有对发展与可持续的并重，要避免把不同国家的某些差异强调得过于特殊。例如说，不可以只追求本国的经济发展、满足需要而忽视环境问题或影响别国的环境；例如，不可以借口要解决本国的生态问题而侵犯别国主权——这种事情过去曾经发生过，将来也未必就不会再出现。

可持续发展概念的提出是与讨论环境与发展的关系密切联系的，可持续发展的主题是强调实现发展与关心环境的统一，当然也相应对"环境"与"发展"的概念作出界定。"环境"一词是难于定义的，虽然我们可以分别地讨论天然环境、人工环境、人类环境、社会环境等，也许，只要笼统地认定"环境是我们大家生活的地方"也就够了。对于"发展"的概念，理论界已有了多种界说，如《我们共同的未来》认为发展是为改善我们的命运应做的事情，并认为不应当把发展一词狭窄地局限于由穷变富的措施，而应把它规定为"发展就是经济和社会循序前进的变革"[①]，认为"发展"既包括着满足经济需求、消除贫困的内容，又包括着满足社会需求、消除不平等的内容。这样，就使狭义理解的发展（满足经济需求、满足社会需求）与狭义理解的持续（消除贫困、消除不平等）统一起来，使发展内在地包容着可持续，使可持续内在地反映着要发展。这样，无论是对于发达国家，还是对于发展中国家，在理论和实际上，可持续发展都是应当和可能接受的事情。

附带说一点，探讨可持续发展的内涵时必须界定"发展"，而把"发展"作为一个哲学范畴，与经济学讲的"发展"概念又似乎差异太大；在这点上，哲学不妨多听听发展经济学的意见。例如，发展经济学认为的发展包括着以下几个方面：个人和社会所享效用或福利的改善；人均实际收入的增长；环境质量改善；教育和健康质量的改善；人们知识、技能的进步；人们自尊、自重和自主意识的提高等。

《我们共同的未来》之所以可贵，是它不仅肯定了发展包括经济发展的重要意义，而且它还明确指出了贫穷是全球环境问题的主要原因和后果。它讲到了穷人比富人更加依赖于自然资源，穷人会为了每日的生存而被迫过度使用自然资源、以不同的方式制造出环境压力，贫穷本身污染环境，因而"人类需求和欲望的满足是发展的主要目标……一个充满贫困和不平等的世界将易发生生态和其他的危机。"书中还深刻地揭示了，贫困会导致环境退化，环境退化又会反过来导致更大的贫困，陷入恶性循环。因而，只有既坚持发展又坚持要解决环境问题即实现可持续发展，才能免于陷入

———

① 世界环境与发展会员会：《我们共同的未来》，王之佳等译，吉林人民出版社，1997：52

这种恶性循环之中。

同时，这本书还讲到了实现发展与关心环境的矛盾，讲到环境挑战既来自发展的缺乏，又来自"发展的失败"，即环境问题的产生还"来自某些经济发展意想不到的结果"，并以大量事实揭示了工业化发展过程小的矿物提炼、有毒气体排放、森林商业化等是如何干扰和危害支持地球生命系统，因而是有违于可持续要求的。

总之，可持续发展既要有满足人们的普遍需求的发展，又要有约束性的限制以保证持续，即必须兼顾发展与持续，兼顾需要与限制，是发展与持续的统一，满足需要与实现限制的统一。

二、经济增长与环境保护

可持续发展要求既满足需要又实现限制，具体说，就是既要实现经济增长，又要保护生态环境，或者说可持续发展就是经济增长与环境保护的兼顾和统一。这样，我们就可以有三个统一（三位一体），或是当代人的发展与后代人权益的统一，或满足需要与实行限制的统一，或经济增长与环境保护的统一，有了这些统一，应当说已经是非常正确、非常美好、非常理想了，人们只要是去认真接受和执行也就够了。然而，可能正因为可持续发展的理论和原则是如此合理，如此高尚，于是会引出另一个问题，即如何防止把可持续发展的要求、原则和实现的过程过于理想化。事实上，这种理想化是我们在一些著述中经常会见到的，正像皮尔斯所描述的那样："可持续发展，这一词语之所以有影响是因为大多数人都相信它。它能够存在是因为它在环境学家和开发者的需求中建立了一座桥梁。它听起来很悦耳，持久的人类福利和经济保障，而不会遭到生态崩溃或社会灾难的践踏。它是一种忠诚，并在某种意义上几乎是一种宗教观念，类似于正义、平等和自由。"[①]当然，可持续发展特别是对生态环境的保护的要求，毕竟不是社会意识形态学说，更不是宗教信仰观念，实现治理环境、保护生态都是可以操作的，无非是有一定困难罢了；至于可持续发展要求的社会原则有过于理想化的倾向，那是可以另作讨论的。我们应当有可能也有必要立足于现实，来理解和实现生态环境保护的重要，并在这个基础上逐步加深对整个可持续发展理论的认识。

---

① 大卫·皮尔斯：《绿色经济的蓝图——衡量可持续发》，北京师范大学出版社，1996：183~184

　　既可以把可持续发展作为一种理想，又避免把它过于理想化，重要的一环是要对可持续发展的矛盾和困难有清醒的、充分的和深刻的认识，我们应该注意到，在当代人发展与后代人权益之间，在满足需要与实现限制之间，在经济增长与环境保护之间，经常有诸多的两难选择或鱼与熊掌不可兼得，甚至有尖锐的对立。

　　例如，自然环境本身就是在不断改变的，谁也无法保证（和保护）其全然不变。在人类出现以前的各种生物，它们既是自然环境的一部分，又改变着它们周围的环境条件，一切生物的存在和生活都要以"侵犯"或破坏别的生物体为前提，它们也都要利用自然，乃至在不同程度上变革自然，只不过它们并没有保护其生态环境的义务或责任。在人类产生以后，就开始有了自然环境与人类环境的矛盾，自然环境是不会自动地、充分地满足人类生存（更不用说发展）需求的，原始的人类要生存，就不可能保持原始自然的生态平衡状态而不引起任何改变；原始人的采集会"破坏"野生植物的生长，原始人的狩猎会"破坏"野生动物的繁衍，要原封不动地保持自然的生态环境，要对生态系统毫无"破坏"，要不"侵犯"一切别的生物，就不会有人类的生活；从某种意义上确实可以说，人类的生存就意味着自然界的"丧失"。可能是基于这点，有的后现代主义者就设想，如果没有人类，自然的生态困会更繁荣——这或许是可能的，但如果真的没有人类，也就不会有这种没想了。也难怪还有的人会设想，自然界或生态系统报复人类的一种可能，就是把人类从这个系统中清除出去——这或许也是可能的，但真正可能使人类从自然系统消失的恐怕不是自然系统的蓄意报复，而是人类自己的处置不当——例如进行核战争、严重破坏地球南北极生态等。

　　对于自然环境与人类环境的矛盾，从最抽象的意义上还可以说，人类的文明越是不发展，自然的生态环境会越好，然而这却未必是最理想的事情，因为人们需要的毕竟是人类的自然环境或自然的人类环境，或良好的人类环境。曲格平在一篇文章里曾描述说："笔者曾经有机会看到过非洲的一些比较原始的人类生活方式，那里虽有清洁的空气和宁静的氛围，但是，居住条件恶劣、衣不遮体、食不果腹、疾病丛生、寿命短促，绝不是一个理想的人类环境。"[①]这段文字是值得深思的。

　　然而，在人类有了基本的生存条件后，特别是在近现代条件下，人类

---

① 曲格平：《我们需要一场变革》，吉林人民出版社，1997：24

发展与自然环境的矛盾又会呈现新的态势，人类的发展不仅会导致清洁空气的缺乏和宁静氛围的丧失，而且会超出自然环境的承受力，乃至从根本上破坏自然环境的基础。而且，这个矛盾常出需求的无限性和满足需求能力发展的无限性而日趋尖锐。人们的需求是没有止境的，由科学技术提供的满足人们需求的能力的提高也是无止境的，要限制这种需求无限性，限制科学技术水平提高的无限性，几乎是不可能的。就这点看，可持续发展确实是极其困难的，当然这并不意味着人口增长、经济增长在任何时候都完全不可约束和不可控制。

可持续发展的实现还有观念上接受的困难，或者说有观念的矛盾。如前所述，可持续发展已有了公认的定义，它虽然包括着经济增长和摆脱贫困的内容，或者说，也要从经济看发展，但它所强调的乃是可持续限制下的发展，与人们日常所持有的发展观是不很一致的，甚至是有相当大的差异的；然而，公众的日常观念尽管不十分确切，却常常比学者确定的科学概念更有力地左右着人们的行为动向，在社会实践过程中，发挥更大的实际作用。

按传统理解和一般大众所持的观念，发展总是与生产力水平的提高，与人们生活的改善和富裕紧密联系或成正比的，讲到发展或想到发展，总要讲到或提到近几年的国民经济增长速度高于前几年，讲到今年的国民收入比去年多，讲到国家实力的提高，讲到人们现在过的日子比过去强，讲到物资更丰富和市场更繁荣等。这种发展观念，与可持续发展的发展——它更讲下代人的生存权利、条件和可能性，讲下一代的日子不该弱于这一代，与更讲环境质量的改善和公平，更讲对自然系统的保护和人类生活的延续，显然是两种不同的发展观，二者不完全是一股劲的，乃至是相反的。正因为这样，人们就有可能不接受、不理解可持续发展是一种发展，乃至认为可持续发展只是名为发展，实际上就是限制发展，至少妨碍发展，减慢发展，宣传可持续发展未受到热烈欢迎可能是与此有关的。

再如，不仅是一般公众对发展和可持续发展会有理解上的不同，宣传发展理论的学者和领导发展事业的官员，他们在理解和对待可持续发展上也是不完全一致的，或许可以说，这是实现可持续发展的"主体的矛盾"中很重要的或最重要的方面。

可持续发展或实现满足需要、进行限制，都是要由人去做的。不同国家、不同地位的人对这个问题的态度和要求也常常有分歧乃至有很大出入。不同岗位或不同职业的人们对可持续发展的理解和说法就有差异，在位的政治家们可能在实际上更关心发展，学者们则往往会更强调要有可持续。在学者们中间，哲学家、社会学家、经济学家和伦理学家们的看法和着重点又会不同，经济学家可能更关心经济增长，即或在他们研究环境经济学的时候，也必然更多地关注于可持续发展的可操作性的方面，而较少强调平等或人们的愿望；伦理学家必然会更加关注于善待他人和善待自然，以及自然权利问题，而较少强调可持续发展的实现需要依靠利益驱动。

更值得注意的是不同国家在可持续发展问题上的差异。发展中国家、欠发达国家与地区自然会更关注于发展或强调重在发展，发达国家则会更关注于可持续或强调重在可持续，以及由强调自己的可持续走向限制别国的发展。在这一个问题上，当然也可以既不特别注重于发展，也不特别注重于持续，而是要求持续与发展并重，以求统筹兼顾。这种态度在原则上正确，在实际操作上却是有困难的。

对于发展中国家，如何处理发展与可持续的关系，是一个极大的难题。实际上，在这些国家很难做到发展、经济增长与持续、环境保护的真正并重，而且还可能会出现矛盾的"表现"，即口头上讲可持续发展多，实际上做可持续发展少，报刊上可持续发展的文章多，财政里可持续发展的经费少。当然，仅仅从宣传的角度看，如何在宣传可持续发展时做到尺度恰当，仍是可以探讨的，不管可持续发展的理论多么正确、多么重要，在宣传中总是要结合本国特点的，至少，在穷国或不发达国家，总不能只讲可持续发展的共性原则和要求，只讲全人类应当如何因而本国也就应当如何，即不能只用演绎法来宣传可持续发展。例如，我国有的报刊文章似乎就更重视了可持续发展的共性（这是必要的），乃至更倾向于讲重在持续，特别是人类的持续，而对如何结合中国国情来阐发可持续发展的原则重视不足。有的论述往往更强调了可持续性的"限制"的方面，例如，谴责过度砍伐、随意排污和捕杀野生动物（对这些不仅必须谴责、而且要有法制），但却相对较少讨论应当怎样估计我国的"贫穷"方面和程度，以及如何加速消除贫困，较少谴责"基于发达而来的限制"。另一方面，我们的一些实际工作者在实行发展时，就似乎更强调国家和地区的个性，更倾向于讲重在发展，特别是自己的发展，对如何坚持可持续发展的普遍原则重视不足，把发展作为唯一的道理，乃至以发展需要为口实，听任随意排污，纵容乱砍滥伐，对破坏生态环境实行地方保护主义。

主体的矛盾，还表现于实现可持续发展的操作主体或部门分工上。一个国家、一个地区或一个企业，总是由若干个职能部门来执行任务和操作的，这个国家、地区或企业虽然可能在总体上以实现可持续发展为目标，但由于它的各个职能部门在具体任务、所处地位、人员构成等方面的不同，这些部门对"发展"和"可持续"的认识和实践往往就有较大的差异，乃至会各行其是、互相对立。例如，国家的计划与发展委员会、经济贸易委员会、工业部等会更关心发展，可以说它们是"发展部门"，而计划生育委员合、环境局、国土资源部等则会更关心保护或"可持续"，可以称它们是"保护部门"。这些部门的分工当然是必要的，它们之间常常也有合作，又常常在矛盾着。

以上几点主要是讲对可持续发展在理解上的矛盾，或主要是"费解的可持续发展"在认识上的费解，而更为重要的则是可持续发展在实际上的矛盾，或"费解的可持续发展"在解决时的费力。

三、由发展到持续

发展与可持续，经济增长与生态环境保护，在现实生活中常常是难以兼顾或兼容的。在这里，最突出的是效益的矛盾，这里主要是指社会效益与经济效益的矛盾，投入与产出的矛盾；或简单化地（不确切和极端地）说，可以认为在这里有着"收益与付出的矛盾"、"多挣些钱与多花些钱的矛盾"、"显投入与隐产出的矛盾"和"清晰的实惠与模糊的前景的矛盾"等。

显然，实现可持续发展是要特别强调社会效益的，保护生态、治理环境都不能以追求经济效益为主要目标，但要解决生态环境问题又需要有投入，在这里虽然主要地不能讲经济产出，却又必须要求经济投入，就此而言，可持续发展不仅包容着投入与产出的矛盾，而且使这个矛盾表现得更明显、更尖锐。

一般地说，人们从事的一切活动，不论是经济建设、社会改革、文化教育以及持续发展，都是要有成本的，都要有人力、物力和财力的投入，在货币形态上都要花钱，不可能不用付出就得到发展，不可能不用成本就实现改革。也不可能不用投入就保证持续。在研究和宣传可持续发展问题时，也不能把保护生态环境作为社会的慈善事业，生态环境保护有社会福利的意义；但在实现可持续发展，特别在实现社会的可持续发展和生态的可持续发展时，却不能只讲哲理不讲经济，不能只求助于伦理的力量和道德的完善而忽视投入。

应该充分重视与可持续发展和生态环境保护有关的投入产出，这是一个相当特殊的问题。人们通常会认为，任何发展（自然也应当包括可持续发展），总是以产出大于投入为前提的，对于经济发展，尤其要求收益大于成本，挣来的钱多于花出的钱，而不能只做"赔本买卖"、不能只算政治账，不算或少算经济账。我们在陈述国家或省市的经济发展状况时，总会要讲到社会产值的增加值、国民收入的增加值、商品销售额的增加值；如果出现了减少（或所谓的"负增长"），就不认为是经济发展，而是经济衰退。简言之，我们通常所说的发展，必须得大于失、有利可图，或在"财政收入"栏目里的数字大一点，或住口袋里多装些钱。

然而，可持续发展的情况就不这样简单了。当然，从总体上看，可持续发展也是一种发展，它要满足人们的基本需要，要使人们摆脱贫困，要提供实现美好生活的机会，当然也必须讲经济发展，而且也应当能够讲效能和效益，包括要讲增加经济收入；它要顾及后代人的生存条件，也要不断提高当代人的富裕程度。如果以为实现可持续或走绿色道路就可以多讲或只讲社会效益，少讲或不讲经济效益，这乃是一种曲解或误解。

可持续发展也必须有其产出和收益，但是，在现实生活中，在不少特定的场合，当人们重点强调发展和重点强调可持续时，当人们在具体地估计"发展项目"与"可持续项目"的价值，特别是在考虑生态环境保护项目的立项时，情况就有区别乃至尖锐对立了。我们通常理解的"发展项目"如建设一个发电站或化肥厂，较易于要求和估算其在经济上会有何种产出，及产出在何时何种程度上会大于投入，或能收回投资。然而，对于相当多的"可持续项目"，或为了"可持续"而进行的活动，却并不都能明晰地看出其产出及产出会大于投入，或在相当长的时期里还只能是（只应是）投入大于经济产出。大"可持续项目"或"保护项目"（保护生态环境的项目）如安装特殊设施以消除冶炼烟尘和净化排污、种植林木以制止土壤沙化、兴建野生动物保护区等，都需要相当投入乃至是巨大投入，却难于估算产出尤其是经济产出。例如，购买一座转炉炼钢可能在3~5年内收回成本和赚更多的钱，而购买炼钢集尘装置的花费（其价格与转炉相差不多）则难以计算其回收，或可能不知何时才得以回收。搞"绿色项目"或为了"可持续"，人们在很大程度和相当时期里是不能从实利出发的，在不少场合，要可持续常意味着会在"财政支出"栏里多出一点数目，乃至是必须赔钱去做成要做就准备赔些钱的。一些重要的可以改善生态环境的项目，常常在考虑其投入与产出关系时未获得认可。

可持续发展需要以经济投入为基础，绿色发展是需要用钱的，这可以说是实现可持续发展的基本的矛盾。它是合乎逻辑的，也是历史的现实。尖锐地看，这个矛盾表明了发展同可持续是难以兼顾的，缓和一点，也可以像有的文献那样表述为"发展是可持续的基础"或"发展是可持续的前提"。

经济发展与环境保护的两难，可以说是在"静态上"反映着发展与可持续的矛盾，发展是可持续的前提和基础，则可以说是一种动态的提法。事实上，作为一个国家、企业或个人，总要先可能有收入再实现付出，总要有多一些的收入而后才可能去"赔钱造福"，或在成为富翁之后才去兴办学堂、搞救济。当今的许多国家，也是在实现了技术创新、经济上相当发达（同时也是资源环境问题突出）之后，才认真关注和大讲可持续发展的，或者说它们事实上是先走了传统的发展经济道路致富，再以此为前提和基础转向走可持续发展之路的。

但是，如果确认发展是可持续的前提，或发展是可持续的基础，或者更尖锐地说是要先发展后持续，问题就复杂了。

第一，这至少可能会弱化、推延可持续发展的实现。注重于赚了钱再掏钱，重视赚钱与掏钱的矛盾，在钱不多的情况下是很难办事的。这时，究竟是多掏些钱去搞"持续项目"或"绿色工程"——这样就可能会影响到"发展项目"的投资和发展速度，因而可能会影响到国民收入和人们生活水平的提高，还是多掏些钱去搞"发展项目"或"创收工程"——这样就可能影响到"绿色项目"的投入，就成为难以抉择的事情。

可以认为，确认发展是可持续的前提和基础，或事实上确认了"先发展，后持续"，就使得发展与持续的两难或矛盾更为尖锐，这决不是杜撰出来的问题或文字游戏，而是实实在在的矛盾。然而，如果发展与可持续的矛盾是这样尖锐，如果可持续发展或走绿色道路就注定意味着要放慢发展速度和减少财政收入，少赚钱、不赚钱或赔些线，这种发展又会有谁去做，又何以可能持续不断而不至成为短命、残缺、口头的东西，特别是对于发展中国家（欠发达国家）又何以保证其认真坚持走绿色道路呢？

当然，我们又必须注意到，这种先发展后持续的模式虽然是合乎逻辑的、现实的，但却并非是理想的，而且还可以说是无可奈何的，未必应当特别提倡和论证。我们还必须注意到，即使是对于经济欠发达的国家和地区，也不应当或没有理由以"把发展放在优先地位"为口实，只顾发展赚钱工程，不讲可持续发展战略，不顾可持续的原则和要求，乃至放肆地破坏生态环境。

第二，这还意味着可持续发展的实现要经历一个痛苦的过程。承认发展是可持续的基础和前提，乃至"先发展，后持续"的观点，并没有什么可怕，这并没有说明发展与可持续是注定不能兼顾或完全不能兼顾的，而最多表明"发展"与"可持续"的兼顾需要一个过程，也可以说从纵向的时间历程看这里有着"过程的矛盾"。

问题不仅在于发展与可持续的兼顾需要一个过程，值得注意的或可怕的是，在这种兼顾尚未实现之前，不仅还没有真正的可持续发展，而且往往会出现另一种情况——在相当一段时间或较长时期里难以解决的恶性循环。例如由于发展不够，经济技术落后，资源和能源利用效率低，生态环境受到了破坏，而生态环境的严重破坏（如人为灾害）又会导致减产，给国民经济造成损失，从而妨碍增加技术投入。

这类不良循环，在人口与贫困的关系上有明显的表现。人口问题上有一个现象是很值得注意和分析的：在经济更发达的国家、地区和家庭，其人口增长率相对较慢，可能基本上会保持平衡（零增长）乃至会出现负增长；越是贫困的国家、地区和家庭，其人口增长率反而较快，造成"越穷越生，越生越穷"的恶性循环。

这里，究竟是人口多导致国家、地区和家庭的贫困，还是贫困导致人口多，就可能是一个值得探讨的问题。在不同时期、不同民族，这个问题的具体宏现也可能很不相同，但是否可以大体上确认：人口过多，必然是人均资源、人均财富少，会导致贫困；但同时，贫困也是导致人口多的原因——贫困的国家或地区，通常是农业和手工业生产占主导，劳动力的数量有最重要的意义，是主要的，即需要靠增加入口来改善经济状况。于是，就出现了经济技术不发达而人口增长快，人口压力大又导致贫困的加剧和生态环境的更加恶化。

当然，所谓的恶性循环也不是不可打破的，至少是因为这里不仅是有两因素的线性反馈，还有其他因素和非线性作用。在欠发达国家，经济也会逐步发展，技术水平会逐步提高，人口出生率也会趋于合理。

第三，可持续与发展有矛盾，难于妥善兼顾，特别是讲到先发展后持续，还会联系到一个更为尖锐和现实的问题，即是否应当和可能避免"先污染后治理"的问题，这也是应当讨论或无法回避的。

事实上，在"先发展后持续"与"先污染后治理"之间，并没有绝对分明的界限或不可跨越的鸿沟。历史上已经有过先污染后治理的严重教训，一些发达国家靠"高投入、高消耗、高污染"的方式实现了工业化和经济快速增长，尔后，这些国家才在"公害的鞭策"、公众的参与""舆论的压力"和"法律的威慑"下转到治理环境，并积极倡导可持续发展。当然，它们走过先污染后治理道路留下的"遗产"，在许多方面至今仍是世界生态环境要解决的问题。

强调发展是可持续的基础，是保护和治理生态环境的基础，很有可能会得出发展中国家也难免走先污染后治理的道路的结论，至少会认为要彻底杜绝先污染后治理的事件是极其困难的。事实上，在不少发展中国家，包括在我国的某些地区、某些城市，已经出现了先污染后治理的现实，某些企业甚至正在奉行着只污染不治理的做法。或者像有的人所说，当务之急首先是搞钱，别怕它脏，等有钱买肥皂再洗干净就行了！那时就既有钱又有干净！

发展与可持续的这种矛盾在现实生活中是随处可见的。在资金有限的情况下（国家和企业的资金经常是有限的），国家和企业在添置国外设备时，是首先购买生产设备，在有了利润后再购买环保设备，还是一次性地同时购买生产设备与环保设备，常常会是困难的决策。对于主管部门来说，如何合理处置工业发展和环境保护的关系也常会遇到决策的困难。中央电视台在 1998 年 11 月的"新闻调查"节目中报道：当主持人问一个因污染环境被判刑的厂长为何犯罪时，厂长回答是上级要求不严；当主持人再问主管市长为何要求不严时，市长说他既管环保又管工业，如果要发展工业就难免污染环境，要避免污染工业就难以发展，但为了本市的财政收入，就不能在环保上很严格地要求。这当然是一个极端的例子，却并不是唯一的事例。讲到发展是可持续的前提和基础，先发展后持续，讲到先污染后治理，会涉及所谓"发展与治理的门槛"问题，即"各国在工业化与环境治理的选择上都先后经历了'先污染，后治理'的过程，环境质量必然与其发展阶段相对应。要治理环境无不首先遇到发展的门槛，同时也将遇到大规模环境投资的治理门槛。例如，美国开始大规模治理环境污染时，人均GNP 11 000 美元（1980 年），日本虽较低，但人均 GNP 亦超过了 4000 美元（1980 年）"[①]。有的人还从理论上"证明"，在人均收入少于1000 美元时，毁坏森林是不可避免的；在人均收入少于 3000 美元时，控制污染是难以做

---

① 中国科学院国情分析研究小组：《生存与发展——中国长期发展问题研究》，科学出版社，1996：37

到的。

这样一来，岂不就肯定了发展中国家或欠发达国家只能走先污染后治理的老路，或者说根本就无法避免走这条老路了吗？我以为，在这里简单或轻易地回答说一定可以避免走老路，或绝对没商量地断定必得先污染，都是不合适的，在这里需要的是充分实事求是。

一方面，从战略上说，从方针政策的要求看，我们必须认真地、真心实意地坚持可持续发展的原则，避免陷入先污染后治理的困境，而且，只要我们（包括政府、法治监督部门、公众舆论等）坚持不懈地努力，特别是敢于向地方保护主义开刀，是有可能不走先污染、后治理的老路的。我们不应当也不必要把保护生态环境的问题想象得过于复杂，对绿色发展的前途过于悲观，可持续与发展难以两全其美，但二者又并非是水火不容的"对抗性矛盾"，而且，确认发展是可持续的前提，在需要经济支撑的意义上确认先发展后持续，与认同先污染后治理并不完全是一回事。实际上，有的北欧和东南亚国家（为数较少），虽然也是在有较强的经济实力（发展）以后才更加重视生态环境保护，才给可持续以更多的投入，但对这些国家，却不能都纳入走"先污染后治理"道路的范畴。我国的一些经济技术开发区、高新技术产业区和工业园区，在经济上有了很大的发展，但也并没有重复"先污染后治理"的老路，至少，它们做到了以较小的环境代价换取很大的发展效益。而且，在我国，近些年已有一些地方出现了"生态村"、"生态县"，还有的乡镇在很大程度上同时做到了经济发展和生态环境优美的两全，使人们看到了发展与可持续可以统一的希望。

再者，我们也不应当把经济实力与治理环境的关系绝对化，把国民收入与生态环境条件看成是完全成正比的东西。事实上，一些经济实力差不多的国家，城市或乡镇的环境状况却可能有着较大的差异。这里还有当地领导是否重视、是否愿意投入、居民素质高低等因素在起作用，正像富裕家庭未必都很整洁，而较贫苦的家庭也可能有较好的清洁卫生状况那样。

另一方面，从现实情况和能力看，我们又不能过于天真地认定，只要领导重视，只要人们有决心不走先污染后治理的老路，就一定不会出现任何先污染后治理的实际问题。我们也应当承认，所谓的"发展门槛"和"治理门槛"并不是毫无道理的，也不是只靠下决心和有决策能力就能轻易跨过的。我们现在只可能是"边发展，边治理"，只能是一方面奋力实现现代化，发展生产力和振兴经济，另一方面以积极的态度和尽可能多一些的财力去兴办绿色事业。当然，我们还必须加强对可持续发展和保护生态环境、合理利用资源的宣传教育，强化环境法制，经济实力不足不应该也不会妨碍我们以更大的力度去打击破坏生态的恶行。总之，放松对环境污染的治理，听任生态破坏和资源浪费，是非常错误的，对治理环境和环境质量要求过高，也是不现实的。我们只能一步一步地前进，不断努力实现可持续发展，走向光明的绿色未来。

第四章　不可持续之源

　　尽管人们对工业文明的历史作用的认识有所不同，对发展与持续的关系和重点的理解有相当区别，但大都意识到：传统购社会经济发展模式和人们的行为方式，已造成了生态环境的严重破坏，危及人类的生存和发展。为了避免这种危险，必须痛下决心，真正转到可持续发展的新模式和新道路上来。然而，为了自觉地、清醒地实现这个转向，为了充分认识人类何以面临困境和必须实现可持续发展，除了要充分揭示当今全球性问题的严重性，还有必要从根本上搞清楚究竟有哪些因素会造成人类的因境，使人类的未来难以持续；找到什么是"不可持续之源"，才有可能针对这种根源去治本，从源头上避免、消减和控制不可持续性，从根本上推进和巩固可持续发展。探讨什么是不可持续之源，与弄清什么是可持续发展之本，乃是密切相关的追问。查明不可持续之源，有助于探索可持续之本；当然，探讨不可持续之源，也离不开对可持续之本的研究。

一、人工化——利用与创造

　　人们在分析造成全球性问题特别是生态环境破坏的根源时，经常把它与某种自然观和自然观的谬误联系起来，例如，认为正是"主客二分"、"天人相分"、"人定胜天"、"主宰自然"（做大自然的主人）、"征服自然"、"战胜自然"等观念，导致了人对自然的无制约的索取、恣意掠夺和严重毁坏，并且对这些观点进行了尖锐的批评。我以为，人对自然的破坏与人们对自然的认识，与人们的自然观当然是有相关性的，要做大自然的主人和人定胜天的观念确实有其消极作用；而且，我还以为，人定胜天、征服自然、战胜自然不应作为科学的概念和可以肯定的提法，或应把这些提法排除出科学理论的范畴，实际上，大自然不可能有什么主人，人也不可能主宰自然、征服自然或必定战胜自然。

但是，如果要把导致生态环境破坏或工业文明不可持续的根源，都归咎于人们的某种观念，似乎又把问题简单化了。必须肯定，哲理、世界观对人们的行为是有影响的，精神的力量可以转化为物质的力量，正确的思想可以指导事业顺利发展；错误的哲理或指导思想可能会使人们在实践中偏离航向，使人们陷入困境。同时，我们也要注意到，精神因素、理论、世界观毕竟只是实践结果的一个影响因素，从根本上说，实践的成败首先决定于人们行为本身的性质和条件，而行为的动机又首先取决于利益驱动和认识水乎。在这里，任何一个环节不合理和不恰当，都不能保证事业成功。或者说，有了正确的理论和科学的世界观未必就一定会直接导致成功的实践，实践的失败未必都能归罪于理论错误；科学的自然观也并不能保证就完全不破坏自然，自然观的偏颇和对自然界的认识错误，也未必能直接说明对自然的破坏。我们要批评轻视哲理和低估哲学思维意义的倾向，也要避免给哲学加上它本来就承担不起的重担。

人定胜天的哲学，人应是自然界的主人的自然现，会在不小程度上影响人们对自然的态度，使人们恣意地去向大自然开战，造成生态破坏、资源危机和环境污染等严重问题，乃至使人类文明不可持续。但是，我们也不能把问题简单化成为这样的情景：长江上游的人们在砍伐树木时，是以"我要战胜自然"为指导砍倒一棵树，再想到"我要征服自然"又砍倒一棵树，并为落实"我要统治自然"的观念去砍倒另一棵树……我们同样也难以想象会有这样的过程：长江中游的人们是受"我要做大自然的主人"观念驱使，或以"我要做洞庭湖的主人"的观念为指导去开动推土机，或在一边想到"我要创造自然"一边在围湖造田的。实际情况决不会这样简单，在这里真正起作用的因素要复杂得多，这里首先需要分析人们行为的性质，还要分析认识上的局限，特别是要分析利益驱动这个基础性的、更加根本的原因和机制。仅仅是一种哲学性质的观念，不足以解释社会的运动和发展；仅仅是一种思想认识，也不足以直接导致自然的实际破坏。

生态环境问题的产生，从根本上说是人类实践造成的，或者说是源于自然界的人工化，工业革命只不过是使自然界的人工化达到了一个相当高的程度和水平。人与自然界之间的关系是有多种表现的：人们可以观测、想象某种自然物的存在，也可能去利用、控制、变革、改造和加工自然对象。自然界的人工化，就是人以自己的意志、知识、能力和价值观给自然界打上印记、自然界按人的需要和尺度改变自己本来面貌的过程。

　　自然界的人工化有层次的不同，大体上说可以分为两类：一种可归为利用（包括控制），另一种可归为创造。所谓"利用"主要是指采集、消耗自然界现成的东西，如利用土壤栽种农作物、利用森林和草原、开采地下矿藏；对天然自然物作某种形态上的改变也可视为利用，如把野生的牛马鸡鸭驯化为作为畜力的牛马和家鸡、家鸭，加深天然港湾使之成为有相当规模的口岸。

　　人类对自然界的利用也会导致对生态环境的改变，例如，使森林和生物物种减少、草原退化、资源短缺，有时还会造成严重的破坏。或者说，自然界人工化的前一个方面——人类利用自然，可能是造成生态破坏的主要根源。然而，单纯的利用自然的不良后果又可能是较易弥补的；只要有所节制，森林、草原、物种有可能逐渐恢复，只要发展科技和综合利用，资源有可能再生。

　　自然界人工化的创造，对人类生活有极为重要的意义。这里所讲的"创造"，是指人们能够变革自然，加工制造出自然界本来没有的东西，特别是没有"自然原型"的东西。如创造出了钼铁合金、铝硅合金、塑料、人造橡胶等材料，创造出了蒸汽机、火车、内燃机、汽车、飞机、计算机、录音机、激光器、核电站、人造纤维、人造卫星等器物。

　　人类的这些创造同样是会改变生态环境的，而且它比单纯地利用自然物还会造成另一种性质的破坏——环境污染。人工化的创造总要消耗能源，而至今为止，人类消耗的能源主要还是煤和石油，无论是烧煤还是燃油都会产生有害的碳化物和硫化物，例如，钢铁冶金的发展（蒸汽机和火车的应用）会造成严重的空气污染，内燃机和汽车的发明、冰箱的应用会造成臭氧层破坏。人工化的加工创造还总要排出无用和有害的东西，例如，造纸的废液会破坏水质。利用自然可能破坏生态，自然界人工化最有能动性的方面——创造人工物，可能是造成污染环境的主要根源。

　　在这里，有必要讲一下人工合成的问题，人工合成可以说是人类创造的最突出的成就，同时这种创造又可能给人类带来很大的麻烦。康芒纳曾举过不少例子来说明这点，例如，肥皂是天然脂肪加碱制成的，可以说主要是利用自然，而人们创造出的合成洗涤剂虽有很高的效率，却成为一个新增的污染源；又例如一种合成纤维只要生产出来，就不可避免地要对环境产生比天然纤维大得多影响。[①]人们在创造过程中不仅会造成环境的污染，

---

　　① 巴·康芒纳：《封闭的循环——自然、人和技术》，吉林人民出版社，1997：122～128

人类的创造物不仅可能成为新的污染源（如发电站和汽车排出的废气），而且，人类的创造物还常常不是可以自然消解的，现在在欧美发达国家，处理废弃的轮胎、塑料、合成纤维，处理堆积如山的废弃的汽车，以及被淘汰的大量家用电器，都已经成为"重大的任务"。随着时间的推移，再过几十年，人类可能更会为处理自己创造而又须废弃的东西而烦恼。

二、关心度——近视与远见

人类的实践可能破坏生态环境，问题还在于人们常常不能意识到（预料到）自己会造成的不良后果，或者说，不可持续还有其认识上的原因，即人们在对客观事物的认知过程、认知结果和认知水平上的局限，这里讲的主要是"远见与近视"的矛盾。

可持续发展特别着眼于人类的未来，要求顾及子孙后代的需要，很明显，它就特别需要人们的全局观念和远见卓识，而不能关注于局部的情况和近期的目的。但是，从认识论上讲，一方面，人类理性有宝贵的预见功能，能够从事物的过去和现在去看它的未来；另一方面，人们又会陷于"短见"和"人无远虑必有近忧"的境地，常常难以解决远见与近视的矛盾。这个矛盾的产生，一方面是由于客观事物的生成、发展和成熟需要一个过程，在事物的真相没有较充分地显现时，人们是不可能加以揭示和说明的；另一方面，人们还受到主观条件的局限和制约，不仅难于一下子把握事物的现状和整体，更难于适时和及时地预见到事物的未来。

在《增长的极限》的英文版序言中，作者给出了一张关于人类前景的图，把人们在不同时间所关心的事情划分为不同的层次，用以说明人们更少关心诸如人口增长之类的长远性、全局性的问题。我以为这张图颇能说明人们在认识领域的矛盾，并颇有助于分析人们何以会造成环境污染和生态的破坏。下面略改动其图名和坐标名，称之为"关心度图"（图4-1），横坐标表示时间上由近及远，纵坐标表示空间（范围）的由小到大。从认识论方面看，在一般情况下，人们会更容易、更密切地关心图4-1左下方领域的事物，如自己和家人当前的衣食会如何，而较难于和疏于关心图4-1中上方领域的事物，如他人、国家在今后的教育会怎样。如果以图4-1每一个标记点表示一个事件，单位面积的点数就是"关心度"，即左下部问题的关心度最高，右上方向题的关心度最低。

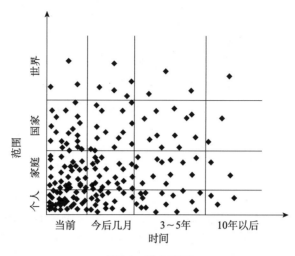

图4-1　关心度图

图 4-1 可以说明，抛开利益、信念、伦理等因素，人们很自然会认识到当前的、短期的、个人的、小范围的事物，提出需要在近期和近处去做的任务，而难于顾及长远的、全局性的事情。《增长的极限》在说明这个图时指出，"与问题有关的空间愈大，时间愈长，真正关心其解决办法的人数就愈少。"从这个图也可以看出，在近代工业发展中，除了其对环境和生态影响有一个"暴露过程"，人们对自己行为的长远性、全局性结果的领悟也有一个认识过程，而在此之前，他们只可能更多地关心自己近期的需要，即难免近视而缺乏远见。这是仅用工业家的过错、人们的私利和狂妄、及人们想要掠夺自然等无法说明的，至少是无法只用这些因素来充分说明的。这个图也可以说明，要人们关心可持续发展问题的困难，因为关于长远未来的后代人的生活的问题，恰恰正是在右上方。

"关心度的矛盾"是有普通意义的。人们一般都无法明确地预计其行为的长远后果，无论是消极的后果，还是积极的后果。瓦特在改进和发明蒸汽机的时候，既无法预料到这会导致工业革命的到来，也无法预料到大量蒸汽机冒出的滚滚浓烟会造成严重的大气污染；法拉第在做电磁实验的时候，既无法想到他的发现会开创一个电气时代的新纪元，更无法预料到电的应用会把工业发展推向高峰，以及把电应用于电镀、电解所导致的环境问题；卢瑟福在发现链式反应的时候，不仅没有预见到有可能靠它去制造核弹和利用核能，甚至还断然否定他所发现的链式反应会有什么应用前景。对于绝大多数的人们包括企业家来说，他们在发展工业时的出发点乃是期望它会大大地提高生产力、改善人们的生活或获取利润，他们不仅没有以排放工业废气、废水、废料来污染环境和破坏生态作为"指导思想"，也未曾料到废物的排放会造成当今如此严重的生态环境问题，乃至威胁到人类自身包括他们自己和他们的子孙的生存。在日常生活中，人们对自己行为的长远后果，在很大程度上也是难以想到的，既没有预料到会"交好运"，也没有预见到自己会倒霉。人们的日常生活和历史的辩证法都常有这样的情况：人们本是想走进这一间屋子，结果却走入了另一个房间；人们本是要追求发财，结果却陷入破产。人们的"善良动机"有时也会遭到"恶报"。

当今人类面临的生态环境问题也不能都归因于坏人作乱或前人的恶意。在这里，有必要对恩格斯讲的"自然界的报复"的名言再作一点推敲和"另一种理解"。

在许许多多文章中，都引述了恩格斯的关于"自然界的报复"的著名论述，并把这种报复解释为源于人要改造自然和主宰自然，解释为人们不尊重自然和爱护自然；这些观点当然是有一定理由的，但还有不可忽视的是，这里也还有认识上的原因，或如《我们共同的未来》所说："今天的环境挑战既来自发展的缺乏，也来自某些经济发展意料不到的后果。"[①]为了说明这点，说明人究竟为什么会受到自然界的报复，这里还有必要再次引述和理解恩格斯的原文（尽管这会使引文偏长）。

恩格斯的原话是，我们对自然界的胜利，"在第一步都确实取得了我们预期的结果，但是在第二步和第三步却有了完全不同的、出乎预料的影响……美索不达米亚、希腊、小亚细亚，以及其他各地的居民，为了想得到耕地，把森林都砍完了，但是他们梦想不到，这些地方今天竟因此成为荒芜不毛之地，因为他们使这些地方失去了森林，也失去了集聚和贮存水分的中心。阿尔卑斯山的意大利人，在山南坡砍光了在北坡被十分精心地保护的松林，他们没有预料到，这样一来，他们把他们区域里的高山牧畜业的基础给摧毁了；他们更没有预料到，他们这样做，竟使山泉在一年中的大部分时间内枯竭了，而在雨季又使更加凶猛的洪水倾泻到平原上。"[②]

对于这一段话，就我们现在讨论的问题来说，有以下一些提法是不该被忽视的，这就是他讲到的"出乎预料的影响"、"他们梦想不到"、"他

① 世界环境与发展会员会：《我们共同的未来》，王之佳等译，吉林人民出版社，1997：33
② 《马克思恩格斯选集》第3卷，人民出版社，1997：516~517

们没有预料到"以及"他们更没有预料到"。这里用的词语大都涉及"预料",即涉及人们对自己的行为和客观过程是否有足够的认识和远见,或涉及"关心度"的问题。这里无意以认识上的限制来为人们破坏自然的后果开脱,或要减轻破坏自然应负的人为责任,但我们又总不能说生态环境问题的发生、人类遭到自然界的报复和惩罚,完全是源于人们居心(自然观、价值观)不良,而完全没有认识上受局限的因素。

在这里有必要简略地讨论一下关于"改造自然的动机"与"破坏自然的效果"的关系问题。总的说,或一般地说,我们必须坚持动机与效果统一的观点,如果人们的动机充分善良、充分正确、充分切实,就一定会有好的效果;反之,如果实践的效果不好,其动机必定会有某种缺陷,如不够合理或对实际困难估计不足。但是,动机与效果的统一,并不意味着二者在性质和程度上是完全一致的;在不少情况下,好的动机未必就一定会有好的效果,坏的效果未必就一定是坏的动机所造成。如果动机和效果在任何情况下都是绝对一致的,有犯罪的效果就必定有犯罪的动机,有伤人的效果就必定有伤人的动机,就无所谓故意犯罪与过失犯罪的区分,也无所谓谴责和量刑的不同了。人们造成对自然环境的破坏(效果),必定有动机上的缺陷,包括只从狭隘的私利出发,缺乏科学的自然观为指导,但终究还可能包括着认识上受局限的原因,特别是受到认识对象的展现、认识工具的功能和时代认识水平的限制;而不能把生态环境破坏的效果简单地、笼统地都归结于人们有破坏自然环境的动机、居心不良;即或从动机有缺陷看,最根本的也未必主要是偏颇的自然观在指导,而是受到局部利益和近期利益的驱动。

这里还有必要再作一点补充:可持续发展特别需要关注未来和有远见,而且是需要广大公众(一代人)有远见,然而,在许多情况下,又正是一般公众较易于多顾及身边的和近期的事情,即易于短视;人们的地位、利益和需求又会使认识上远见同近视的矛盾表现得更明显。萨克塞在《生态哲学》中讲到短期利益、市场经济影响人们作长远的考虑时曾提到,考虑问题最短视的是消费者,他们大多数只考虑今天和明天。管理人员想到4年内的情况,但是一家作了投资的企业至少得考虑15~20年;我们还可以补充一句,一个以可持续发展作为战略的国家和民族,它的当代人(当今的一代人),必须考虑到的则至少是要有50~100年,乃至是更久远的子孙后代——对于学者、政府首长这谈何容易,关于企业家、管理者谈何容易,对于普通百姓、一般公众谈何容易!

认识上的局限和近视是导致不可持续的一个原因，为此人们需要努力做好预测评估（如技术预测）的工作，力求尽量减少盲目性，当然这也是一件因难的事情，例如技术预测就常常是不大准确的，真正得到证实的技术预测并不多见。

本章主要从认识的和利益的方面分析导致生态环境问题或不可持续发展的原因。由此也可以逻辑地得出结论：为了实现可持续发展，必须有认识上的预见性和超前性（包括技术预测、环境预测、社会预测），必须有利益驱动和利益机制；在这里，只靠谴责观念（包括自然观）的偏颇或恶劣，只靠呼唤人的良心和良知，都是无济于事的。

三、利益域——利己与利他

在许多讨论可持续发展和生态环境问题的论著中都指出，人们之所以会破坏生态，浪费资源，造成环境污染，是与他们的行为目标和利益驱动密切相关的。美国学者内贝尔在 1981 年出版的《环境科学》这部科技专业著作（并非社会学或哲学著作）中，就以专门的一节提出和讨论了"为什么人类会污染环境？"，并从社会学和哲学的观点言简意赅地作了回答，他在分析环境污染的根源时指出，这一方面与污染接受者满不在乎的态度有关，然而，首要的是，"一个根本问题是我们只关心各自的目标。例如制造商、个人或集体，人们都趋向于追求一些狭隘的目标而随地丢弃不要的东西。"[①] 人们的行为与行为目标离不开利益。充分估计利益和利益驱动对人类生活、对人际关系、对思想意识的作用和意义，是正确分析和了解社会结构、社会形态和社会演化的关键。利益既是推动社会进步的基础和杠杆，又是会造成生态环境破坏的根源；把狭隘的（局部的）、暂时的（眼前的）利益放在首位，从个人的、小团体的、地区的"私利"出发，不仅必然会使其他人受到伤害，而且必然会导致对自然界的掠夺性开发和入侵，危及人类的持续生存和发展。

首先，这里讲的利益有阶级的利益，私有制和剥削阶级的私利。对于这一点，现在的人们似乎已不大提及了，但也有人明确地指出。例如认为："从历史发展看，人和自然的关系之所以变得十分尖锐，也有其深刻的社会根源。当人类社会发展不可避免地出现了私有制及私有制的进一步发展时，

---

① ［美］B. 内贝尔：《环境科学——世界存在发展的途径》，科学出版社，1987：231

社会实现了一次又一次的进步，同时，私有制的弊端也就变得越来越明显。剥削阶级的阶级本性决定了其唯利是图、不顾后果疯狂地向自然界盲目掠夺，这就加剧了人和自然界的尖锐对立，而且增加了解决问题的局限性，特别是增加了解决全球问题的难度。"[1]实际上，在今天，在现实世界，阶级的利益、国家的利益、民族的利益仍然是在许多方面起重要作用的。我们不能因在我们的国家今天不再以阶级斗争为纲，就完全否认在当今的世界上仍然有阶级的国家、阶级的利益、阶级的意识存在，就完全可以不用阶级的观点看问题。本书将在后面再来讨论发达国家和发展中国家对可持续发展的态度，讨论可持续发展问题上发达国家与发展中国家的关系，讨论国家、政府在实现可持续发展上的职能。在这里，先对最一般的"人的利益"、个人的利益作最一般的探讨；当然，这里所说的"一般的人的利益"同小团体利益、地区利益乃至阶级的利益又是有联系的。

最一般地讨论人的利益，会涉及人的自然性与社会性的关系问题。这里讲的人的自然性又可以分为两层含义：一是指人作为生物体的自然属性；二是指人无需经过教育而会自然而然去做去想的倾向和特性。这两个层面又是密切联系、相互渗透的。

任何生物体都有一种利己的属性或本能，否则它就不能生存下去。人作为自然界的生物体，也有其利己的自然本性、自然需求、自然欲望。仅仅从人作为生物（动物）的自然属性讲，确可以说是"人不为己，天诛地灭"的——人作为自然物没有利己的特点，就无法在"天地间"（在自然界）生活，就会在生存竞争中被其他生物淘汰和消灭。

人们在其成长过程中，在一定的社会环境中，经过先辈的教育、学校的教育、社会的教育，会产生、形成和发展出使人作为社会的存在物的社会同性，形成一种能抑制、超出、克服或"战胜"其自然属性的社会属性。人在受教育后可能知道关心他人，知道关心他人比关心自己为重，例如虽然大梨吃起来更解馋（自然属性如此），但孔融知道让梨；虽然在汽车上坐着比站着省力（自然属性），但文明人知道让座。有许多人会以"先人后己"、"先公后私"作为自己的生活原则和工作原则，使个人利益服从集体利益、社会利益，某些先进人物可以做到"舍己为人"、"公而忘私"，乃至在特殊情况下毫不利己、勇于牺牲、舍身为人，虽然生存（活着）是生物自然属性的最基本要求。

---

[1] 曾国屏：《自组织的自然观》，北京大学出版社，1996：325

　　对于任何人来说，他的自然属性与社会属性、利己与利他的两个方面，是始终存在着的，即使是最伟大的人物也不可能只有其社会属性没有任何自然属性，只有利他而完全没有自然属性的利己；我们所说的"毫不利己"，就是从人的社会属性来讲的，是指某些先进人物或在特殊情况下的人能够不从个人打算出发，能够把他人利益和社会利益放在首位，不顾个人的利益，乃至舍弃自己的生命，而不是指他毫无自然属性上的"自己"，不是指他在一般情况下毫无吃、喝、性等基本的生存需要。在这里需要指出的是，由于我们过去受到"左"的影响，在理论上往往强调了人的社会属性的方面，对于人作为生物体的属性或"自然人"的方面，对于人的社会属性与自然属性的相互关系，是研究得很不充分的；我们在批判"人性论"，在否定"抽象的人性"时，常常无视人的自然属性的存在，或者把人的自然属性看作是卑微的、不值一提的东西。

　　当然，我们也不必抬高或颂扬人的生物属性或自然属性，我们仍然要批判"人不为己，天诛地灭"的观念，即是要批判作为社会的人只顾自己而不顾他人、危害社会的思想，批判某些人只是满足和贪求个人吃、喝、性的享受的自然行为（"动物性行为"）。我们应当旗帜鲜明地指出，人既需要满足自然需求而生存，又可能放弃个人需求、个人利益乃至个人生命而利他，认为人在任何时候和任何场合都只能把利己放在首位，都不可能舍己为人，乃是一种狭隘的、也不符合实际的观点。不仅无数的革命先烈、无产阶级革命家和共产主义战士做到了先人后己、舍己为人、舍身忘我；而且在抗洪救灾中牺牲的烈士们也做到了把他人的利益放在第一位，泰坦尼克号沉没前让其他人先上救生艇的旅客，也都是舍己为人的楷模。对于这些把生的希望留给别人的旅客，我们难道还有理由说人不为己、天诛地灭吗？

　　人们经过教育可能超越自己的自然属性，可能超出其自然需求，同时我们又要注意到：人的自然属性不仅是始终存在的，而且是顽强的、自发起作用的；在过去和现在，先进的社会舆论都颂扬舍己为人乃至杀身成仁，但做到了舍己为人和只讲奉献，不讲索取的先进分子毕竟还是少数；对于多数人，能做到先人后己、利人利己、"公私兼顾"和在特殊情况下减少一点个人所得，就已经不错了；再者，在任何社会，又总还有先己后人、只顾自己、损人利己的人。总之，如果低估了人的自然属性的存在和特点，如果把上述的复杂情况简单化，表面上似乎只是在讲高尚的"人性"，实际上却会低估了教育事业的极端重要性和艰巨性。

讲了这么多人的自然属性与社会属性，自然属性是自发的而社会属性来自教育，这些观点同可持续发展问题又有什么关系呢？前已提及，可持续发展是要当代的人们顾及未来，顾及后人的利益，顾及他人满足其需求的条件和可能性，这种情况不仅不能自然而然地实现，而且是在相当程度上是有悖于人的自然属性的。或者说，只是从人的自然属性出发，就不可能实现可持续发展；如果放任自然属性的自发倾向，放纵而不加约束，就会有悖于可持续发展的要求。

现实生活中有无数的事例表明，几乎无须费力去进行什么启发、规劝和说服教育，人们会不用经过什么疑虑或"思想斗争"，就会很自然地、"愉快地"想到和追求自己要吃得好些、穿得好些、住得好些，也无需进行什么特别的教育、诱导和规划指导，只要"允许"（不禁止），人们自然会去追求本人、本家、本单位、本部门和本地区的生活更好些，挣的钱更多些。就此而言，享乐主义、利己主义、小团体主义、地方保护主义等，是不必引导就会"自己滋生"、"自己成长"，乃至会一发而不可收拾。

相对来看，社会费了很大的力量去进行启发、教育、规劝，以及依靠法律的约束，在倡导要关心他人、关心全局、关心后代等方而却没有特别明显的效果。古人就提出的"老吾老以及人之老，幼吾幼以及人之幼"，在过去就只有很少的人能做到，在今天能真正做到的人也不多。

可以很轻易地列举出许多并不惊人的事例，来说明人的自然性（作为生物体的自然属性，未经教育的人的自发性）是如何有损于生态环境的。例如，为了自己方便而随地吐痰、随地便溺，乱折花木、乱扔废物和乱倒垃圾，为了本村、本镇的方便而恣意开采、恣意砍伐，为了本企业的方便而随意排放废气废水，随意堆放废渣，随意排流废水。同时，我们也可以经常接触下面一类破坏生态环境的惊人事例。例如，从一己的物欲和私利出发而制假贩假、乱砍滥伐、滥捕滥杀，不仅造成国家珍稀动物的巨大损失，而且造成了人民生命的重大伤亡（如已发生的重大假酒和假药案）；例如，从一地的资源利用、经济效益和增加税收出发而重复建设，侵占和浪费国家资金，以及挪用国家兴修水利的经费，导致江堤溃决；例如，为谋取暴利而贩毒，利用权力谋私而"设黄护黄"。很显然，如果这些"不惊人的"和"惊人的"事情泛滥下去，以顾及他人、顾及后人为核心的可持续发展又能到哪里去找呢？

人们的"自然性"与社会性的矛盾，在一定意义上也可以说是"利己"与"利他"的矛盾。这个矛盾的一种表现，反映于对生活方式的两难选择上，即使是理智的人也会碰到生活方式选择的无所适从。人们对自己的生活方式的选择，是与可持续发展密切相关的，在理论上，不少有识之士都看到，为了他人和后人的发展，当代的人们应当约束自己的消费。例如，有了较好的汽车和住房就未必再要更好的，已经吃得丰盛和有足够的营养未必就再要更加美味的，但要做到这种克制却常常是不容易的，人们的需求是难以有限度和止境的，这就是我们通常所说的"人们不断增长的物质文化需要"，这种无止境和无限制的需求是有理由的，没有它社会就不能进步，然而，这样一种不断增长的需求又是与可持续发展的"限制原则"相背离的。自我约束的困难还表现于，一旦人们享受到了或看到了"美好的生活"或"更美好的生活"，就几乎无法再后退一步，也无法摆脱向往。

仅就这一点（人的利益）来看，主张非人类中心主义的人们认为人类中心主义是一切从人的利益出发，一切为人的利益服务，而这正是人类破坏生态环境的根源，乃是有道理的。人类主体论如果就是人类中心主义，人类中心主义如果就是利益中心主义，那么，我们确实就应当批判人类中心主义，走出人类中心主义。

已有不少学者，特别是倡导保护生态环境和可持续发展的学者，揭示了狭隘的自身利益、利己主义、本位主义等乃是导致生态环境危机和不可持续的根源。罗马俱乐部的第二个报告在"对稀有资源的激烈争夺"一章里，在分析能源危机的根源时就提到，危机的产生是由于"人类有一种倾向，总是为了眼前需要而寻求短期利益，甚至以牺牲长远利益为代价"[①]。《我们共同的未来》的"走向可持续发展"一章还全面地分析了利他与利己这两个方面的后果：第一，"如果每个人考虑他或她的行动对其他人有影响，那么全体人民将生活得更好"——即可能有可持续发展；第二，"但是每个人都不愿意认为，其他人会按照社会期望的方式行事。因此，所有的人继续追求狭隘的自身利益"——即可持续发展是困难的。

有些学者的分析则更为尖锐乃至尖刻。例如，英国历史学家汤因比（A.Toynbee，1899~1975 年）曾指出，贪欲是隐藏于人性内部的动物性的一面，是一种罪恶，贪欲不仅是工业革命和征服自然、过度消耗自然资源的动机，而且是破坏生物圈和污染环境的动机，他还特别尖锐地批判了发达国家里的贪欲，指出："在所谓发达国家的生活方式中，贪欲是作为美德受到赞美的，但是我认为，在允许贪婪肆虐的社会里，前途是没有希望的。

---

① 梅萨罗维克等：《人类处于转折点》，三联书店，1987：83~84

没有自制的贪婪将导致自灭。"[1]我国学者卢风在《放下征服者之剑——关于自然与人类之关系的哲学反思》一文中则把生态环境的破坏归之于人类的享乐主义。他认为："今天虽然有人在不遗余力地呼吁保护环境，许多国家也确实迫不得已地采取了一些保护环境的措施，然而所取得的成效却远敌不过继续破坏环境的势头。之所以如此，人类信念方面的原因有二：其一是把自然当作异在客体加以征服的观念远没有被人与自然血肉相连的观念所取代；其二是人类生活自文艺复兴以来一直为享乐主义所支配。……任何一个民族，若不能消除享乐主义的毒害，就不可能真正痛下决心去保护自己的生存环境。休谟曾说，'急功近利的偏狭心理'是人类不可根治的痼疾，这种痼疾可以统归于享乐主义的名下。"[2]讲到人的利益，必然会涉及人们的物质生活和生活方式选择的问题；可持续发展同人们应当有什么样的生活方式、消费方式密切相关。1992 年联合国环境与发展大会通过的《里约环境与发展宣言》就指出："为了实现可持续的发展，使所有人都享有较高的生活素质，各国应当减少和消除不能持续的生产和消费方式。"总的说，奢侈浪费不符合可持续发展的要求，勤俭朴素才适应于可持续发展，但是，人们的利益却常常使人们难于勤俭、难于朴素；或人们可能自发地由勤俭走向奢华（由俭入奢易），而不可能自发地由奢华走向勤俭（由奢入俭难），人们的利益常会使他们不满足于过朴素的日子，因而在实际上（不是在口头上）同可持续发展的生活方式相背离。

人们的利益，科学技术进步，生活方式的高级化，是紧密联系的。人们的需求和利益推动科技发展，新的科技成果又引起更高级的生活需求，使社会和人们的生活更繁华；繁与多，奢与多，有一定关系，繁华与奢华，难以绝对分开！新的生活用品是层出不穷的，人们对自己的生活状况是不会完全满足的，有了留声机还会有电唱机、录音机、激光音响，有了黑白电视机还会有彩色电视机、大屏幕电视机、高清晰度电视机，有了录象带还会有 CD、VCD、超级 VCD、DVD，有了福特车还会有丰田车、奔驰车……这些方面，体现了人类文明的进步；但从另一个角度看又表明，当今的人们要为后人着想，选择一种朴素的生活方式，谈何容易。

例如，当今一个城市或城镇建设的初期费用，有 40%是用于建设与汽车有关的高速公路、停车杨、汽车库的，有人认为这样消耗太多，提议应

---

[1]　池田大作，汤因比：《展望 21 世纪》，国际文化出版公司，1985：57
[2]　自然辩证法研究，1994，（6）

建设具有永久性绿化带的簇状多用途步行生态社区，鼓励步行和自行车交通，以节约资源，节约能源，但后一种意见并不可能实现。就个人或家庭生活方式看，据说在美国有过这样的调查——问：你认为路上跑的大部分四座小汽车是一个人在开在用，这合理吗？答：这是一种浪费，不合理；再问：如果作恰当的安排，你愿意同别人合用一辆车吗？又答：不愿意。这个例子也许正表明了现实利益和可持续发展的尴尬。

在我国要实现可持续发展，同样会碰到人们的利益与生活方式选择的问题，我们必须"使所有的人都有较高的生活素质"，不再过过去那种穷日子，有小康生活，但我们同时也要注意到，如果对利益与生活要求毫无约束，只想家家都有小汽车，也会影响到后代人的可持续。我们对生活方式的选择是多方面的，简而言之，这不仅涉及人们如何生，还涉及如何对待死；例如，如果人们在死后都要伐木为馆，占地为坟，就不符合可持续发展的要求。

人们的利益、无止境的利益追求同可持续发展的矛盾，影响可持续发展，而且是不能只靠良心和伦理解决的，有人呼吁：为了使地球上所有未来的世世代代子孙与今天的人类共享自己的财富，当今的人们在经济上、技术上和生活上就必须有节制，而且，"如果我们有意地少消耗一些能源，故意少占有一些物品，自觉地使我们的生活稍微朴素一点，好使其他人能够得到赖以生存的起码的食品和物资，那么，我们的生活水平到底发生什么样的变化呢？我们的水平——道德水平——实际上不是提高了吗？"[①] 这里，确实是有真正善意的对道德水平和人类良心的呼唤，我们也确实需要提倡朴宏一点的生活，然而，要人们在实际上做到故意地少占有一些物资，要人们有意地少消耗一些能源，是谈何容易哦！

这一节主要是从人的自然性、作为生物的自然属性，以及从人们的自发倾向讨论了人的利己性，并由此涉及人们会从由于个人利益而更注重倾向于局部利益、短期利益，由利己主义推及享乐主义、本位主义、地方主义。实际上，更全面地讨论利益，应当包括着五个层次，即个人利益、集体利益、阶级利益、国家利益和人类利益，可持续发展从根本上说属于人类利益。而且，在这些利益的关系上，我们要认识到"对个人有利的事，未必对集体有利；对集体有利的事，未必对阶级有利；对阶级有利的事，未必对国家有利；对国家有利的事，未必对人类有利"，因而，我们应当

---

① 梅萨罗维克等：《人类处于转折点》，三联书店，1987：135~136

以个人利益服从集体利益，更应当把全球利益、人类利益放到最重要的地位。[①] 我们在这里不能详细讨论这些利益同可持续发展的关系，而只是说，真要做到个人利益服从集体利益、国家利益服从人类利益，也是说起来有理做起来难的，在这里似乎并没有什么经济的保证、法律的保证和伦理的保证；而只要这些服从难以得到保证，要保证实现可持续发展也就是困难的，或者说，有利益而难以做到服从，就可能导致不可持续，或成为不可持续之源。

在利益域里的矛盾，利己与利他的矛盾，是不可避免、不可排除的，要解决这些矛盾是有困难的，但这并不意味着有利益矛盾可持续发展就是完全不可能的。事实上，社会的任何发展，包括可持续发展，都离不开利益因素和利益驱动；可持续发展包括着满足需要和限制需要的两个方面，满足需要就是必须满足人们的利益，不认真考虑如何满足合理的个人利益，可持续发展也不可持续。我们将会再论及，可持续发展不仅与人们合理的个人利益一致，而且可以与企业利益（追求利润）一致。但是，如何鉴别和区分合理的个人利益与享乐主义，如何既满足合理的个人需要又限制个人利益的膨胀，这又是难题和矛盾。

四、公用地——个体与群体

这里所说的"公用地的矛盾"，实际上也就是利益域的矛盾，只不过因为公用地的矛盾与生态环境问题有特殊密切的关系，如何处理公用地问题与实现可持续发展有特殊重要的意义，这里作为专节来讨论。

上面讲到的利益，多与某一个个体（如个人、一个集体、一个企业、一个地区、一个国家）有关，而这里更侧重于讲个体与其他的个体之间、特别是由个体构成群体时的利益关系问题。或者说，更侧重于讨论在"集体使用"的地方或领域，由个体行为集合为群体效应时出现的矛盾，因而，也可以把这里所讨论的公用地的矛盾称为"集群性矛盾"。这里如果再作划分，从表面看，又可以把这个矛盾区分为"显集群性矛盾"和"隐集群性矛盾"两种。

所谓"显集群性矛盾"，表现为人们之间（集团之间、阶级之间、国家之间）有明显的利益冲突，或有根本利益上的争夺。例如，一个企业为了

---

① 柳树滋：《大自然观——关于绿色道路的哲学思考》，人民出版社，1993：373~374

自己的"方便"就可能会随意排放废渣，而在这个企业面临其他企业的激烈竞争时，在它更加"必要"靠降低成本来保全自己和战胜对手时，就更加会放纵三废的排放了。近代以来直至今日，人类都生活于激烈的市场经济环境或体制中，人们只能在市场经济即相互竞争的条件下争取实现可持续发展，而不是在理想化的大同世界里共管自然环境，不是在完全协同或无激烈竞争的关系中共同建设绿色家园。在市场机制的利益驱动下和互相竞争中，每一个社会经济单元（企业、公司、地区、国家）的优化发展，与另一个或另一些社会经济单元的优化发展，常常全有明显的"你争我夺"，导致整个社会经济状况的恶化，导致更激烈地争夺自然资源和破坏生态环境，导致人类生存和发展的难以持续。

所谓"隐集群性矛盾"，通常并不表现为人们有明显的"你争强夺"，例如，在许多情况下，表面上人们并没有明显的实际利益冲突，每个人获取自己的利益似乎并不妨碍别人获利；而且，每个人对其他人也没有明显的损人利己的动机和表现，而似乎仅只是各顾各地想自己多得到一点或一些好处，或者说每个人所想的只不过是求得"略多一点小小的自我利益"，即只是想求得个人利益的最大化；但是，在这样一些情况下，"小小的"没有损人利己的动机和行为，集合起来，却会造成既损人又损己的结果，这种情况可称为是"隐集群性的矛盾"，它乃是典型的集群性矛盾，或可称之为"集群性悖论"。

集群性的悖论，也就是我们常听说的"牧场悖论"或"公用地的悲剧"。"公用地的悲剧"是美国学者 G. 哈丁 1968 年在 *Science*（科学）杂志上发表的一篇文章的题目，他所说的公用地是指为人们共同拥有（不是所有）却不能围困的开放的对象，如公共牧场的土地，各拥有者都具有使用该对象的权利，即都可以共同使用该对象，他在文章中描述到，由于每一个放牧者所想的都是在公共牧场放养更多的牲畜获利（即或想到会导致过度放牧，也会想到过度放牧的后果是由全体放牧人分组的），由于每个牧民都这样想，这样做，积以时日，结果却真正造成了牧场草地的退化，使各个放牧者都面临灾难。哈丁指出："这就是悲剧之所在，每个人都被锁在一个迫使他在有限范围内无节制地增加牲畜的制度中。毁灭是所有人奔向的目的地，每个人都在一个信奉公用地自由享用的社会中追逐各自的最大利益，公用地的自由享用给所有人带来了毁灭"。[①]

---

① 转引自黄鼎成等：《人与自然的关系导论》，湖北科学出版社，1997：176

考虑到公用地的悲剧或这里讲的集群性矛盾对说明生态环境问题和可持续发展有特殊重要的意义,下面再作一些补充和解释。

在宋健主编的《现代科学技术基础知识》一书中,以"牧场悖论"的提法叙述了公用地的悲剧,书中指出:"一个公共牧场,资源承载力(指草原牲畜量承载)是一定的,有若干牧民在放牧。每个牧民都有两种选择:①与大家合作,有意识地组织控制各自的牲畜头数,使之与牧场的承载力相适应;②个人利益最大化,尽可能多地增加自己拥有牲畜的头数。显然,当每个牧民采取第二种策略时,若整个牧场上的牲畜没有超过一定的头数,自己每增加一头牲畜,将会给自己带来更多的收益。然而,当大家都这样做的话,整个牧场将会出现过载、退化、疾病、瘟疫,整体灾难将会降临到每个牧民头上。"[①]还需要作点注释的是,公用地不仅限于上面讲到的公共牧场,大气层、海洋、湖泊、河流、南极、外层空间等都可以看作是某种公用地;也就是说,公用地的悲剧或集群性的矛盾是广泛存在的,对研究生态环境问题是紧密相关的。

为了进一步说明,也可以用"渔场悲剧"来表述公用地的悲剧。一个并非被某些人所有的沿海海域可以认为是一个开放的公共渔场。这里的每条渔船都努力捕捞,都希望能满载而归,而且,各条渔船在捕捞时并不想妨碍其他的渔船捕捞,渔民在捕捞时最多会想到,如果我不在这里,别的渔民也可能会在这里捕鱼的;总之,每个渔民多想到自己能多打到几条鱼. 各条渔船之间也没有十分激烈的渔场竞争,每个渔民没有也不必要靠损人(损及别的渔船)来利己。在相当一段时期里,每个渔民只要努力捕捞,都会满载而归;然而,各条渔船的日久丰收,却会悄悄地积累或集合起来,导致一个十分严重的后果——整个的鱼资源枯竭,渔业不可持续,各条渔船无鱼可捕,各个渔民生活也难以为继。

再需要重复说一下的是,在公共渔场捕鱼的各个渔民原来和从本质上说是没有什么矛盾的,每一个渔民在多捕一尾鱼时,他们想到的只是为自己略再增加一点点收入,并没有很大的贪欲;而且,他们在多捕一尾鱼时也并不想妨碍别的牧民再多捕一尾,更没有要损人(如驱走或害及别人要捕的鱼)来利己之心或动机,乃至根本未想到要同其他的渔民去竞争。但是,正是这种仅仅为自己方便或有一点点好处的事情集合起来,却可能造成危及整体的、既害别人又害自己的严重的后果。

---

① 宋健:《现代科学技术基础知识》,科学出版社,中央党校出版社,1994:420

　　问题还有更严重的另一个方面，即越需要人们共同关心的"公用地"（属于公共的对象），往往越缺乏人们的关心。在这一点上，正像亚里士多德所说的："凡是属于最多数人的公共事物常常是最少受人照顾的事物。"①

　　"公用地"（广义的）为集群所拥有，对集群很重要，它是集体或群体中每一个成员都需要的，又是他们都可以去利用的；同时，"公用地"却又可能得不到各个成员的特殊关心、爱护和照料，因而就可能会出现人人要、人人用，却人人不照顾乃至实际上人人去损害它的结局。从一定意义讲，人类的生态环境也就是这样的公共地，人们都不可缺少它，又都可能不去照顾它，乃至有意无意地破坏它。就如宋健主编的著作所说："环境能够直接为消费者服务，是一种'公共财产'（或称公用物品）。……它能够为每个人所消费，并极易接近和获得，具有排他性和非竞争性。例如清洁空气、干净水源。每个人都能轻易获得和享用，每个人的享用都无法排除。同时也会产生'免费搭车者'，谁都不想治理环境，都想享用已提供的环境质量，从而产生社会悖论。"问题还不仅是有"免费搭车"（不去照顾和治理环境），不仅会有超载搭车（超出生态环境的承载能力），而且还会有人在公共车厢里随意吸烟（污染空气），有人在水体内乱扔杂物（破坏水质），人类的生态环境乃是最典型的、最大的、最重要的"公共地"，却又常常被认为是最可随意对待、最不需要认真照料的"共用地"，而且是被既有自发的自然性又有社会的竞争性的人们在上面去利用和开发的。即使在政府规定了特定的海域里休渔期间仍会有个别渔船入海捕捞，即使是有罚款约束仍会有企业向大气排放烟尘，向江河排放污水，这些都表明：公共、公用的东西往往是最少受到照顾，乃至是最易受到损害的东西。

　　对于"公用地"的矛盾，还可以补充一点：即这里不仅有人从自己的"小算盘"出发只利用这块地（或渔场、或环境），而且，一旦公共地受损或出现灾难，还很难确认究竟谁是主要责任者，究竟怎样确认"当事者们"的不同责任；由于责任不明，由于"法不责众"，诸如牧场退化、渔场枯竭、环境污染等也就难以处理、难以纠正、难以治理，对其责任者难以追究、难以法办、难以谴责。例如，在环境保护的问题上，"谁污染谁治理"、"污染者付费"的原则本来是完全正确的。毋庸置疑的，但正因为往往是责任不清，在执行上就难以顺利通行或会大打折扣——这就是可持续发展的矛盾之一，有了很好的原则，未必就有相应的实践。

---

　　① 亚里士多德：《政治学》，商务印书馆，1965：48

就可持续发展而言，集群性矛盾的一个表现，就是"市场经济在生态环境保护领域的失灵"。浪费和破坏自然资源，污染和破坏自然环境，虽然对全社会所有的人都是不利的，包括会使全社会都要增加经济支出（如增加各个人在卫生、防疫、治病上的支出），然而，由于自然资源和自然环境是"公用地"，就每个人自己来说，对资源的轻易使用（不去综合利用，浪费）、对环境的随意处置（不去关心治理污染）却有可能减少生产支出和消费支出，因此，市场机制就不可能自动地推动、鼓励和约束人们去保护资源和环境。或者说，由于自然资源和自然环境是"公共地"，对自然资源的消耗和对环境的污染是难以反映在商品和服务的价格中去的，而价格乃是市场经济、市场机制的基础，是制约市场体制下人们行为的基础；利用公共地的行为越出了这个制约基础，就难以靠市场机制来调节和控制了。

集群性的矛盾是难以避免的，个体与群体的矛盾到处存在，个体的利益恶性膨胀，损人利己，会给群体或集体造成损失，每个个体仅仅只打自己的"小算盘"，集合起来，也会给群体包括给每个个体自己造成损失。当然，对于所谓集群性的矛盾或牧场悖论并不是完全无能为力的。为了尽可能避免由这种矛盾的发展会引出的悲剧，需要创造条件和使各个牧民原意和有可能作出上面提到的第一种选择，即采取大家合作的、有意识地控制的策略，使自己的行为与自然的承载力相适应。从总体上说，就是要采取人与自然协调发展的态度和战略，遵循可持续发展的原则。作出这种选择必须要有清醒的、自觉的理论认识，要有一定的社会制度和社会体制的条件，要有相应的规则、规章制度和组织管理手段，特别是要有人们的素质和修养的提高，要做到这些也是一件相当困难的事情。我们需要较确切地估计出公共牧场上可能放养多少头牲畜，需要以合适的方法引导各个牧民之间进行对话、协商和合作，需要以适当的方式形成在公用地牧场上放牧的公共道德，需要合理地明确人们在保护和保养公共牧场草地上的义务，需要提高牧民的科学文化素养等。

第五章　难以超越的主客二分

可持续发展，至少从布氏定义的字面上看，讲的是当代人与后代人的关系，即人际关系，似乎没有直接谈及人与自然界的关系和自然观问题。上一章讨论的问题，特别是关于利益域和公共地的矛盾（集群性矛盾），主要涉及的也是人与人之间的关系，而且，前面还讲到，哲学意识（包括自然观）对工业文明的发展及其造成的对生态环境的破坏，从根本上说，并不起根本性的决定作用。

但是，可持续发展的概念强调代际关系，决不是说它低估了人与自然界的关系问题。从根源上说，可持续发展的提出就是基于生态环境问题的严重，即人对自然的破坏；而且，在《我们共同的未来》一书中还有对人与自然关系的许多论述，并明确指出："从广义来说，可持续发展战略旨在促进人类之间以及人类与自然之间的和谐。"①

本书上一章更强调利益的作用，决不是说人们的自然观，即他们对自然界、以及对自己与自然界关系的看法是无关紧要的；也决不是说哲学意识对人们的行为没有重要的影响。当然，这种影响可能是比较自觉的、直接的，也可能是不大自觉的、较为间接的——某种哲学意识和自然观可能首先和更多地影响到知识界、领导层，并通过他们影响社会舆论和方针政策，进而发挥更广泛的影响，包括影响到广大的社会公众的观念和行为。本章就着重从自然观的方面来讨论可持续发展，主要是探讨人与自然关系中人的主体地位，以及主体与客体的关系。

一、何物人类中心主义

不少文章在揭露工业文明的弊病时，还分析和批评了与这种文明相适

---

① 世界环境与发展会员会：《我们共同的未来》，王之佳等译，吉林人民出版社，1997：80

应的自然观；在倡导可持续发展和生态文明时，又陈述了与新文明相适应的新自然观的性质和内容。一些学者认为，与工业文明相适应的自然观，乃是旨在确认人与自然之间对立、且人居于主体地位的"人类中心主义"，因而，要解决生态环境问题，要坚持走可持续发展的道路，就需要重新审查人的主体地位和资格，批判人类中心主义，倡导人与自然界和谐的自然观，"走人非人类中心主义"。

在现代哲学中，德国的海德格尔是最早批判人类中心主义的哲学家之一，他在《关于人道主义的书信》（1946 年）等著作中提出，人并不是"存在"的主人或中心，而是存在的牧人，这个牧人被存在召唤来看护存在，并认为反对人类中心会使人更加有人性和理性。一些环境伦理学家也是人类中心主义的坚决反对者，如美国的 P. 泰勒教授在其《尊重自然）一书中，就主张"众生平等（一切自然万物相互平等）"，反对人类以自我为中心而凌驾于万物之上；有的人甚至把以人为主体的观点称之为"人类沙文主义"。

批评人类中心主义，主张抛弃或"走出"人类中心主义的，不仅有海德格尔和一些生态伦理学家、环境伦理学家，一些后现代主义的哲学家也是人类中心主义的坚决反对者。后现代主义的主要代表、美国"后现代研究中心"主任大卫·雷·格里芬就明确地批评了唯物主义自然观把每个人作为主体，而把自然界视为客体，认为这种人类中心主义伦理学"在决定对待自然的方式时，人类的欲望及其满足是唯一值得考虑的东西。这就意味着一种掠夺性的伦理学：人们不必去顾及自然的生命及其内在价值；上帝明确地规定了世界应由我们来统治（实际上是'掠夺'）。如果我们不去掠夺自然，那就等于我们没能意识到我们心中的规定。"在他看来，正是由于从人类中心主义出发，"人人都希望在对自然界的肆无忌惮的掠夺中最大限度地掌握和控制世界的'自然资源'，个人与个人、公司与公司、国家与国家之间的竞争便加剧了。这种动机同时也是导致现代殖民主义（包括新殖民主义）、大规模奴役和战争的主要原因"。

后现代主义者批评人类中心主义和非生态论的存在观，但他们的观点却不尽相同，其中有的主张至少是要抛弃激进的人类中心主义，有的则鲜明地提出要"在所有的生活领域内进一步推广生物中心论智慧"。

在近几年里我国学术界也多有从自然观的角度来考察环境污染和生态破坏问题的，并且常会见到以下的分析：①当前人类的困境来自人类掠夺自然，人类自己破坏了自然；②人类破坏自然来自人要做自然界的主人，人要凌驾于自然之上，要征服自然；③人类要做自然的主人又来自人的主体地位，即人类中心主义；④人的主体地位的确认和人类中心主义来自"主客二分"的哲学观。

我国学者批评人类中心主义的具有代表性的文献，是余谋昌在《自然辩证法研究》杂志 1994 年第 7 期上发表的《走出人类中心主义》一文。此文发表之后引起了多种反应，有同意走出人类中心主义的，也有人认为还要走进人类中心主义，或认为只应当批判"强人类中心主义"、"绝对的人类中心主义"，而可以或应当坚持"弱人类中心主义"、"相对的人类中心主义"、"生态的人类中心主义"、"后人类中心主义"等。对这些提法，本书不能作详细评析，而主要就主客体划分问题讲些基本的观点。

评述人类中心主义，首先需要确认所谓"人类中心主义"究竟是指什么而言的，否则，人们就难以在一起讨论。但为了避免使问题过于复杂化，为了能较快地进入实质内容的探讨，我以为，对于人类中心主义，可以"有条件地"接受由批评人类中心主义的人们给出的定义——如余谋昌在上文中指出的："人类中心主义，或人类中心论，是一种以人为宇宙中心的观点，它的实质是：一切以人为中心，或一切以人为尺度，为人的利益服务，一切从人的利益出发。"

我以为，除了可以有条件地接受批评者们对人类中心主义的界定外，特别是要非常认真地听取他们对人类中心主义缺陷的剖析，认真考虑他们对人类中心主义危害的揭露。我们要注意到，一些后现代主义者对人类中心主义的批评，除了有哲学内容外，在更广泛的方面也有其进步意义。例如像大卫·格里芬这样的后现代主义者，他不仅反对把自然看作只供人利用和掠夺的客体的人类中心主义，而且尖锐地抨击人类中心主义把他人、妇女、有色人种和"未开化者"当做客体对待的倾向，他批判人类中心主义是与批评个人主义、利己主义，与反对殖民主义，反对歧视妇女紧密结合的；但他把人类中心主义看做是唯物主义自然观造成的后果，则是对唯物主义的误解。[①]实际上，人类中心主义的观念在基督教的圣典中就已有反映了，例如在《旧约全书》创世记的第 1 章里，就记载着上帝对人说："你们要养生众多，遍满地面，治理大地，也要治理海洋。我将蔬菜和果实全赐给你们作食物。至于地上的走兽和空中的飞鸟，以及其他各种动物，我将青草赐给它们作食物。一切鸟兽鱼虫全归你们统治。"当然，这里反映的

---

① 大卫·格里芬：《后现代精神》，中央编译出版社，1998：219

是神授的人类中心主义。

也有一些对人类中心主义持批判和反对态度的学者，在他们的文章中，又能郑重地论述了人类中心主义观念的产生和存在的理由，肯定了人类中心主义曾经有过巨大的成就或功绩。例如，余谋昌在《走出人类中心主义》一文中就详细说明了人类中心主义的合理性，一是它有自然基础，二是它反映了对人类价值以及对人的伟大创造力的理解。这表明了一位严肃的批判者对于不同学术观点的严肃态度。

当然，对于主张非人类中心主义的人们来说，他们的核心思想乃是要指出人类的主体地位和人类中心主义的限度和谬误，是要揭发人类中心主义造成了人们利用自然、变革自然、改造自然、控制自然的过失，是要批判由人类中心主义引起的战胜自然、征服自然、掠夺自然、破坏自然的罪过。从这一个方面来说，他们对人类中心主义的揭发批判是有重要的、实际的理由的。我们确实应当承认，现在的生态破坏和环境污染与"人定胜天"及"人类要做大自然的主人"等观念有密切的联系——只要允许、倡导和强调人是大自然的主人，人们就可能和有理由把自然界当做自己的奴仆，当做需要去向它开刀的异己的对象，就会挥舞起征服者之剑去砍伐自然、破坏自然。或者说，人类要主宰大自然的"主体意识"或"主人意识"，加上实际上的"创造"和认识上的"近视"，加上这个主体或主人的"急功近利的偏狭心理"（即前面讲到的利己主义、享乐主义、本位主义）和"不断增长着的、永不满足的需要"，再加上利益的"集群"，就是不可持续的全部根源。

然而，我以为，对于批评者们对人类中心主义的界说和责难，终究只能有条件地赞同。这主要是因为：

第一，在反对人类中心主义或主张非人类中心主义的人的心目中，人类中心主义与"人类主体论"是完全等同的东西，确认主客二分就是主张人类中心主义。在他们那里，反对以人为中心也就是反对以人为主体，否定以人为主体也就是否定以人为中心。然而，严格推敲起来，"主体"与"中心"，"以人为主体"与"以人为中心"，似乎并不完全是同一的概念和命题。从词义上说，主体是相对于它的对立物（客体）来说的，中心则是相对于它的环绕物而言的，例如认为原子核是原子的中心，并不意味着原子核是原子的主体。就是否环绕这点说，如果持人类主体论观点的人真正认为整个宇宙、地球、一切其他生物和山川江河都不过是自己的环绕物，真的持这种"人类中心主义"的观点，那当然是无理的。但实际上，事情可能并不是这样简单的；只是为了免于陷入过多的词语之争，本章可以大体上同意，主体与中心是差不多的东西，或大体上认同人类主体论与人类中心主义没有根本的区别。

第二，不要再过分扩大人类中心主义的含义，也就是说，断言人类中心主义的特点是主张"以人为中心"、"以人为尺度"和以"人为主体"似乎就够了；没有必要再强调似乎只有非人类中心主义才承认人类属于地球，而人类中心主义却主张地球属于人类。据我所见，还没有四个被认为是代表或坚持人类中心主义的学者提出了"地球属于人类"的观点。所谓人类要战胜自然、征服自然、主宰自然等观念可以说实际上把自然界作为异己的对象和力量，还不同于认为自然界的实体或地球本身就是属于人类的东西。

第三，最现实、最重要的问题，是要确定分析和评论人类中心主义的出发点或角度。必须认定，人类主体或人类中心主义的观念，或在人类中心主义影响下的人们的行为，已对生态环境造成严重恶果，不仅威胁到人类自身，还危及到其他的生物种群的生存，使其他生物不是被杀戮、也会面临灭绝。也完全可以设想，如果没有人，没有人类，当然也没有什么人类主体，所有严重的生态环境问题就都迎刃而解了，就不必考虑"只有一个地球"的问题，不必担心有"寂静的春天"，也不必研究什么是"我们共同的未来"了。

可能很奇怪，确实曾经有过、而且现在仍然有人在做这样一类的设想，例如，把人类看做是"地球肌体上的癌细胞"，如格雷格在1955年就提出过一句"名言"，即认为"世界生了癌，这癌就是人"[1]，以后又有人认为"人是大自然的错误，是大自然的不幸产物"[2]。根据这类观点，如果没有人或去掉人，地球就会健康，生态因就会繁荣，世界就会延续。但是，这种"无人"设想毕竟不是我们讨论问题的现实的出发点和现实的态度。

也许，现实些的态度是认真探讨和具体分析以下的一些问题：人类中心或人类主体的观点在理论上究竟是有道理的，还是理由不充分、缺乏论证，或是毫无根据、纯属荒谬；这种观点在实际上是必要的，还是有功有过，或是有害无益的呢？或者还可以再进一步追问，人有什么资格或权力居于（或占有）主体的地位，人经过了什么手续和步骤成为主体或中心，

---

[1]　梅萨罗维克等：《人类处于转折点》，三联书店，1987：1
[2]　弗罗洛夫：《人的前景》，中国社会出版社，1989：9

人作为主体总不该是"天赋人权"而无需进行资格审查罢。即使是坚定的人类主体论者,也不能回避这些问题。

当然,我们也可以说,不管人类中心主义是否合理,历史上有何过失,人类现在已具有了主体地位,这已是无法"推翻"的现实了,当前的问题只是要研究人类如何当好这个主体,不必讨论其他了。或者,我们本来应当认为人本不该是什么主体,而仅仅是大自然整体中或生物中彼此平等的一员,只不过现在却无法把他(人)的长官(主体)地位罢免,甚至连提出弹劾也不能实现,更何况撤职查办,自然界只能听任主人为所欲为,无可奈何。这些态度是否正确,也要做出解释。

二、人何以成为主体

人何以成为主体,与人为什么比其他动物更高级,人为什么与其他动物不平等,人在哪些方面要高于其他动物,是相关的问题,并已被许多哲学家关注。对人类中心主义进行批判时所持的一个论据,就是认为人并不比其他动物更特殊、更优越或更高明,例如人类就没有飞行和入地的能力,人在奔跑、游泳和爬树的能力上也不大行,人类虽有理性,但人的聪明理性有时也还不如动物,而且人类的理性可能为善,也可以为恶。

其实,人类在自然界中的地位,如何和何时成为主体,并不是逻辑的问题或生物学的问题,并不是靠哲理的论证才成立的问题,而是一个历史的问题或历史演化的结果。有一个非常重要而又简单的事实是:人并非从来就是主体,不仅并非从来就有人,而且在一开始有了人的时候,人也未必就同时获得了主体的身份或资格。

我们知道,地球有45亿年的历史,生物约产生于20亿年前,灵长类出现于7000万年前,大约在2000万年前才开始了从猿到人的过渡(转化),大约在300万年前才开始有了人类。在这以前,人类作为大自然一员的资格也不具备,何谈主体地位。

距今约200~300万年起有了人类,一直到现在和将来,人总是作为大自然的一员而存在的。人作为生命体的构成(他的各个器官),和人作为生物体的活动,无处无刻不依赖于自然物质和自然条件。正如恩格斯说的:"我们连同我们的肉、血和头脑都是属于自然界,存在于自然界的。"[①] 人永

---

① 《马克思恩格斯选集》第3卷,人民出版社,1997:518

远只能从属于自然界，是自然整体的一分子。

人开始作为大自然的一员仍是没有主体或中心地位的，在一个相当长的时期里，人不仅只是大自然的一员，不仅是自然整体中平等的一员，而且可以说是没有什么力量、没有什么权力（更不用说特权）的一员。那时，人几乎与其他高等动物一样，在自然界中只是"被动的活物"，在自然整体中靠"生存竞争，适者生存"或被淘汰，或勉强维持自己的存在。那时，人对自然界的炎热、寒冷、水、火等几乎是无能为力的，在这一点上，人同其他动物没有多大的区别。正如马克思和恩格斯所说："自然界起初是作为一种完全异己的、有无限威力的和不可制服的力量与人们对立的，人们同它的关系完全像动物同它的关系一样，人们就像牲畜一样服从它的权力，因而，这是对自然界的一种纯粹动物式的意识（自然宗教）。"[①] 而那时的人不仅服从天地，还会受到其他动物（如猛兽）的威胁，原始社会中人口的增加很慢很慢，是与当时的自然环境和人的因难处境密切相关的。

然而，就是在自然整体分化出人类以后，在漫长的自然演化和生存竞争中，又开始了人逐渐成为主体的历史，从开始没有人类主体到逐渐形成了人类主体，或者说，人类作为主体有一个形成过程，有其演化的历史。对于这一段历史，我国的学者们的看法大致相似，只是在表述上略有差异。

人们通常认为人类在原始社会对自然是依赖、畏惧、崇敬，我以为这种描述是有理由的，至少，在这里还没有谈人已是大自然的主人、主体或中心。不过，这里似乎还应当说，在远古时代除了有人对自然的崇敬与畏惧，还有着人对自然的激烈的斗争——只不过这主要是人作为生物体在自然选择中的生存斗争，包括与其他生物体的生存竞争。广义地说，人（人类）作为生物体与其他生物体的生存竞争，也可以理解为是人同自然的一种斗争：认为人过去、现在和未来都不应当与自然作斗争，至少不符合历史的实际。

人们也常认为，在农业社会中人类已开始改造自然乃至征服自然，这也是有其理由的；但我以为，把农业社会中人与自然的态度描述为主要是"学习"和"模仿"，可能会更为贴切。我同意这样的表述，认为人对内然的态度先是崇拜、敬畏（原始的采集狩猎社会），再到模仿、学习（农业社会），再到改造、征服（工业社会），进而到调节适应（信息社会）。

德国学者汉斯·萨克塞写的《生态哲学》一书对自然界与人的关系的

---

① 《马克思恩格斯选集》第1卷，人民出版社，1997：35

描述很值得注意。他指出，史前时期的内容是人如何对付自然，"那时的自然不是人类的平静、和谐的伙伴，而是庞大的、严厉的、危险的对立面；它不是人类的朋友，它是狂暴的，是人的敌人"。到了农业社会，"人不是学习如何更好地同自然斗争，而是学习如何模仿它、引导它"。自然界本身就有植物的下种、生长、结果，就有动物的觅食、生育、繁殖，农业和畜牧业更多地确实主要是在模仿，而较少有改造。但是，如果可以说人们在农业社会中主要地是在学习和模仿自然，那就似乎难以肯定（至少是难以充分肯定）在那时人类已经成为了自然界的主体或中心了——主人总不会以模仿为特征，学徒虽然在有的地方和有的时候会超过师傅，但徒弟终究还不是主人。

或许可以认为，人真正把自然界作为自己的客体，人真正具有主体的资格是从 15~16 世纪开始的，到 18~19 世纪才发展和巩固了自己的主体地位，而到了 20 世纪才在对自然界的关系上实现了由奴隶到学徒再到将军（主人）的转变，表现了主体的权威。

在 19 世纪以前，从历史的主流看，尽管在古代就有了"人定胜天"的观念，尽管在 17 世纪培根就提出了"知识就是力量"的论断，但这时（即在近代），人们首先是把自然界作为认识的客体而成为主体的。人在这方面作为主体的成就，例如牛顿力学、原子分子学说、能量守恒和转化定律、元素周期律、电磁理论、细胞学说、生物进化论等应当充分予以肯定。而且，作为理解自然的主体并不是以变革自然为其直接目的的，虽然人类的生存从来都要以某些自然物（如动植物）的丧失为前提，虽然认识自然需要以干扰自然（科学实验）为基础，但在 19 世纪至少在 15 世纪以前，人们对自然界并没有造成严重的伤害。

人们对自然从主要是认识的主体，过渡到主要成为实战的主体，是 19 世纪下半期和 20 世纪的事情，以人工自然系统的创造和形成为标志。其实，在这以前，就有"人工物"如车船的创造，但这毕竟是相对零散的，规模不大的。20 世纪的一个突出特点就是有了大量几乎没有"自然原型"的人工创造物，包括电话、电报、发电机、电动机、汽车、飞机、塑料、人造纤维、冰箱、录音机、电视机、链酶素、火箭、人造卫星、计算机、空调器、激光器、X 射线机、核磁共振，等等。人作为实践主体在变革和创造自然上取得了非常巨大的成就，也正是在这时和正因为这样，人要做大自然的主人，要改造自然、征服自然、战胜自然和人定胜天的观念才有了现实的基础和突出反映。

　　然而，在人真正成为认识的特别是实践的主体以来（或以后），作为主体或将军的人们又有些要不受约束、忘乎所以、为所欲为、超越职权了，于是，他们不仅是在创造财富，也同时无所顾忌地创造污染；不仅是在创造青霉素，也在大量创造人口；不仅是创造良田，也同时为此在创造荒原和水患；不仅是在创造钢铁、精细化工合成物和汽车，同时也在恣意地创造有害有毒的空气并使大洋水面上升和臭氧层空洞扩大，等等。

　　或许可以说，我们应当大致这样来描述和看待人何以成为主体及主体的功过的历史：人类是在一个漫长的历史过程中，才逐渐从自然选第和生存竞争中脱颖而出，才逐渐摆脱了受自然力支配的被动地位，才逐渐学会了模仿自然，进而成为改造自然的主体的；人类成为主体的历史至今还在延续着，或许我们将会看到，人类还将成为调适自然的主体、整合自然的主体。

　　从人类成为主体的历史演化也可以看出，人首先是作为能动的实践主体而区别于其他动物的，在这个基础上人又是认识自然的主体，是作为有理性思维的主体而区别于其他动物；我们以往多是从认识论的角度讨论主客体的关系问题，讨论人作为认识主体的能动性、主体的客体化与客体的主体化，而没有充分强调人首先是实践主体、实践动物，这是与"主体的演化和生成史"不尽相符的。

　　人类成为主体，有其演化和生成的过程，人们对于主体和客体的研究，作为哲学范畴的主体和客体概念，也有其演化和生成的历史。

　　从哲学上说，主体概念与客体概念的划分，并非首先是从对人类改造自然问题的研究提出的，而主要是由认识论研究特别是现代的科学认识论研究而逐渐明确的。

　　在古代的哲学中，自然本源论或自然本体论构成了自然哲学乃至整个哲学的主要内容，人们更多地探讨世界的本源，较少涉及人以及人对自然的态度，而且，由于那时的在讲到人的时候也只是强调"人是理性动物，人有思维"，没有也不可能提出和认真研究人是生产实践和改造自然的主体的问题。当然，在我国的古代哲学中有着"顺天"（顺应自然）、"助天"（人与自然并立）、"制天"（天人相分，人胜天）等观点，这里包含着人与自然相分、自然是人的对象的思想；但助天、制天并不是那时有多大影响的思想，更不是占主导的思想，而那时更有影内的"天人合一"的观点不仅没有明显提出人是主体，而且我国古代的"天人合一"中的"天"，与自然界并不就是同一的概念。

在近代前期，约 15~18 世纪，可能是由于当时的自然科学（如天文学）主要是观察的科学，由于工业革命还没有成为时代主题，那时的认识论研究，无论是认为思维是存在的反映（直观的映象），还是认为存在就是被感知，都没有真正涉及人对自然的变革，没有强调人的主观能动性。哲学家们仍是从有感觉、有意识、有思维的意义上来理解人，而感觉、意识、思维则或是自生的、先天的，或是自然界和自然条件决定的，旧唯物主义的"消极的反映论"的消极二字，说明在那时对主体的能动作用和主体的意义并没有充分的认识。那时的哲学，正如恩格斯所说："自然主义的历史观是片面的，它认为只是自然界作用于人，只是自然条件到处在决定人的历史发展，它忘记了人也反作用于自然界，改变自然界，为自己创造新的生存条件。"① 到 19 世纪末 20 世纪初，科学实验和自然科学有了空前的发展，爱因斯坦的相对论提出了在不同坐标系的观察者对运动、时间和空间会有不同的观测效应，量子力学研究中提出了实验仪器对被观测的微观粒子的影响即"实验干扰"和"测不准"问题，促使人们去研究观察主体的状况对观测结果的影响，实验者和实验方式会不会改变对被观测的对象，重视了对微观客体的特殊性、主体对客体的作用、主体与客体是否可分等问题的探讨，从而使认识论范畴的主体与客体的范畴更明确，使关于主客体关系的理论系统化。

但是，在很长的时期里，至少直到 20 世纪初，人们多是从认识论的角度去讨论主体与客体的，而较少把人作为变革自然的主体、把自然界作为被变革的客体来研究；在这一点上，就类似我们多是以思维与存在的关系作为基本问题来研究哲学，而较少以"人与自然界的关系"作为基本问题来研究哲学那样。

20 世纪里，人类在改造自然和创造"第二自然"（人工自然）上取得的伟大成就，以及对生态环境问题和工业革命的反省，包括对"人要做大自然的主人"、"战胜自然"和"征服自然"的批判，有一个很大的好处，就是促使哲学从实践的、人类改造自然的角度或视野，提出和讨论人类主体作用，人类是否应有主体的地位，自然界是否就是他们的客体的问题，从而大大地扩展了对主体与客体关系的哲学研究的领域和深度。也许，至少对现代哲学来说，是应当和可以把人与自然界的关系作为哲学的一个基本问题的。自然界与人的关系，主体与客体的关系，同思维与存在的关系并不

---

① 《马克思恩格斯选集》第 3 卷，人民出版社，1997：551

完全是等同的，作为主体的人不仅有思维，而且首先也是一个自然物：也可以说，人与自然界的关系，包含着思维与存在的关系，是思维与存在关系的扩展。

三、我们只能以人为主体

人类作为认识的和实践的主体既有功劳又有过失，有优点也有缺点，我们不应只看其功绩而低估它的过错，也不能只容许人成为认识和理解自然的主体，而取消它作为实践主体的资格。当然，人们还可以设想，是否可以由一个更好的、更有才能、更为宽容的（更会同自然界搞好关系的）主体来更换或代替人这个主体，例如，取消单纯的以人为中心（主体），确认以生物因为中心，以自然为中心（主体），或以"人与自然"系统为中心；再进一步，认为人应当与其他自然物"互为主体"，实现主客相融，或者索性主张无主体、无中心，即根本不要什么主体或中心。

这些观点也是难以成立、需要商榷的。如果说前一节（人何以成为主体）是对主客二分和人类主体论的历史辩护，这一节也可以理解为是对主客二分和人类主体论的逻辑辩护。

第一，我们不可能从无主体来讨论任何问题，包括生态环境的恶化和治理的问题。诚然，以人为主体的观念和行为并不是绝对的，更不是完美无缺的，也可以没想，如果根本没有人这个主体，没有主客二分——没有人从自然界分化出来，没有人与自然界的关系，自然界的生态环境就不会有今日的破坏。但这毕竟仅仅是一种设想，而且是有了作为主体的人才可能去构思的一种设想；至少，人从自然界分化出来并成为自然界的对立面（哲学意义上的），人成为认识自然的主体，成为利用、控制和改造自然的主体，不管其是好是坏，乃是"无可奈何"的事——因为这是历史演化的现实。

第二，不可能以"人与自然"系统为主体。在一些探讨生态环境哲学的论著中，在批判人类中心主义的过错时，人们常会提及要用整体论的或有机论的自然观来代替机械论的自然观，与此相关，也提出要以"人与自然"系统为主体来取代以人为主体。实际上，这种观点是模糊不清的。当然，从系统论的观点看问题是非常重要的，但我们又要注意到：系统论所讲的内容，既有区别于主次划分，也不同于主客体的划分。系统论强调，一切事物都是若干要素相互联系、相互制约构成的不可分割的统一整体，在这里每一个要素都是不可缺少的、必要的；在一般情况下，我们难以说哪个要素是主要的，哪个或哪一些要素是次要的，正如同我们很难说太阳系的哪个星体更主要哪个次要，或人体系统的哪个器官更主要哪个次要。同样的道理，当我们确认人与自然界、人与生态环境是有机的整体时，也并不去回答何为主体，何为客体的问题；或者说，从人与自然是统一整体看，从整个自然界（整个宇宙，包括人）是统一整体说，确实是无所谓主体，也无所谓客体的。

略为具体地说，以"人与自然"系统为主体的提法不能成立，是由于：如果真的可以以"人与自然"系统为主体的话，那么，与之相应的客体又是什么呢？"人与自然"系统是无所不包的，没有任何东西（包括可以想象的客体）可以在它之外；以"人与自然"系统作为主体（如果可能的话），是没有客体与之对应的，而没有与客体对应的主体，就只能是它自己，而无所谓主体。就像没有客人的主人实际上就是自己而不是主人－主人的资格，至少从逻辑上说，是以客人为前提的，或是来自于有客人的。至于说到应当以人和其他自然物"互为主体"，如果是指人与其他自然物互相融合、互相补充成为主体，这就同应当以"人与自然"系统为主体的观点没有什么区别；如果是指人可以作为自然物的主体（自然界这时是客体），自然物也可以作为人的主体（人这时是客体），或二者可以"轮流坐庄"，这或许是可以另作讨论的。

第三，不可能以别的什么对象如别的生命体为主体，不可能以别的动物为主体。人是自然界实现自我意识的主体，作为认识主体的只能是人，我们对自然界的看法和知识，包括我们的自然观就是只能以人为主体的，而不是也不可能是从别的什么"生物主体"出发来观察自然界，更不是从"非生命主体"出发来"看待"自然界的。全部的自然科学、自然知识包括自然常识，只能是我们（人类）对自然界的认识，只能是以人为主体的反映和观念。虽然其他的高等动物也会有一定的感知能力、心理活动乃至简单的逻辑判断，虽然我们也可以设想自然现象在这些动物的感官中会有反映，然而，我们（人类）毕竟无法感知、无法了解、无法讨论以猫狗松柏为主体的自然认识是什么，也无法考察和评价以这些"主体"为中心的"自然观"——如果硬说有这种"自然观"的话，这也是无可奈何的事。恩格斯的一段话或许会有助于说明这种"无奈"，他提到："我们永远不会知道，化学光线在蚂蚁那里究竟是什么样子，谁要为这件事苦恼，我们可一点也不能帮助他。"①

我们只可能有以人为认识主体的科学，或者也可以说我们只可能有"人类中心主义的科学"；至少，到目前为止，我们还不能讨论以别的"智慧体"为中心的知识或学问是什么样的。恩格斯的另一段话又会有助于说明这种"无奈"，他指出，天文学中的地球中心的观点是偏狭的，并且已经理所当然地被抛弃了。但是，……对我们来说不可能有不是以地球为中心的物理学、化学、生物学、气象学等，如果人们要求一种无中心的科学，那就会使一切科学都停顿下来。

第四，主客二分，人作为主体，与对生态环境的破坏并没有必然的联系。科学认识要以万物之灵的人为主体，并不会直接影响到现实的生态环境的破坏或改善；科学知识毕竟主要是在回答或说明自然现象"是什么"和"为什么"的问题，它与人作为主体去做什么事和怎样做事毕竟是不同的。对自然界有正确认识，未必在实际上对自然界就有合理的态度；对自然过程的认识有错误，未必就等于实际上改造自然的失败或破坏了自然。

讲到这点，有必要对康德的"人给自然立法"的观点再作点述评。有一些（不是一篇）文章批判了康德提到的"人为自然界立法"的思想，并认为康德的这种"立法者的提法使人类成为自然界绝对的主宰或主人，并拥有了至高无上的权力。……这就为一系列征服、蹂躏与破坏大自然的愚昧行为制造了错误的哲学论据和社会舆论"，或索性断定康德的"人为自然立法"的观点是人类中心主义理论来源，是人类破坏自然的理论基础。

其实，康德的"人给自然立法"的观点的本意，讲的仅仅是"自然界的普遍法则何以是可能的"的问题，而不涉及人的实践行为；康德这个观点的"错误"，并不是因它确认了人是认识的主体，而是在于它确认了先验论或"先天认识"的前提。如果我们留意康德的原话，其一，就不会认为"人为自然界立法"有那么大的破坏作用；其二，就可以从"人为自然立法"再思考人作为认识主体是怎样揭示普遍法则的。康德关于"人为自然界立法"的原话主要是："理智的（先天）法则不是理智从自然界得来的，而是理智给自然界规定的，这话初看起来当然是令人奇怪，然而却是千真万确的。"②

---

① 恩格斯:《自然辩证法》，人民出版社，1971：218
② 康德:《未来形而上学导论》，商务印书馆，1978：93~94

我以为，如果不对"人给自然界立法"作先验论的解释，这个命题对说明只能以人为认识主体是重要和有益的。所谓人给自然界立法，至少可以追溯到开普勒对行星运动三定律（轨道定律、面积定律、周期定律）的发现。这三大定律，并不是写在天上的，并不是人们从经验中可以感受到的，而只是由于开普勒以前人积累的资料为背景的思考，这些法则才被他"建构"（包括想象、构思、推测和建立）出来，也正因为这样，开普勒才得到了"天空立法者"的尊称。当然，这并不是说先有开普勒再有行星运动的规律，但这却很好地说明了如果没有开普勒或别的什么人为主体，如果没有人的建构、创立或"立法"，自然界的规律就只能是"自在之物"，而不可能成为科学定律和科学理论的一部分。

第五，人作为实践的主体是可以胜任的，有功劳的。以人为主体不仅是"无可奈何的"（必然的），面且是有必要的。以人为主体的、由"享乐主义"支配的、无节制的行为（征服自然和战胜自然），固然造成了对自然环境的严重破坏，例如伤害和杀害了许多动物，减少了生物的多样性，但人类主体毕竟又在地球上建立了伟大的社会文明，不仅保持了自己的生存和发展，而且还培育和扩大种植了许多植物，饲养和繁殖了大量动物，并努力按照动物的尺度建立起野生动物保护区。如果我们可以没想由别的什么生物如别的什么动物为中心或主体的话，如果设想人与其他生物完全平等相处的话，是不会比以人为主体和尺度更好的。马克思在比较动物的生产与人的生产时曾指出，动物只生产它们自己直接需要的东西，"动物只是按照它所属的那个种的尺度和需要来建造，而人却值得按照任何一个种的尺度来进行生产，并且懂得怎样处处都把内在的尺度运用到对象上去"[①]。只有人才懂得按照任何一个种的尺度来活动，这一点是特别重要的。以人为尺度或人的尺度会造成生态环境的破坏，但又只能以人为尺度才能去保护生态和治理环境。只有以人为尺度的可持续发展，才能合理地保护其他生物的生存，才能作出有利于生态圈运行的决策，才会按照对保护其他生物和整个生态固有利的尺度采取行动。

第六，解决生态环境问题，实现可持续发展也只能是以人为主体。生态环境问题不仅是由人提出的，而且是人们根据自己的（人类的）尺度提出的。在许多别的星球上可能根本没有大气、土壤，但谁都不会去讨论那里的生态环境问题；假定（当然仅仅是假定）人们肯定知道，从50世纪

---

① 《马克思恩格斯选集》第42卷，人民出版社，1997：97

起直到永远，地球这个星球不能再为人居住，我们也不会去讨论 50 世纪后地球上的生态环境问题。这种说法固然有浓厚的实用主义色彩，但却现实。

我们今天讨论和要求实现的可持续发展也只能以人为主体；在这里，无非是要求人们应当去做一个称职的主体。人们常说要实现可持续发展就必须适应和依赖自然、顺应自然、保护自然，但我们也只能设想由人去充当做依赖自然的主体，做学习自然的主体，做顺应自然的主体，做保护自然和调适自然的主体。我们已经有了以人为主体的劳动生产、科学实验、工程建设，有了以人为主体的经济发展和社会进步，我们还需要有以人为主体的持续发展，采取和实现可持续发展战略，只能以人为主体，并且要以关心人类为中心。1992 年联合国环境与发展会议宣言（里约宣言）的第一个原则就是："人类处于普受关注的可持续发展问题的中心。他们应享有以与自然相和谐的方式过健康而富有生产成果的生活的权利。"可持续发展的实况，要求协调人与自然界的关系，为了真正实现这个协调，也无法超越主客二分和以人为主体的界限，我们将在下一节里再作一些讨论。

四、主体的界限

主客二分与人是认识自然、变革自然和保护自然的主体，是难以超越的，靠取消人的主体资格来得到可持续发展是不现实的。现实的问题只能是如何来确认和确定人作为主体的基础、条件、界限或限度，对以人为主体的可持续发展作切合实际的分析。或者说，是要研究主体活动的合理条件和界限，使主体在其合理限度内活动，以有利于实现可持续发展。

本来，主客二分就不是绝对的，这种划分不仅取决于一定的自然历史条件，在现实生活中也是有条件的。与此有关，人作为认识自然的主体，以及作为利用自然、控制自然、改造自然、征服自然的主体，或作为顺应自然、尊重自然、爱护自然、保护自然的主体，都是有其条件和界限的。

人作为主体的界限，从根本上说，是由于人既是能动的存在物，又是受动的存在物，即人"一方面具有自然力、生命力，是能动的自然存在物；这些力量作为天赋和才能、作为欲望存在于人身上；另一方面，人作为自然的、肉体的、感性的、对象性的存在物，和动植物一样，是受动的、受制约的和受限制的存在物"。同时，人作为认识主体的能动性和受动性，与人作为实践主体、行动主体的限制和界限，又是有区别的。

从认识自然的方面来研究主体的界限，是相对地容易弄清楚的。作为认识主体的人（或人们）可能通过感性直观反映客观对象，也可能通过科学实验能动地反映自然事物的属性，但无论是直观反映还是能动反映都是反映，既是反映，这就在原则上规定了认识主体行为的界限——对象被反映的可能，主观认识反映客观对象的程度，与客观规律相符的程度等。当然，作为认识主体的人还可以和需要运用想象、幻想、构思和选择去建构科学原理和科学理论，但一切科学认识终究是要靠实践来衡量其反映客观真理的程度的。

在认识领域，主体也有可能超出其衡量界限，超出反映要求和反映标推的限度，例如可能由于从某种成见或先人之见出发得出错误的结论，例如可能发生我们通常所谓的胡思乱想。然而，一般说来，如果仅仅是认识主体超越了其合理限度，是相对易于发现和改正的；特别是在认识自然现象上的越界，其实际危害可能并不都是直接的或十分严重的。

从实践的或人类变革自然的方面来研究主体和主体的界限，就要复杂和困难得多。认识领域的主体与客体基本上可以由反映者与被反映者来认定，只要我们不是把反映简单地等同于直观；进行科学实验、理性思考和理论建构的人们也是认识主体。实践领域的主体与客体的划分不能就靠反映标准，而且还不限于和要超出认识标准，这就使实践主体与实践客体成为难以界定的概念。例如，我们就不能简单地断定"由于人是认识主体因而也就是实践主体"，因为这种论断并没有回答何谓实践主体。当然，也可以有一个简单的准则来判定实践领域里何者是主体，何者是客体：在两个相互作用的自然物如 AB 间，如果是 A 主动地、能动地作用于 B，而 B 则被动地接受 A 的作用，那么，就可以说 A 是主体，B 是客体。据此，由于人是主动地、能动地作用于（变革）其他自然物，因而，在人与自然界的关系中，人乃是实践主体，自然界是客体。

在这里，我们不再来讨论人作为实践主体是否有根据，以及是否能够和是否应当取消人类作为实践主体的资格，而只是探讨人作为实践主体、活动主体的界限问题。要求作为实践主体的人们要有正确的、科学的认识，这可以是实践主体保持其在合理限度内活动的一个前提；如果人们的指导思想（包括自然观）是错误的或有重大错误，人们的实践活动就会超出合理的限度而成为无效的、失败的、破坏性的乃至是灾难性的。但是，实践主体活动的合理界限并不仅仅是，甚至首先和主要不是观念上的正确与否，正当、效率、效益、真诚、善良、美好等也是实践活动所需要的，也应当成为衡量实践主体界限的标准。从人类的可持续发展看，既满足当代人的需要和发展，又顾及后代人的需要和利益，则是我们衡量实践主体界限的尺度。

于是，这里就需要研究人类是否和为何会超越实践主体的合理界限问题，需要研究人类何以可能、在何时何处、如何和在何种程度上超出这个界限——当然，这些问题并不是一节一书就能说明白的。在这里仍然是以陈述困难为主：人作为实践主体，可能不以正确反映作为活动的前提，可能在认识上受"关心度矛盾"制约而限于近视和盲目，可能由于有明显的、现实的、诱人的利益驱动而在行动上一往无前、无所顾忌，有强大动力却方向不明、目标不合理，这种情况在实践领域并不是罕有的。

在现实生活中经常会遇到行动主体、实践主体超越其合理界限的情况。小如参与吃热狗、喝啤酒的比赛，大如赌博、吸毒、侵略；已经发生的对于生态环境的破坏，固然有多方面的原因，而人类作为实践主体的活动超出了其合理界限，确实是重要的因素之一。科学实验和生产实践是检验和纠正认识主体超越其界限的标准和手段，以实践作为检验认识真理性的标准可以使人们重视使自己的认识活动尽量保持合理界限，符合反映要求。那么，是否有一种规范和准则来判断、检验、警告人们已超越其实践主体的合理界限呢？就人与自然界的关系来考虑实践主体、活动主体的合理界限，最抽象地说，就是要在自然规律和自然承载力允许的范围内；从反面说，就是不会遭到自然界的报复和惩罚。是否遭到自然界的报复和惩罚，可以看做是检验和纠正实践主体、活动主体超越其界限的标准和警示器。

在人与自然界的关系中，通常可以认为人是主体。但这里也有几种"非通常"的情况：一是人在被作为科学研究的对象时，人会首先或同时又是客体；二是在人受到盲目的自然力（如地震、飓风等）支配并处于完全被动地位时，人是不能成为（和想象为）主体的；三是在人们受到自然界的报复时，也可以说他们已经和正在丧失其主体地位，例如，如果是由于忽视水土保持而引来洪水泛滥，那些正被洪水冲走的人们，还能成为实践主体或行动主体吗，总之，在人与自然界的关系中，不仅在远古时代人不成其为主体而在更大的程度上是被动体；在任何时代和条件下，人都不可能是完全主动的绝对的主体。相反，在一些情况下，人只是被动地接受大自然的命令和摆布，听任大自然的安排和处置；在另一些场合，自然界还会成为"主体发动者",而人则处于"客体受动者"的地位。

在人与自然界的关系中,人类作为活动主体、实践主体可能超越其合理界限,从而受到自然界的报复和惩罚,陷入困境,丧失其主体地位,这是完全可能的,却并不是我们(人类)所期望的——我们只可能有"人类的期望"。为了保持人类活动的合理界限,我们需要一个基本的准则,那就是——人与自然的协调发展。

第六章　协调人与自然的关系

主客二分难以超越，但这并不意味着人与自然的关系只能是对立的，或只有对立的一个方面，更不是说人类应当把自然界看做是自己的征服对象或奴仆。那么，在人类与自然之间，究竟应当有怎样的一种关系，或用一种什么概念和提法来表述这种关系呢。人与自然的协调发展、人与自然的共同进化或和谐，就是取代人要做大自然主人的一些提法。

"人与自然协调发展"这一现代提法的产生，也应当归功于罗马俱乐部。针对严重的全球性向题和人类生存的"极限危机"，罗马俱乐部的第二个报告特别强调了："人类必须开始对自然采取一种新的态度，它必须建立在协调关系之上而不是征服关系之上。"① 目前，在有关可持续发展和生态环境问题的文献中，在各种自然辩证法教材中，以及在介绍现代科学技术知识的读本中，几乎都能找到专章专节在讨论和说明"人与自然协调发展"的提法，并大都指出，为了人类的未来，为了实现可持续发展，人们需要在自然现上有一个重大的转变：即要从人与自然的对立（天人对立）转到实现人与自然的和谐（天人协调）。确实，人与自然的协调发展是非常重要的，如果要用一句话或几个字来概括人对自己与自然界应当有什么样的关系，来概括"可持续发展的自然观"，也可以说，这就是"人与自然的协调发展"。然而，尽管人们都确认人与自然的协调发展，在这个问题上的意见仍然会有所不同，或者说，人们对这个"协调发展"仍有着并不完全协调一致的观点，对于人与自然的关系应当由谁来协调（协调的主体），协调什么（协调的内容），怎样来协调（协调的途径和办法）等，常有不尽相同的看法。也可以说，对于人与自然的协调发展，也既需要研究其重要性，也需要研究其矛盾和对策。本章拟着重探讨在这个问题上的不同观点，包括对"非人类中心主义"观点的批评；只是为了避免文字过长，将主要讨论

---

① 梅萨罗维克等：《人类处于转折点》，三联书店，1987：148

不同的意见或陈述己见，减少引证。

一、发展与"共同进化"

人与自然协调发展，已是当今世界学者们公认的提法；近几年里，我国的学者尤其重视研究和宣传这个观点。为了论证人与自然协调的渊源和重要，有的文章详细考察了我国古代的"天人合一"，有的文章引述了马克思和恩格斯就提到过"人与自然统一"和"人与自然界的和谐"的思想。

但是，如果仔细地推敲，我们仍能发现，人们对人与自然协调发展的地位、含义和意义是有不同解释的；而这里的意见不同，又会导致对可持续发展的不同理解，乃至影响可持续发展的实现。

首先，是怎样认识可持续发展同人与自然协调发展的关系。在这个问题上，可以看到，在不少文章里，可持续发展同人与自然协调发展，二者几乎是同义的、并列的；或者说，"可持续"就意味着"人与自然协调"。

把可持续发展等同于人与自然的协调发展，这样一种说法就是可以商榷的。人与自然的协调发展对于实现可持续发展固然很重要，但这是否就等于说可持续发展的核心就是人与自然的协调，或可持续发展在本质上就是人与自然的协调发展呢？如果"可持续"与"人与自然协调"并不完全是同义的、并列的，人与自然的协调发展在实现可持续发展中又究竟占有什么地位，二者之间究竟有什么样的关系或哪些关系呢？

回答这些问题难免是要咬文嚼字的（要使概念和论断明晰，需要咬文嚼字），为了避免过于复杂，这里只说几点结论性的看法：①可持续发展是基于经济增长导致的生态环境问题提出的，可持续发展的核心或本质的内容，首先是经济与环境的协调发展。②经济与环境的协调发展是根本的，它要求和规定着人与自然的协调发展，人与自然的协调发展，要服务或服从于经济与环境的协调发展。③没有人与自然的协调发展，也不能有经济与环境的协调发展；人与自然的协调发展是经济与环境协调发展的必要条件。当然，这几点看法及其顺序本身是可以商榷的。

不管人与自然协调发展在实现可持续发展中有何地位，起何作用，它与经济、环境和其他方面有何关系，要求实现人与自然协调发展终归是必要的、重要的。但是，我们在肯定"人与自然协调发展"时，对这个提法再做点推敲辨识或咬文嚼字，从而有助于对这个提法的明晰理解，仍是有必要的；这样做，可能比全然毋庸置疑地采纳、接受和拥护这个提法要好些。我以为，"人与自然协调发展"的论断，从语法到内涵并不是很清晰的：是描述一种状态，还是提出一种要求？如果是一种要求，那么又是"谁"向"谁"提出的要求。总之，只说"人与自然的协调发展"，其指称和含义似乎还比较模糊；而正因为有其不确定性，对于这个基本的提法，就可以作不同的解释。

如果我们仅从字面上理解协调发展中"协调"一词的含义，它大体上就是配合、匹配、适应、保持一致或同步的意思。由此，对人与自然的协调发展就至少可以作以下的几种解释：

一是把它解释为人（人类）在发展，自然界的变化或"行为"要去与人类（社会）的发展相配合、相适应。即使是"绝对的人类中心主义者"，大概也不会提出这种主张，而实际上也做不到这种"协调"——人类社会和人类文明发展很快，近几百年的变化比以往的百万年快，近半个世纪的变化比以往的几百年快，要求援慢演化着的自然界同以加速度向前发展的人类文明去配合、适应，去保持一致或同步，是难以设想的。

二是把它解释为自然界在变化发展，人类的行为（社会发展和社会生活）要去与自然界的运动变化相配合、相适应。或许有所谓"自然中心主义者"会主张这种观点，但这种协调实际上也是做不到的——自然界本身的发展和演化，如太阳的演化、地球和地层的演化、高山大海的演化、生物物种的进化，是缓慢的，常常以千年万年乃至上亿年为时间尺度，要求人类社会和人类文明同渐进的自然演化去配合、适应，去保持同步或一致，同样是难以设想的。

三是把它大体上解释为，人们要使自己的观念、生活、生产和其他活动，与尊重自然规律、认真考虑自然条件的可能性和承载力统一起来。也就是说，人与自然的协调发展意味着：人类要把自己看作是自然的一部分；不把自然界看作是异己的、被征服的、被主宰的对象；要合理使用并提高自然资源基础，努力保持可再生的自然资源，特别是保持生物资源的永续利用；要保护自然生态和自然环境，尽一切可能减少对生态环境的污染和损害。

这里的第三种解释未必就是十分确切的、全面的，未必就抓住了人与自然协调发展的根本，但有一点似乎是明确的，即"人与自然协调发展"的发展，并不是无主体的发展，也不是以人与自然的"联合主体"的发展，或以"人与自然"系统为主体的发展，而是以人（人类）为主体的人与自然的协调发展。或者说,是要由人们自己(以人为主体)要求自己来协调与自然界的关系,即:既不是要求自然与人协调,也不是无主体的自动协调,提出要求协调者,被要求协调者,进行协调者,都是人。在这个问题上,我以为必须明确:"人与自然的关系要靠人来协调,而且只有人才能协调这种关系。"[1]当然,人并不是在任何时候都能够意识到和提出要与自然协调的,也不是在任何时候都在实现这种协调或协调得好的。

本章的标题用了"协调人与自然的关系",而没有用"人与自然的协调",这里的差异并没有什么特别的意思,仅仅是为了表达需要去协调,而把其主词空缺——提醒人与自然的协调需要有主体,需要以人为主体。

但是,也确有一种观点,认为人与自然的协调发展是无主体的,按照这种观点,人与自然的协调发展,表示自然界与人类都在发展,二者要互相协调、互相配合、互相适应;这里只有二者的相互协调,不存在"谁"来进行协调,"谁"来搞配合的问题。或许,人与自然"共同进化"的提法,就属于这种无主体的"协调"。例如,外国的和我国的学者中都有人认为,最终的尺度是以"人与自然"系统为中心,是要有这一系统的完整与健全,它的和谐发展共同进化——双赢。

所谓"共同进化"确实是存在的,共同进化本是生物学上的一个术语,原指一个生物物种的性状作为对另一个物种性状的反应而进化;而后一个物种的这一性状本身又是作为前一物种性状的反应而进化,如植物与食植昆虫之间进化的相互影响。在这里,确实不能说其中一个物种就是主体,而另一个物种就是客体,这两个物种乃是互为主体互为客体。

然而,如果要说人的进化与自然进化也是互为主体互为客体,即共同进化,问题就复杂了。

人或人类的进化是易于说明的,"自然进化"就不那么容易讲得清楚。进化、发展是相近的概念,与运动、变化的概念是不尽相同的。进化、发展通常是指上升方向的运动,是指由低级到高级、由简单到复杂的变化;对于难以确定其方向性的运动和变化,特别是对于下降方向的运动,由高级到低级、由复杂到简单的变化,是不能称之为进化或发展的。除了对于生物物种我们常讲到其进化,对于自然事物、自然过程,对于无视界,我们通常用"演化"一词来反映其运动变化,如宇宙的演化、恒星的演化、太阳的演化、地球的演化、化学元素的演化等。在这里,演化既指上升的

---

[1] 柳树滋:《大自然观——关于绿色道路的哲学思考》,人民出版社,1993:322

运动，如元素的产生、形成，也指下降的运动如星体的瓦解、消亡；在这个方面，通常不说太阳的进化、地球的进化、元素的进化。

当然，自然界中有进化，人就是自然（生物）进化的产物；而且，在人类产生以后，人仍然有进化，即有了人类与自然的"同时进化"。不仅如此，在人类产生以后，天然自然的演化、生物的演化和进化，仍然在影响人类的演化和进化——尽管这种影响是不明显的，人类的进化也在影响自然的演化和进化——如人类的劳动明显地改变了天然自然的自在状况，创造了人工自然。

现在的问题是，在有了人以后，就人与自然的关系看，除了一般意义上仍有人与自然的"同时进化"外，是否还可以说就有了特殊意义上的人与自然的"共同进化"，即人与自然互为主体或无主体的共同进化呢？当然，即使是在今天，自然的演化仍然会影响人的进化，人类及社会的进化也会影响到自然的进化，但这种影响都不是明显的、同步的，远没有达到"共同进化"或可能"双赢"的程度。

二、保护生态与改造自然

人与自然的协调发展，人要协调自己与自然的关系，人作为主体要做好这种协调，那么，这里的协调究竟包含着什么内容，表现于哪些方面呢？在这个问题上，我们常见到的是以下的观点：协调就是和谐，就是从过去的征服自然转到尊重自然，从破坏自然转到保护自然，从掠夺自然转到善待自然。这些观点其实是有理由的，再不充分重视尊重自然规律，再不把保扩生态环境放在生命有关的地位，再不像爱护母亲一样爱护自然，就不会有人与自然的协调。

但是，对于实现可持续发展，对于人与自然的协调发展，只提出和要求保护自然和保护生态环境是不够的，还需要具体地回答我们究竟要保护什么，为什么要作这种保护。例如，我们为什么需要保护大气层和臭氧层，为什么要保护水土和森林，为什么要保护南极？例如，人们为什么只提到要保护地球、拯救地球，而不想到和提出要保护月亮、保护流星、保护雷电？例如，我们是否需要和应当保护一切野生动植物，我们为什么要保护老虎、熊猫，我们为什么要保护松鼠而不保护老鼠，我们为什么不可以或不应当保护蝗虫、苍蝇、蚊子？

已经有许多文献讲到生态环境保护的问题，包括为什么要"保护"臭氧层（减少对臭氧层的破坏），为什么要兴建野生动物保护区，保护古树等。在理论上，也已从多方面分析论证了保护自然、保护生态环境的必要：① 保护自然环境就是保护我们的（人类的）直接生存条件，例如，必须保护大气，保护江河、湖泊、溪流、山泉，保护土壤、农田、森林、草原、植被；② 保护生态环境就是要保护生物圈和食物链，例如，对动物界必须保护蛇、麻雀、狼、熊、老虎、鲸、鲨鱼；③ 保扩生态特别要注意保护益鸟、益虫，以及保护害虫的天敌，例如，保护啄木鸟、杜鹃、猫、蛙、蜂；④ 保护自然特别是保护生物的多样性，其原因之一，是我们对许多生物物种的生活机制、遗传机制至今还没有弄明白，例如，蚕如何把桑叶"加工"为丝，熊猫吃竹子何以会长得那么胖，蝙蝠怎样进行季节性迁徙等等，保护生物的多样性就是要保护无限丰富的基因库，就是要保护无限宝贵的人类的知识库；⑤ 保护自然生态环境特别是保护珍稀生物也是观赏的需要，如保护威武的狮子和老虎、美丽的孔雀等。

保护的原则和尺度，也就是不保护的界限。例如，即使是坚决的动物保护主义者也不会提出要保护老鼠、蝗虫、松毛虫、白蚁、棉蛉虫，也不会反对要消灭苍蝇、蚊子、臭虫、血吸虫。当然，这种保护与不保护的界限必然是有其相对性的，一些害虫为祸不应保护，但它们作为食物链的环节又不应消灭，这里的界限就不可能是泾渭分明的；尽管如此，我们终究要大致确认生态环境的保护、动植物的保护，是有原则性界限的。

当然，保护与不保护的界限只是相对的，毒草丛生需要铲除，珍稀植物需要保护，害虫需要驱赶，一切虫鸟又都是食物链的一环、基因库的一角，在有的场合，这个矛盾并不是可以轻易辨识和解决的——虽然这只是有关可持续发展和生态保护矛盾的一个小小的角落。何况对某一种生物（如麻雀）究竟主要是有害还是有益，有时还难以定论。

保护自然生态环境，只是人与自然协调的一个方面，协调与保护、友好、和平共处、和谐，并不完全是同一的或同义的概念。在一般意义上说，凡是要讲协调或需要协调的场合，都意味着那里或那时有某种矛盾；如果完全没有任何矛盾，也就根本无所谓协调了。人与自然的协调，也意味着人与自然亦有其矛盾的方面，这就是说，人与自然的协调，除了要求保护自然，还要求克服矛盾，即有改造自然的方面。现在常见到一种说法是特别强调自然界对人类友好，自然界繁育、抚养或养育了人类，为人类创造了生存繁衍的条件，对人类是和谐的，只是人对自然不友好、不保护；按照这种说法，人与自然的协调，似乎就是无矛盾的和谐，是自然而然的协调，而不是矛盾统一的和谐，不是经过斗争实现的协调；按照这种观点，人类对自然界当然只能持友好共处的态度，不能再去改造自然，更不要讲与自然斗争了。

自然界并不就是人类的抚育者或与人为善的。人类至少有两个方面或两种需要去改变、变革或改造自然：其一是自然界提供了人的生存的可能性，但没有造成人类生活的现实性；其二是自然界形成了人类产生、发育的优越条件，同时又向人"提供"了威胁——灾害。

土地、江河、森林、矿藏等是自然界给人类生存的恩赐，但自然界并没有赐给人们石刀、陶器、农产品、衣服、住房、舟车；社会财富是土地、矿藏等与人类劳动结合的创造，单纯的自然界和单纯的劳动都不能创造财富。而"劳动首先是人和自然之间的过程，是人以自身的活动来引起、调整和控制人和自然之间的物质变换的过程"①，这里说的物质变换，就是要改变自在自然的原来状况，就是要改造自然。列宁在评述黑格尔的《逻辑学》一书时曾讲了一段名言："世界不会满足人，人决心以自己的行动来改变世界。"② 在我们今天讨论人类主体问题时，列宁的这一段话更值得深思。

人类改造自然的必要，是与自然灾害的发生和存在密切相关的。某些主张非人类中心主义或回避、反对改造自然的论著，讲了不少自然界善待人类、对得起人类，而人类却伤害自然、对不起自然的话和事例，但这些著作却很少讲到或几乎不提自然灾害，即或提到，也往往认为灾害主要是人为因素造成的，所谓"天灾八九是人祸"，就是一种有代表性的观点。

考虑到灾害问题对认识和协调人与自然的关系有特殊重要的意义，考虑到对灾害的态度有助于说明人类除了要顺应、保护自然，还要不要改造自然乃至与自然作斗争的问题，这里有必要对灾害多说几句话。

第一，正如就自然界本身看，是无所谓益鸟害鸟、益虫害虫那样，自然界本身也是无所谓灾害与非灾害的；自然界本身有的只是自身的运动和演化，灾害、丰年、瑞雪等只是对人而言的，是以人为主体或中心的概念。"我们居住的地球从47亿年前至今，一直在不断地演化，……而且还在持续不断地发生一系列的小的变化。这些不断发生的小的变化，对自然界而言，只是地球自身演化过程中的微调。然而，站在人类立场上说，这些微

① 《马克思恩格斯选集》第23卷，人民出版社，1997：201
② 《列宁全集》第38卷，人民出版社，1997：229

调却是对人类生存的严重威胁。"①

第二，自然本身有变异，人类的活动也能诱发或引起自然的变异，这些变异无时无刻不在发生，当这种变异给人类社会带来危害时，即构成自然灾害。一些专门研究灾害科学的学者在分析灾害成因时，把自然本身变异带来的危害称为"大自然的暴行"，把由于人类活动引发的自然变异带来的危害称为"大自然的报复"，这种划分是有见地的，但需要作两点补充：①对自然本身来说是无所谓暴行或报复的，大自然没有对人类施暴的意图，也没有对人类报复的打算，我们常用的关于大自然报复的提法只是恩格斯为了警告人们必须尊重自然规律，必须充分重视自然对人类的反作用的尖锐化的观点；②要区分大自然的暴行和大自然的报复，区分自然灾害中自然本身的变异与人类活动引发的变异，特别是要做出定量的估计是相当困难的，例如，对于旱灾、洪涝、台风、风暴潮、冻害、雹灾、海啸、地震、火山爆发、泥石流、森林火灾、农林病虫害等经常发生的自然灾害，我们就很难笼统地给出"天灾八九是人祸"的结论。

第三，由于有自然灾害的存在，人类是需要去对付的，或是需要去改造自然乃至去与自然作斗争的；在这里不能完全只讲与自然协调、和谐、友好和和平共处。当然，我们不可能完全避免自然灾害的发生，人类所能做的也不过是防灾、抗灾或减灾，即掌握致灾规律，增强减灾意识，完善防灾措施，组织抗灾力量，补偿灾后损失。我们需要去开山筑坝，兴修水利，我们需要去兴修防风林带，灭杀危害农作物的蝗虫和其他的病虫，更需要在旱灾、暴雨、台风、地震来临时奋起抗争，这些难道都是和谐，都与改造、斗争无关吗？如果人们不与自然灾害作斗争，人类就不能生存，更何谈到发展呢？马克思曾经说过："像野蛮人为了满足自己的需要，为了维持和再生产自己的生命，必须与自然进行斗争一样，文明人也必须这样做；而且在一切社会形态中，在一切可能的生产方式中，他都必须这样做。"②

对于自然，人们既要保护又要改造，这应当是人与自然协调的两个方面或全部。在这个意义上，人与自然的协调，同人与自然的和谐，并不完全是相同的含义；也许，为了表示这里有某些区别，为了避免协调一词可能有模糊性，似乎可以考虑用"整合"或"调适"的概念来反映人与自然

---

① 宋健：《现代科学技术基础知识》，科学出版社，中央党校出版社，1994：433
② 《马克思恩格斯选集》第25卷，人民出版社，1997：926

的关系，即采用整合人与自然关系的提法，因为整合一词或许更能反映既保护自然又改造自然的统一。

三、尊重自然与善待生命

人们早已讲过要尊重自然，在实现人与自然的协调发展时，更特别强调要尊重自然；尊重自然的提法已得到广泛的认同。但是，在究竟应当怎样理解尊重自然，怎样确定尊重自然的内涵和外延上，以及在尊重自然的前提下人们可以做什么和怎样做等问题上，同是主张尊重自然的人，其看法和态度也会有很大的差异。

认同尊重自然的人们，都认为人应当尊重自然的存在，尊重自然的规律；唯物主义者更强调自然规律的客观性，强调人们只有在尊重客观自然规律的基础上才能发挥主观能动性，不尊重自然规律，则会在实践中失效，受自然界和自然规律惩罚。然而，也有一些人在说明尊重自然时，不是特别强调在认识上要尊重自然规律，而是更强调在实际上要严肃地而不是轻率地对待自然，要保护自然而不能去掠夺自然、破坏自然，这样来认同尊重自然也无可非议。

主张要尊重自然的人们，除了提到要尊重自然规律、要保护自然外，有的还提出了尊重自然的另外一些要求和内容，例如认为要尊重自然就得尊重自然的内在价值、尊重自然的利益、尊重自然的发展权利、尊重生命等。他们认为，要实现人与自然的协调发展，在理论要求上，就是要确立自然界的价值和自然界的权利的理论；在实践要求上，就是要保护地球上的生命和自然界。对于这样的一些理论观点。本书在这里只能作简要的述评。

关于"尊重自然的内在价值"，国内外都有一些学者认为，要尊重自然，首先是要尊重自然的内在价值。他们提出，自然价值可以从内在的与外在的两种尺度进行评价：从人的尺度进行评价，这是自然界的外在价值，即自然可以被人利用的价值，作为人的工具的价值；从自然界自身的尺度，这是自然界的内在价值，即生命和自然界的生存。"自然价值不仅是它对人的价值（自然界的外在价值），而且是它本身的价值（自然界的内在价值）。"按照这种观点，人类之所以去征服自然、掠夺自然、破坏自然，根源就是把自然看作是时自己有用的东西，仅仅是可以去利用的，仅仅看到了自然的外在价值或工具价值；不批判这种工具价值观，不确认自然的内在价值，就不可能有人与自然的协调发展。

学术界对这种观点已有所讨论。有人指出，所谓价值，本来就是对人有意义而言的，人是理所当然的价值中心，价值只是对人来说才存在，只有人才是价值主体，因而离开人所谓的自然价值和自然的内在价值是不存在的，也是不科学的提法。

我同意人是价值主体的观点，同时，我也认为自然价值有其内在性和客观性的观点是有道理的。一个物体有重量固然是相对于砝码来看的，是从砝码来衡量其有重量，但物体的重量（质量）又是物体自身的客观的属性，不能说物体的重量是砝码给予物体的。同样的道理，一个对象有价值固然是相对于人而言的，是从人来衡量其有价值，但这个对象的价值又是它自身的客观的属性，不能说某个对象的价值是人赋予这个对象的。从另一个方面说，如果一个对象自身是完全没有价值属性的，或毫无自身的内容（要素、结构、功能、特质），又何以对人有价值，因此，我以为不能全盘否定自然价值、自然物的内在价值的提法，而应当同意："自然价值是自然的性质，它作为自然界的创造是一种被储存的成就。它的存在是不以人的意志为转移的，因而是客观的。"[①]

自然物有其内在价值，但问题是，自然界有没有两种独立的价值——内在价值与外在价值（或有点贬义的工具价值），内在价值是否可以独立表现出来；对自然的污染破坏等是否就源于只承认工具价值，否认内在价值；要实现人与自然的协调发展是否必须肯定独立的内在价值。

其实，价值本来就是内在与外在的统一，单独的"内"与单独的"外"，都无法衡量价值。物体的重量既要有物体自身的质量，又要有砝码。商品的价值既要有生产它的社会必要劳动，又要有交换。自然物如煤的价值既在于它是碳和含有能量，又能与其他元素化合燃烧或生成有机物被利用。就此而言，物体的重量没有砝码就不能表现出来，商品的价值没有交换就不能表现出来，煤的价值没有燃烧或生成可利用的化合物就不能表现出来。独立地或孤立地提出内在价值，把内在价值与所谓外在价值、工具价值对立起来，是不可取的。

坚决主张内在价值的人们，特别提到地球的内在价值、地球母亲的内在价值，反对所谓只承认地球的工具价值。他们有一个似乎是无法辩驳的

[①] 余谋昌：《文化新世纪——生态文化理论阐释》，东北林业大学出版社，1996：74

质问：难道我们能说自己的母亲只有对自己的工具价值，而没有母亲的内在价值或自身价值吗？其实，这个十分尖锐的问题是不难解释的：①作为母亲，当然有她自身的或内在的价值，这就是她的生育哺乳能力、人品、文化修养、牺牲精神等。这些是她成为伟大的母亲的根据，这些素质是母亲自己具有的，不是子女赋予的；②但作为母亲，正是因为她有子女，是子女使某位妇女成为（表现为）母亲，没有子女的妇女不是母亲；③所谓好母亲，仅就作为好母亲这点，而不是就一位妇女是好教师、好医生来说，正是在于她有（她培育了）好子女，离开好子女谈好母亲，就有点像离开好学生讲有好教师，离开病愈患者讲有好医生。对于母亲，当然不能只讲"工具价值"，也不能只讲无任何外在表现的"内在价值"。

　　因此，我以为，尊重自然是可以包括尊重自然规律和尊重自然价值的，但在这里不必也不可能孤立地强调自然的内在价值，斥责工具价值或以人为主体的价值。自然物的价值在于它自身，又在于它对人有意义，问题只是这里对人有意义，应当不仅考虑到对当代人有意义，还要估计到对后代人有意义，不仅是考虑到对人的局部利益和眼前利益有意义，还要对全局利益、长远利益有意义，这样来讨论尊重自然价值同人与自然协调发展的关系，才可能是既现实又清楚的。

　　除了自然价值，国内外也有一些学者认为，要尊重自然，就必须尊重自然利益和自然权利，要建立起关于"确认自然的利益和权利的理论"。当然，这里也有一些区别。有的人主张，一切自然物，包括非生命的自然物、无机物，都是有其利益、权利和尊严的，例如，认为"土地具有继续存在于一种自然状态中的权利"，"大地、水、岩石、泉、河流、海，这一切都有尊严性"。在这里不准备讨论这类看法，至少是因为所谓地球的利益、月亮的权利、泰山的权利、石油的尊严等是难以理解的。

　　另一些学者更强调自然利益是作为生物生存的概念，即认为自然界的利益是指地球上生物物种和生态系统的持续生存，它同人一样满足生存的基本需要，共享地球生态资源。并且认为，只承认人的利益和权利，不承认、不尊重生物发展的权利，乃是导致生态环境破坏的根源。他们主张，生态文明的发展现首先是强调自然界本身具有发展权，"不仅人类，而且自然界的其他要素——从生物物种到生态系统——也具有不容否定的发展权利。如果只承认人的生存发展权，那么大多数破坏自然的行为都可以在保证人的生存的理由下正当化和合法化。传统工业文明正是从这里出发引发出了各种侵犯自然的恶果，导致了人类社会经济发展的不可持续性。"[1]

讲生命物质或生物有其利益，可能是有理由的。因为生物不仅要生存，而且有其生长进化的方向，自然环境成人工条件可能对生物的生存、生长发育和进化有利，也可能不利于生物的生存和生长，就这点可以说生物有其利益；但就此来一般地讲人要尊重自然利益、生物利益却值得商榷，如果再扩大而言讲自然（生物）的权力、权利就更难论证了。

为了讨论自然权利、生物权利，有必要对萨克塞讲的"动物是不犯罪的"[2] 这句话作一些发挥：①动物不犯罪，动物做什么事情都是"对"的，大鱼吃小鱼，小鱼吃虾米，对鱼有利或符合鱼的利益，这里并没有什么罪过或错误，因为这只是"动物的自然"或本能；②动物不犯罪，动物也没有义务，猪马牛羊没有义务，既没有义务，又何谈权利；当然，一些高等动物也要哺育后代，这也是出于其本能，而不是在尽义务；③动物不犯罪，动物没有法律和伦理规范，也不遵守法律和伦理规范，而权利、义务乃是法律或伦理的范畴。

简言之，非人类中心主义的所谓生物的利益、权力、权利等概念，乃是把自然拟人化的结果，或者说，是把人类中心主义的一套概念移用于"非人类"，而这样一来就把问题复杂化了。本来，我们对于动物的行为是有一套适用的概念的，例如说动物有其存在的必然，动物需要有适宜的生长条件，动物必须有其食物链，动物与其他生物之间有生存竞争；然而，如果我们非得把对人类社会适用的概念用于低一级的动物界，那就很可能使问题复杂化。

明确了自然价值、自然权利，就比较容易讨论尊重生命的问题了。国内外一些学者在论及尊重自然、保护生态时，特别强调了要尊重生命，他们提出人类由于是生命共同体中的一员，因而应当珍惜其他的生命形式，对它们保持敬畏态度，手下留情，认为这是人类文明的基本信念，生态伦理学的基本要求。例如不应该无故造成有感觉动物的不必要的痛苦，不应该轻易伤害野生动物，乃至认为妨害、毁灭一切生命包括植物和微生物都是恶。

讨论尊重生命，涉及许多具体问题，包括是否可以进行狩猎活动，是否可以实行活熊取胆，如何看待动物保护主义，如何看待生态伦理学等，

---

① 王德胜等：《自然辩证法原理》，北京师范大学出版社，1997：351

② 汉斯·萨克塞：《生态哲学》，东方出版社，1991：115

这里只从基本的观点作以下的几点分析。

尊重生命，与自然价值、自然权利的提法或许有语词上的差异。自然价值、自然利益、自然权利等，可以说都是"自然本体"的概念，是指自然本身具有价值，自然本身有其利益，自然本身应有权利，在这些概念里"自然"是主词或主体，或者说，这些概念有着明显的非人类中心主义的色彩。而尊重生命，至少从语法来看，则显然是以人为主词或主体的，而且，在这里决不主要是指人要尊重自己的生命，也不着重是指人要尊重别的人的生命——前两者可能已充分反映在自尊、自爱、博爱的概念里了，在讨论人与自然协调发展和生态问题时讲的尊重生命，特别是强调人（人类）要尊重"非人类"的生命，是指人（作为主体）要尊重其他的生命。也许，这可以看作是非人类中心主义提出的属于人类中心主义的要求。

尊重生命，如果只是通俗地或简单地理解，就是要求不杀生至少要尽量少杀生。对于是否允许杀生和应当怎样对待杀生，我们不能把它完全作为宗教问题，或把不杀生的观点作为无稽之谈批判了之。当然也不必因涉及宗教观念而不从理论上、伦理上和心理上去探讨。事实上，在现实生活中，不仅一些宗教信仰者和持宗教观点的人们有不杀生的理念，许多的普通人对杀生包括杀鱼杀鸡，都常有迟疑、畏惧或手下留情的念头和情绪，乃至不愿看到别人杀猪杀牛杀鸡，不愿听到动物被杀时的叫声。对于这样的情绪或情感，人们往往不能给予理论的解释，也不是只用"人是主体、人类需要改造自然"的提法就能分析清楚的。或许，人作为生命共同体的一员，作为动物的一员，作为高等动物的一员，对于自己的同类，确实有着不愿意和不乐于物伤其类的潜意识，或有着某种"天然的类情感"——人除了生活必需或在可能受到伤害时的自卫，确实有珍惜其他生命形式的心理情感，首先是不愿意轻易杀死牛马和其他的动物。（这里讲的"类感情"可能需要从动物心理学上探讨和得到心理学家的认可，或许，这种感情，一方面是基于某些动物如狗、马、牛、猴通人性，另一方面是人对与自己接近的高等动物，对于能接受人的指令要求的动物的满意和寄托。当然，人的"类感情"也会由此及彼，对别的动物都怀"恻隐之心"，就像《孟子》说的"君子之于禽兽也，见其生不忍见其死；闻其声，不忍食其肉"。）

如果说人在事实上有不轻易杀伤某些动物的"类感情"，人在实际上又是经常在杀生的，或者说，是经常做不到尊重生命的。其实，一切生物包括植物都是生命；姑且不讲尊重生命是否需要尊重植物，就是尊重动物也无法实现。人在许多情况下是不该、不能和无法尊重动物的，人必须捕杀对自己、对家人、对他人有害的动物，例如必须捕杀蝗虫、老鼠——老鼠是哺乳动物，但由老鼠传播的种种疾病（鼠疫、血吸虫病、出血热、斑疹伤寒、脑炎等）导致的死亡人数，超过了历次战争造成的死亡人数，而且地球现在约有60亿人口，300亿只老鼠，不灭鼠人类就难以继续生存下去。人类的出现（从猿到人）、形成和发展（特别是大脑的发育），就是与人不仅吃植物，还与人有肉食密切相关，要有火鸡、牛排、火腿就得杀生，鸡蛋也属于生命，人实际上几乎天天在杀生。当然，也有人主张在杀生时要尽量减少动物的痛苦，这个要求合理，又似乎无补于事。

实际上，人类在千万年的历史实践中，一方面固然杀伤了其他的生命，也包括着直接和间接地伤害了不该侵犯的动物及其家园；另一方面，又确实形成了一套保护其他生命或尊重生命的准则，例如意识到必须保护珍稀物种。保护珍稀物种，可以说既是人类尊重生命的一条原则，也是人类在特定情况下可以杀生或"不尊重生命"的一条界限。任何物种都是既有繁殖又有消逝的，在特定时期里，许多物种的繁殖量与消逝量大致均衡，当自然条件、生存竞争或人为因素使某个物种的消逝量大于其繁殖量时，积以时日，该物种就可能不断减少，成为稀有物种，乃至灭绝，对于那些稀有的、珍贵的物种，人类当然需要尽可能给予保护，不允许伤害、杀害。但是，在特殊的自然条件下，以及在人工环境下，也可能出现或造成某物种的繁殖量大于其自然消逝量的情况，例如，在有的国家（如肯尼亚）曾发生过量繁殖的大象、鳄鱼伤人的事情，这时，完全不杀生就可能是有害于人种的，或者是不必要的，这些国家甚至把采取的措施称为"绿色捕杀"。实际上，人类饲养鸡鸭猪牛的数量远多于野鸡、野鸭、野猪、野牛，鸡鸭猪牛这些物种的繁殖量大于其自然消逝量，在这种情况下合理杀生同保护珍稀生物是根本不同的事情。完全撇开物种的繁殖量与自然消逝量的关系，撇开这种关系对人的影响来议论尊重生命，是很难说明人何以生存的，难道人们饲养和繁殖鸡鸭猪牛，培育和种植麦稻黍豆，就是表示尊重生命？其实，尊重生命不仅是指人要尊重其他生命，首先是需要尊重人类自身，只尊重别的物种，不允许它们有任何消逝，把某些动物如猪鸡的被杀或消逝全都归之为人的过失，完全不允许人犯杀生之罪，也许有一天人就有可能成为珍稀物种了。

问题还不仅在于事实或现实情况，而且还在于"特殊的伦理理论"，例如人是否应当从尊重动物的自然权利出发而不杀生，在人与动物之间是否应当有平等。事实上，确有动物保护主义主张人与动物是平等的，提出了

"动物解放"的口号，或要求把自由、平等、博爱的伟大原则推广到动物身上去。这里不能详细评价这种平等，或许，人与动物的平等（如果有这种平等的话），是要以各种动物自身的平等为前提的；在各种动物之间构成食物链的情况下，在动物之间是生存竞争、弱肉强食的条件下，人又如何确定和实现与动物的平等呢？肉食动物要吃草食动物，杂食动物既吃动物又吃植物，人如何博爱肉食动物与草食动物，如何平等地对待草食动物与杂食动物，是平等地对待羊还是平等地对待狼，是给猫以自由还是给老鼠自由，这实在是难以决策的。

认为需要"尊至自然价值"、"确认自然权利"和"善待生命"，才能实现人与自然的协调发展，才会有利于可持续发展，这可能还只涉及一些具体的提法，更为尖锐和广泛些的问题是，我们是否承认和肯定与这些提法有关的学科——生态伦理学和环境伦理学，还是认为生态伦理学和环境伦理学并不是什么学科或科学。在本节里要讲清楚这个问题是困难的，也只能说一点基本的看法。

对于生态伦理学和环境伦理学，实际上是存在着两种观点的：

一种观点是认为，生态伦理学与环境伦理学同职业伦理学、家庭伦理学、医学伦理学、科技伦理学等相似，都是讨论特定问题上的伦理规范，乃至是一般伦理规范在特定领域的具体化，如家庭伦理学是有关家庭问题的伦理学，医学伦理学是有关医疗卫生问题的伦理学。按照这种理解，生态伦理学乃是关于生态问题的伦理学，环境伦理学乃是关于环境问题的伦理学。

另一种观点是认为，生态伦理学和环境伦理学乃是要求人向生态环境讲道德，向大地讲道德，向其他生物讲道德，向别的动物讲道德，即要把原来是人向其他人讲道德推广、扩大到人以外的领域，要向"非人类"至少是要向整个生物界讲道德。按照这种观点，伦理学可以分为两个大的方面：研究人与人应如何相处，是人类伦理学，研究人与自然应如何相处，则是生态伦理学或环境伦理学；而且，这样的生态伦理学和环境伦理学在多数场合，几乎也就是非人类中心主义。

我以为前一种意义上的生态伦理学和环境伦理学是应当承认和肯定的，如果说这样的学科现在还没有建立起来或不够完善，那就应当努力探索研讨，使它们尽早尽快成熟起来。例如，需要明确人们享有清洁的生存环境的权利，明确人们对保护生态环境应尽的义务，明确对于破坏生态环境者的应负的责任，明确对损害花草、伤害保护动物、杀害珍稀动物等的谴责尺度和谴责方式等。

但是，如果是后一种意义上的生态伦理学和环境伦理学，就值得商榷了。固然，爱护与保护生态环境在今天有极为重要的意义，甚至是当今时代的最主要的社会公德，我们不仅应当把爱护生态环境、保护生态环境作为重要的伦理规范和道德要求，而且必须用法律的条文和手段来惩治破坏生态、污染环境的人；然而，这却并不意味着我们不是对人讲道德，而是对自然、对其他生物、对环境讲道德。如前所述，土地、其他生物和动物是没有义务或责任的，动物是不犯罪的，动物谈不到尽义务，因而也没有与义务相关的权利；对于既没有或无所谓义务权利的土地和别的生物，我们有什么办法同它们讲道德呢？不与土地讲道德，不与野生动物讲道德，不与空气、溪水讲道德，决不是说没有关于保护土地的道德、关于动物保护的道德和关于保护江湖河海的道德；问题只是，所有这些道德，仍是以人为主体的，仍是人与人之间的道德，只不过需要特别强调这不仅是作为主体的人关心自己、关心家人、关心周围他人的利益和权利，而且是关心后代人的利益和权利的道德。或者说，正因为考虑到后代人也有获得地球资源和享受优良环境的权利，当代人就有避免浪费资源和保护环境的义务。反过来说，如果我们当代人不是从关心他人和后人考虑，或极而言之，如果在我们之外和之后就再没有别人和后人，如果人类不复存在，我们究竟又为了什么目的去关心地球，究竟有什么必要去关心森林，究竟又如何去关心熊猫呢？

与此相关，人们在土地问题、动物问题、环境问题上是可以和应当讲善恶的。爱护土地、耕地是善，爱护熊猫、白鳍豚是善，因为这对自己、家人、他人和后代都有益，符合他人和后人的利益和权利；破坏土地和耕地是恶，杀害珍稀动物是恶，因为这危害于他人和后代——如果这就是人类中心主义，一则没有什么奇怪或是"无可奈何"；二则这并不是仅仅有利于个人利益、局部利益和当前利益的人类中心主义，或者可以说这是"后人类中心主义"，即批判和扬弃了狭隘的人类中心主义的、更多考虑到人们后代的人类中心主义。或许，这样一种后人类中心主义的自然观和价值观，会有助于讨论人与自然协调发展和可持续发展的问题。

最后，需要指出，尽管我个人不大同意目前生态伦理学界提出的一些观点，这样一些观点仍是值得我们认真研究的，而且是包含着合理成分的。例如，对生态伦理学提出的道德原则可以不尽赞同，但却不能置之不顾，不去思考；由环境伦理学提出的可持续生存的世界道德的三项原则是：

"①所有的人享有生存环境不受污染和破坏，从而能够过健康和健全的生活的权利；并且承担有责任保护（不损害）环境并使子孙后代的生存环境不被破坏的责任；②地球上所有生物物种享有其栖息地不受污染和破坏，从而能够持续生存的权利；人类承担有保护生态系统和基本生态过程的责任；③每一个个人都义务关心他人和关心其他生命，确认侵犯他人和生物物种生存权利的行为是违反人类责任的行为，要禁止这种不道德的行为。"①虽然何谓世界可持续生存的世界道德，及它有哪些基本的规范和原则，都还有待探讨、商榷，虽然我并不完全赞成这三项中的每句话，但提出这个问题就可取，何况这三项的每一条都包含着合理的东西。

即使是对生态伦理学有困惑的问题，也应当是有启发的。例如，在关于利益、权利的问题上，非人类中心主义就认真提出了很现实的问题，并作了很值得深思的回答；我们尽管可以不赞成自然利益、动物权利的概念，却也不能对他们提出的问题和回答置之不理。

对于利益和权利，有些主张非人类中心主义的学者提出了两种尺度，强调了要确认自然的和生命的尺度，但也不否认还有人和社会的尺度，并认为这两种利益尺度都是合理的——从前一个尺度出发，生物和自然界的生存应当受到尊重，从后一个尺度出发，人可以开发和利用自然界。并且还认为，有了这样的两个尺度，就可以既为人类自身增进利益，又为生物和自然界增进利益，实现人与自然的协调发展。

不仅如此，主张非人类中心主义的学者还提出和探讨了这两种尺度的关系问题，而没有回避在这里存在着的矛盾。他们看到，尊重自然的利益、权利与尊重人的利益、权利，二者并不总是一致的，在这里常常会遇到两难的选择：满足人的利益有可能要损害或牺牲生物和自然界的利益，满足生物和自然的利益有可能要损害或牺牲人的利益，因而难以作出道德抉择。

再进一步，他们还提出了如何协调人的利益与自然利益这两种相互矛盾的利益之间的关系问题，并作出了比较全面的回答：即当发生这两种尺度的利益关系冲突时，人有责任对自己的行为进行控制和调节。调节的原则是：甲，一般说来，人类生存的基本需要要高于生物和自然界的利益；乙，生物和自然界的生存高于人类的非基本需要（即过分享受和奢侈的需要）。

我十分赞同这两条原则，但是这两条原则又留下了一个非常重要又非

---

① 余谋昌：《文化新世纪——生态文化理论阐释》，东北林业大学出版社，1996：225

常困难的问题：如何确定和区分人类的基本需要与非基本需要，由什么标准来确定，按什么要求来区分。实际上，在不同时代、不同民族、不同地域、不同阶层，人们的基本需要与非基本需要是有相当大的差异的，如果不能作出较为明确的划分，满足基本需要、限制非基本需要，就会成为空话。当然，这里还有靠什么手段和方法来进行调节控制的问题，只靠伦理观念、道德规范和呼唤良心，恐怕也难以实现对非基本需要的限制。

第七章　善良和困难的公平

可持续发展涉及人与自然之间的关系，涉及作为主体的人与自然的协调、整合，也涉及人类与其他生物间是否应当和可能有平等的问题。然而，从直接的和本质的意义上说，可持续发展，首先和主要涉及的是人际关系，特别是当代人与后代人的关系。或者可以说，可持续发展与"两种协调"、"两个和谐"有关：一个是人与自然关系的协调或天人和谐，另一是人与人之间关系的协调或人际和谐；有如《我们共同的未来》所简明概括的："从广义来说，可持续发展战略旨在促进人类之间以及人类与自然之间的和谐。"[①] 在这里，放在首位的是人际关系的和谐。

然而，在两个协调的关系上，特别是在人际和谐的根本原则——人与人之间关系的平等和社会公平的问题上，从理论上和实际上说，都遇到了深刻的矛盾与困难。我们必须坚持可持续发展的理想和原则，我们也必须正视社会现实，以理性的眼光来看待两个和谐的关系，以现实的态度对待公正、平等、公平。这里着重于从理论上讨论公平的矛盾，或探讨公平的困难与困难的公平。

一、天人关系与人际关系

许多文献在论述可持续发展的基本原则时，几乎都讲到三条，即公平性原则、持续性原则和共同性原则，并都把公平性原则作为第一原则。实际上，公平性原则对可持续发展也确有头等重要的、特殊的意义，因为：所谓可持续发展的"持续性原则"，即要求人类的经济和社会发展不能超越资源与环境的承裁能力，可以理解为就是可持续发展的本身或内涵；而"共同性原则"，主要是指各国在公平性原则和持续性原则上应是共同的，

① 世界环境与发展会员会：《我们共同的未来》，王之佳等译，吉林人民出版社，1997：80

即都应当有公平性原则和持续性原则。因而，我们也可以说，可持续发展特有的原则就是公平性原则；或如有的学者所强调指出的，可持续发展的核心是代际和代内的公平，或认为可持续发展所要求的社会的持续性也就是"公正秩序"，即公正和平等。

可持续发展的本意是要人们都有可能过较好的生活，满足人们的基本需求，它所要求的公平主要是，必须确保人们在资源分配、发展权利、资金供给、文明成果共享等方面，都有同样的（平等的）条件和机会。把公平性原则作为可持续发展的首要原则是非常必要的、可取的，然而，公平性原则的重要，却不是只讲公平本身能完全说清楚的，或不能仅就公平来论公平。从讨论可持续发展问题来说公平，首先需要从"两种协调"或"两个和谐"的关系上去摆正社会公平的位置或地位，从人与人之间的协调、平等、和谐同人与自然之间的协调（和谐）的相互关系去理解人际公平的意义。

在两种协调的关系上，又至少可以说存在着两种不同的观点：一种是认为人际关系的和谐是实现天人关系和谐的前提，只有实现了真正的社会公平，有了人际平等，才会有人与自然的协调发展，才能真正协调好人与自然的关系；另一种观点是认为天人关系的和谐是人际和谐的前提，只有真正协调好人与自然的关系，才可能有人与人之间的公平和人际平等。

在人与自然之间的关系（这里简称的天人关系），及人们之间的社会关系（这里简称的人际关系）问题上，应当说马克思主义的观点是很明确的。即：①天人关系是人际关系得以发生和存在的基础，总的看，有什么样水平和类型的天人关系，就有什么样性质和形式的人际关系；②在阶级社会中，在资本主义社会里，人们的劳动被异化了，自然界也被异化了，即破坏了人与自然界的和谐；③因而，只有克服劳动异化，消灭私有制，实现人的解放和人际关系的平等，才有可能克服自然异化，实现人与自然的和谐；④共产主义乃是天人和谐与人际和谐统一的社会，"共产主义，作为完成了的自然主义，等于人道主义，而作为完成了的人道主义，等于自然主义。它是人和自然之间、人和人之间的矛盾的真正解决，是存在和本质、对象化和自我确证、自由和必然、个体和类之间的斗争的真正解决。"[1]

论证可持续发展的学者，当然主要是我国的学者，都非常赞同马克思的这些观点，特别是赞同自然主义与人道主义的统一。但是也可以看到有

---

[1] 《马克思恩格斯选集》第42卷，人民出版社，1997：1

一些不尽相同的理解，这主要是指：有的人更强调人与自然的关系占首要地位，认为在过去，天人关系及其解决要服从于人际关系；在现在，人际关系及其解决则要服从于天人关系。或者说，按过去的认识或传统的观点，进行社会革命和社会改革，解决人们在社会关系方面的矛盾，要优先于解决人与自然的关系，包括要优先于可持续发展；现在则应当认识到，协调好人与自然的关系则要优先于解决人们的社会关系问题，处理人际关系要服从于处理天人关系，服从于人与自然的协调发展。

我以为要求实现这种观念的转变是有理由的，因为这反映了当今世界人类面临的严峻的现实情况，而且，这里的一些种观点还有新意，它提出了前所未有的见解。但同时，我以为这些看法又有着值得认真推敲或需要商榷的地方。

第一，天人关系与人际关系本来是同时存在、密切联系的，解决好人与自然的关系有利于处理人际关系，解决好人际关系有利于处理人与自然的关系。在一般意义上，难以肯定其中何者就居于优先的、主导的地位；只是在特定时期或特定条件下解决其中的某种关系有首要的意义——在远古时代，人们的基本生活条件难以得到保证，如何解决人与自然的关系问题突出；在古代和近现代的相当长时期里，阶级矛盾尖锐，如何实现社会合理与人际平等问题突出；当前，全球性的生态环境问题严重，天人关系问题再度突出；到未来，如果人与自然有了协调发展，人际关系又比较缓和，就更难一般地确定天人关系同人际关系何者是首要的了。

第二，当前人与自然关系的矛盾突出，这是否意味着现在应当把天人关系摆在人际关系之上，是否意味着应当使解决人际矛盾的任务服从于处理人与自然的矛盾，意味着要把解决生态环境问题放在首要地位，而把进行社会变革、社会改造、社会改良的任务放在第二位呢？在这个问题上我们要注意到，即使是认为当今人类已陷入严重生态环境危机的人，首先提出可持续发展现点的人，也并不都主张要把天人关系的矛盾放在人际关系的矛盾之上，例如，罗马俱乐部的第二个报告就指出："处于当前人类危机核心的，是正在不断扩大的两大差距：人和自然的差距，以及'南''北'贫富之间的差距。"[①]当然，国内外也有的学者主张，解决人际之间的社会矛盾应当服从于解决人与自然的矛盾。我以为，从理论上说（或抽象地说），主张在当前应当把天人关系放在首位的观点是有理的，可以设想，如果不

---

　　①　梅萨罗维克等:《人类处于转折点》，三联书店，1987: 2

能妥善地解决人与自然的矛盾，如果生态环境的恶化确实威胁到人类的生存，如果人类真正会陷入无法持续发展的困境乃至毁灭，那时，某一个阶级占到了统治地位，哪一个民族获得自由，某一些人更富有，又何以有意义甚至是主要的意义呢？

第三，在当前，从理论上或许可以说，应当把解决人与自然关系的矛盾或实现人与自然协调发展放在优先的、首要的地位，并使解决人际关系的任务和活动服从于解决天人关系。但是，在实际上或事实上，在当前，这又是极难做到乃至几乎是做不到的。这里，涉及本章要讨论的问题——协调天人关系和实现可持续发展需要什么样的社会条件和人际关系。必须看到，可持续发展需要以人际公平为保证和条件，或者说，可持续发展本身就内在地包含着人们之间的公平、公正和平等的内容。

提出和倡导可持续发展的学者们把公平性原则放在首位不仅是必要的，而且，其用意无疑也是善良的。从可持续发展的许多文献都可以看到，提出公平性原则的人们确实是真心实意地主张社会公平、社会公正和社会平等，从他们认真地揭露和谴责当今现实生活中的种种不公平、不平等的现象，也可以看出善良的愿望和动机。本章标题里用的"善良"一词，表示的也是真实的善良，是在肯定意义上的用词。

但是，正是可持续发展的第一个原则，又有其尖锐的矛盾和现实的困难，有些还是非常大、非常不好解决的因难。本章的标题对善良、困难、公平三个词都未加引号，既表示人们在论及这个原则时要求的是善良的公平、真正的公正和应有的平等，也表示本章所讲的困难也是真正的困难和实际的因难——从总的意义上讲，本章所讨论的是公平的因难和困难的公平，或者也可以说，本章所探讨的是善良的公平与公平的困难的矛盾。

二、代际公平的期望

可持续发展要求的公平性原则，既指代内公平，又指代际公平。前者是空间上的公平，当代人之间的横向公平，后者是时间上的公平，人们世代间的纵向公平，这两者紧密相关、互为前提、统一共存。但就可持续发展来说，最重要的当然是要求实现代际的公平：其一，因为可持续发展的基本要求，就是后代人要有与当代人同样的满足需要的权利和可能；其二，因为考虑到和要求实现代际公平，也就必然会涉及或逻辑地推及代内的公平。正如《我们共同的未来》提到的："虽然狭义的自然可持续性意味着对各代人之间社会公正的关注，但必须合理地将其延伸到每一代内部的公正的关注。"①

倡导可持续发展的学者一开始就关注到代际公平的问题。丹·米都斯在讲到未来的社会是均衡的社会时就指出，"均衡的社会将必须不仅考虑现在的人类价值，而且也考虑未来的人类价值，并对由有限的地球造成的不能同时兼顾的因素，做出权衡。"②《我们共同的未来》一书的核心观点，就是强调不应当只考虑对我们这一代有益，而让我们的子孙蒙受损失。

在阐述可持续发展现点的许多著作中，对代际公平的含义更有较具体的分析，例如认为代际公平是指：其一，当代人对后代人生存发展的可能性负有不可推卸的责任；其二，要求当代人为后代人提供至少和自己从前辈人那儿继承的一样多甚至更多的自然财富。

有一些学者还从经济上探讨了如何实现代际公平。例如他们提出了必须改变我们对投资的评价方式，认为在讨论和实施某个发展项目时，必须阻止当代人获益却把费用强加给后代人的行为，"在一个项目对当代人产生效益但却使后代人受损的情况下，如果当代所得可以用于补偿后代所失，这项目就可以得到批推。"③我国的学者也发表过类似的观点，如认为"只有当人类向自然的索取被人类对自然的回馈所补偿时，持续发展才能被认为达到了它的既定目标"。

然而，正是这个极为重要的代际公平的原则，却存在着极为严重的矛盾或因难。这不仅是指对"当代人产生的效益"与"后代人蒙受的损失"二者难以衡量和比较，而且从根本上说或从哲学的观点看，是由于有以下两方面的实际情况。

第一，当代人对后代人关心的弱化。实现可持续发展当然应当是每个时期的当代人的事业，但从一定意义上说又是后代人的事业——是与后代人密切相关的事业，或者说，可持续发展是当代人为了后代人而从事的事业，是后代人要求当代人进行的活动。然而，这种正确合理的解释在现实生活中却是难以体现出来的，当代人实际上很难具体地和充分地体验到后代人的处境、需求和利益，更难去设想长远一些的后代的状况。人们可能

---

① 世界环境与发展会员会：《我们共同的未来》，王之佳等译，吉林人民出版社，1997：53
② 丹·米都斯等：《增长的极限》，吉林人民出版社，1997：141
③ 戴·皮尔斯等：《世界无末日——经济学与环境可持续发展》，中国财政经济出版社，1996：61

常会关心自己儿女的衣食住行、健康和安全，对孙儿孙女的未来或许就只有一点模糊的期望，几乎无法想象孙代们成年时会怎样生活，意识不到50年后的下一代会如何生存、如何发展，对于再长远一些的后代人的生活不仅难以关心、期望、想象，就连这个问题也几乎是提不到的。人们都难免是现实主义者，要他们为"不现实的后代"着想，不大容易。其实，在我国古代，《孟子》就提出过"老吾老以及人之老，幼吾幼以及人之幼"的设想，并认为做到了这点就可以轻易地治理天下，实际上也就是指出了关心别人的下一代、就像治理好天下那样困难。

第二，后代人对当代人影响的无能。可持续发展是为了后代人的事业，又是后代人管不着的事业，后代人只能接受由前代人留下的遗产，而不可能制约前代人的作为，当今的儿女对父辈的想法和做法可能多少还有些影响，但影响不大，孙代对祖辈的作为几乎毫无影响，50年后的人们对前人（如我们）的作为就全然无可奈何，他们无法作为需方与上一代签订保证其石油供应的合同。从代际关系看，只有当代人才是当权派和强者，后代人虽然必然会要高于和强于前代，他们又总是听任前代安排和摆布的弱者。正如《我们共同的未来》所说："我们从我们的后代那里借用环境资本，没打算也没有可能偿还；后代人可能会责怪我们挥霍浪费，但他们却无法向我们讨债。我们可以为所欲为，因为我们可以毫无顾虑：后代人不参加选举，他们没有政治和财政权力，对我们做出的决定不能提出反对。"[1]

对于这两个方面，或许可以概括地称之为当代人与后代人的矛盾，或代际矛盾。对代际矛盾的分析或许可以解释本节的标题"人际公平的企望"。至少，可持续发展的代际公平虽是必要的、重要的、善良的，可又在很大程度上是一种设想、要求、期待乃至是假定。在可持续发展的最基本要求和最重要原则上，有不小的企望或祈望的成分，是我们必须正视和认真对待的。

代际关系的矛盾不容易解决，乃至是不可能克服的。在每一个现实的情况下，都不可能出现后代人同当代人打交道的情况，不存在后代人对当代人提出什么要求的问题。但人们在缓和代际矛盾，尽可能争取有多一点的代际公平的问题上，也未必是毫无办法的；或许可以认为，寄希望于青年，就是有助于实现代际公平的一种考虑。当代人是由不同阶层、不同年龄、不同素质的人们构成的，他们的情况并不都完全一样：有只顾自己连

---

① 世界环境与发展会员会：《我们共同的未来》，王之佳等译，吉林人民出版社，1997：10

子女都不管的人，也有真诚关心子孙后代事业的善良的人们，以及思考人类未来的深谋远虑的学者；从年龄说有刚刚出世的当代人（不懂事的幼儿），有"几乎"成为前代人的当代人（精力不足的老年），但既是当代人的中坚，又相对更理解后代人的当代人——这就是年轻的一代或青年。从一定意义上说，青年乃是联结当代人与后代人的桥梁和纽带，当代人与后代人通过一代代青年连接起来。对青年一代进行广泛深入的关于可持续发展现念的教育，进行当代人要关心后代人利益的宣传，对争取实现代际公平可能是有重要作用的。

　　青年进行可持续发展理论的教育，也是基于年轻人对生态环境问题的特殊关心。世界环境与发展委员会在描述其调查听证情况时曾讲到："在这个星球受酸雨影响更严重、全球变暖、臭氧耗竭、广泛沙漠化或物种消失之前，大多数现今的决策者将已作古，大多数现在的年轻选民仍旧在世。在委员会的听证会上，正是蒙受损失最大的年轻人，对这个星球现行的管理状况提出了最尖锐的批评。"[1]因而，这个委员会特别强调是在向青年人讲话，并希望全世界的教师在把可持续发展理论传达给青年人的过程中将发挥关键性的作用。在有关可持续发展的许多文献（如《中国 21 世纪议程》）中，都强调青年参与和对青年进行保护生态环境和可持续发展教育的意义。

三、稀有的代内公平

　　可持续发展的公平原则，首先要求有代际公平，同时它也要求有代内的公平。代内公平首先是政治学和社会学研究的对象问题，同时，代内公平对实现可持续发展也有重要的意义，这至少是因为，代内公平乃是代际公平的前提和基础，只有实现代内公平才有可能来谈论和促成代际公平；不可能设想，如果人们对同代人之间的公平都想不到、做不到，却能够真正关心与后代人的平等。而且，代内公平问题乃是最现实的、在我们身边经常发生的，讨论代内公平，或许会有助于略为具体地研究代际公平问题。

　　讨论可持续发展的文献对代内公平作过许多分析。有的更强调代内公平是"同代人之间的公正和睦相处"，有的更强调同代人都要有平等地满足基本需求的权利和机会，有的认为实现代内公平主要是消除贫富的两极分化，乃至认为根据代内公平原则，"贫困者的生存需求应当优先于富有者

---

①　世界环境与发展会员会：《我们共同的未来》，王之佳等译，吉林人民出版社，1997：10

的奢侈需求"。人们都认为代内公平对保持良好的生态环境有极为重要的意义，而一个权利和分配的不平等、贫富悬殊的世界则会出现生态环境的危机。但是，类似于代际公平是一种期待，在现实生活中，至少在目前和在很大程度上，比较令人满意的代内公平也是一种企望。无论在发达国家还是在发展中国家，无论在外国还是在中国，无论在过去的中国还是在当今的中国，都有不少人追求真正的代内公平，而这种公平仍然是理想的目标而未充分成为现实，人们经常能看到的多有实际上的不平等。

可以举出大量事例说明，在当今世界，人们之间的现实差距远超过了理想的平等，实际的不平远多于追求的公平。人们之间有多方面的不平等，有资源与能源占有的不平等，信息占有的不平等，环境的不平等，特别是有财富的不平等。在《增长的极限》里就讲到："经济增长的过程，正如今天事实上发生的，正在无情地扩大着这世界上的富国和穷国之间的绝对差距。"近 40 年里，伴随着平等的呼唤，两极分化日趋严重，"贫富差距并不是在缩小，而是在不断增大；1960 年，世界上最富的那 20% 的人之收入是最穷的那 1/5 的人的 30 倍；到 1991 年，最富的那 1/5 的人之收入及近于最穷的人的 61 倍"。有许多文献指出了富国和富人的过量消费，如里斯德说，如果人们都按美国人那样生产和生活，那么，为了得到原料和排放废物就需要 20 个地球。

不少有见识的美国学者都讲到过这种代内不公。例如，杜宁在《多少算够》中就用许多事实说明，世界上最富有的 1/5 的人追求的是购买更多的东西，"多多益善"，而最贫穷的 1/5 的人却只有一个目的：活过明天，觅到一点食物，拾到一些柴薪，为他们的孩子遮衣蔽体。但是，他们在如何对待这种不公上却没有什么可行的办法，杜宁一方面强调了"不过度消费的原则"，指出"地球上生命的未来取决于我们——世界人口中最富裕的 1/5 人口——能否从物质需求的充分满足转向非物质需求的满足"，提出了人类要重返或回归于古老的家庭、社会和悠闲的生活秩序去；另一方面，他又不无忧心地讲到，"我们已经发明了轿车和飞机，我们还能回到自行车、公共汽车和火车吗？我们已经开辟了铺天盖地的购物街，难道还能再创造出人性的、商业是手段而非目的的居住区吗？"[①] 问题还不仅在于事实，而且要看在现实社会中通行的原则，或者说要从社会原则上看"公平的矛盾"或关于公平的矛盾：①从可持续发展的要求看，它的第一个原则是人际公

---

① ［美］艾伦·杜宁：《多少算够——消费社会与地球的未来》，吉林人民出版社，1997：112

平，可以说是公平优先；②从现实的社会经济发展看，无论是发达国家，还是发展中国家，它的原则乃是效率优先；③我国作为一个社会主义国家需要"效率优先，兼顾公平"，仍然是效率优先。

这里已经就有了究竟应该是公平第一还是效率第一的问题，已经提出了要讨论公平与效率的关系。在这个问题上，我们在这里应当是无需再作多少探讨的，一则是因为我们已有了多年的夸大公平价值的教训，也有了近年重视效率的收益；二则是关于讨论公平与效率关系的文章也已相当不少了。但是，为了说明与标题相关的困难的公平和公平的稀有，也为了从可持续发展的角度考察公平与效率的矛盾，还需要略作一些补充。

可持续发展的公平性原则是有道理的、合理的，已有许多文献作了论述，前面也已讲到。而且，作为一种社会理想，可以是或应当是体现公平第一、效率第二的，因为：①作为自然条件，每个人在生理、体力、反应能力、大脑发育、语言天赋、学习潜能等方面不可能是均等的，人群中必然有体能智力更强一些的，有差一些的，也还有残疾和智力低下者，在这个基础上形成的人们的工作效率不可能是彼此一样的、均等的；②但不管是什么情况，作为一个社会的人都需要有劳动权、生存权、发展权、选举权与被选举权，社会的人并没有天赋的贫富贵贱和君臣主仆之分；③如果是效率第一就可能意味着自然基础的因素更有决定意义，公平第二就可能减弱为合理的社会理想奋斗的决心和动力。

但是，确立社会理想与进行实际工作如经济工作毕竟是有区别的。例如，从社会理想看，当然要强调人人平等，人人都是企业的主人、国家的主人、社会的主人，在这里似乎不必特别强调规则、指挥、服从和责任；但是，在一个工厂、一个车间、一个乐团、一个施工队里，却必须首先要讲规则、指挥、服从和责任，而不能只讲人人都是一样的主人。而且，理想还不同于现实。从国外的和我国的实际情况看，我们更必须肯定"效率优先"的重要意义，特别是要看到"效率优先，兼顾公平"、允许一部分人先富，（另一部分人后富、相对不够富或较穷）是不可避免的，乃至是必要的。在我国现实的社会经济发展进程中，我们已经在实际上实行过公平优先、兼顾效率的原则，乃至是强调了公平第一，不顾效率，也没有效率，其结果是社会财富匮乏，这时可以说有普遍贫穷的公平，也可以说是有（或必然有）普遍贫穷下的巨大不公——例如，只有很少数人家有台彩色电视机，大多数家庭买不起也买不到黑白电视机。近20多年里，我们实际上是以效率优先的原则为指导取得了社会经济发展的伟大成就的，兼顾公平，其结果是逐步摆脱了普遍的贫穷，相对说也有了比过去多一点的公平，例如各家普遍都有了彩色电视机。

总之，究竟是应当肯定公平第一还是效率优先，是相当难以解决的。讲公平第一可能会弱化和降低工作效率，讲效率优先可能会掩盖乃至扩大社会不公；即使是以效率优先、兼顾公平为指导，也存在着如何解决先富与后富的矛盾，如何使先富"带动"后富，如何由少数人先富过渡到实现共同富裕的问题，而且，也难免在一定时期和一定范围里出现贫富差距拉大和分配不公的问题。

公平第一与效率优先是矛盾的，如何兼顾公平与效率是实现可持续发展要解决的艰巨的任务。论述可持续发展的时候需要考虑到这些复杂的形势情况，如果只是大讲第一原则是公平和公平的必要，公平的合理，不讲公平的矛盾，公平的困难，公平的企望就很可能成为仅仅是祈望的公平。当然，效率优先与公平第一又并不是截然对立、完全不相容的，现实的社会经济发展的效率，与可持续发展要求的公平，应当和可能统一起来，我们在确认困难的公平时也应当努力去思考和探索这个问题，包括着研究如何通过政治的、经济的和伦理的途径促进社会公平，保证可持续发展的实现。

问题不仅在于存在着代内的人们在事实上的不平等，不仅在于实现公平有实际上的困难，而且还在于富人与穷人在治理生态环境的义务上是有矛盾的。杜博斯曾尖锐地指出了一般公众和富人在治理环境态度上的差异，他提到，用禁令、立法、罚款、排出物附加税等办法，大概可以在很大程度上减轻污染，但这样做会加重穷人的负担因而会引起公众的反对；同时，他又指出，这些办法对富人、高收入者或高纳税者来说情况又有不同，一方面，富人应当为负担公共福利事业按比例作出自己的贡献，另一方面，由于高收入者一级已迁居到较清洁的和较卫生的环境中居住，因而，"改善环境当然不会唤起高额纳税者由衷的热情。他们认为：我们的环境又不需要净化，为什么要我们负担？"① 应当说，并不是所有的富人对于公共福利包括保护生态环境都是没有热情的，但代内不公的存在终究是当前的现实，而代内不公毕竟是会影响到对生态环境保护和实现可持续发展的态度，至少在亲身体验和紧迫感上有区别。

国外的许多学者对近代和现代的人际不公表示不满，但也应当看到，

---

① ［美］芭·杜博斯：《只有一个地球》，吉林人民出版社，1997：75

也有个别的学者在更为关心动物权利，更加关心人与其他动物之间的平等的时候，却不自觉地忽视了人与人的平等权利，不谈人与人的平等关系。可以说，在当今世界，在有关可持续发展的议论中，也存在着《孟子》所说的"思足以及禽兽，而功不至于百姓"的情况。

四、一个地球，多个国家

当今世界代内公平的一个最现实、最重要的方面，是各个国家、各个民族之间的公平、平等与合作。《我们共同的未来》的一个基本的观点，就是认为人类未来的可持续发展必须有世界上各个国家的合作和共同的努力，这本书用专门的一篇来阐述解决生态环境问题的国际合作。书中还批评了每个国家只为自己的生存和繁荣而奋斗时，却很少考虑到对其他国家的影响。在联合国关于环境与发展的许多会议上和许多文件中，也都强调了国际合作对实现可持续发展战略的意义，讲到了"国家和国际的均等"、"建立新的全球伙伴关系"、"全球携手"，在 1992 年世界环境发展大会的《里约宣言》中明确指出，"各国应本着全球伙伴精神，为保存、保护和恢复地球生态系统的健康和完整而合作"。并且强调，"任何地区任何国家的发展不能以损害别的地区和国家发展为代价，特别是要注意维护弱发展地区和国家的需求"。

探讨和论述可持续发展问题的文献和学者，对于当今世界的代内平等和国家关系，更提出了不少新的观点和见解。其中包括要建立"人类整体意识"的意见，以及关于"国家利益服从人类利益"的要求等。

关于"人类意识"或"人类整体意识"的提法是值得认真考虑的。按照传统的观点，我们通常是讲社会意识、阶级意识、民族意识、国家意识，总之，不同的国家、不同的阶级有不同的、乃至是对立的社会意识，或简单地说社会意识有阶级性；形象地看，世界上有国家的旗帜、政党的旗帜、阶级的旗帜或时代的旗帜，而无所谓人类的旗帜，也几乎想不到和谈不到有全人类都认同的或共有的旗帜。

20 世纪全球性问题的突出和可持续发展战略的提出，使这个问题有了重大的改变。所谓全球性问题，从地域看有其广泛性，关系到仅有的一个地球，从对人的关系看也有它的广泛性，关系到整个世界各个国家、各个人，特别是生态环境的恶化，例如烟尘、酸雨、化肥农药残留、臭氧层损耗、生物多样性消失等造成的危害是不分国家、不分民族、不分阶级和阶层地施加结每一个人的，不论他是本国人还是外国人、企业主，还是工人、富人还是穷人。与此相关，人类可持续发展的实现，也不能只是依靠某一个国家或某一个社会集团的决心和力量，而必须有国际间的合作。可持续发展既反映着人类共同的未来，又需要人类共同的努力。

可以说，可持续发展的理论纲领和战略的产生，也是社会思想和意识形态领域里的重大改变，人类终于有了一面共同的旗帜——可持续发展的旗帜。有一种观点认为，近代世界经历了时代主题的以下变化，即由以"革命与战争"为时代主题过渡到以"战争与和平"为主题，再过渡到以"和平与发展"为主题，现在则又过渡到以"发展与环境"为主题。持这种观点的人还指出，在前几个主题上，不同阶级（无产阶级与资产阶级）、不同民族（压迫民族与殖民地民族）、不同国家（发达国家、富国与穷国）的意见常常是多有分歧和争执，很难统一，乃至针锋相对，诉诸武力，而"发展与环境"的主题，对于人类的未来，对于可持续发展，情况就大不一样了，不同民族、不同国家、不同阶层的人们在讨论这个主题时可以有诸多的共同语言。或者说，可持续发展就是一种"人类意识"，而为了理解和接受可持续发展的理论，为了实现可持续发展的战略，我们又需要树立起"人类整体意识"并使阶级利益、民族利益和国家利益服从于人类整体利益。

我以为这种观点也是既有新意、有道理，又是值得商榷和讨论的。例如，关于时代主题由革命——战争——和平——发展——环境的转移的观点，就未免过于线性和简单化了。暂且不论革命与战争的问题，也不谈战争与和平问题在当今世界的位置；究竟"和平与发展"是当今世界的主题，还是"发展与环境"才是主题，或是"和平与发展"及"发展与环境"二者都是当今世界的主题，就值得认真研究。我是赞同后一种看法的，当然，即使是认为可以有双主题，还需要探讨和确定，在整个世界，在我国，究竟是应当把"和平与发展"放在首位，还是要把"发展与环境"置于"和平与发展"之上。

尽管对时代主题的看法有所不同，但认为"发展与环境"是当今世界的一个主题，可持续发展是当今人类的一面旗帜，大概是有共识的。就这一点说，确实应当承认在当今世界已有了"人类意识"，而为了保证可持续发展战略的实现，是需要建立、宣传"人类整体意识"，进行关于人类意识的研究和教育的。在理论上，我们需要说明社会现象和社会观念的阶级性与人类性的关系；至少是，不要承认有阶级性就似乎完全不能讲人类性，也不要承认有人类性就像根本没有什么阶级性。即或是人文社会科学，也并不是都绝对是只有阶级性没有人类性，当然也不能因为有的学科、有的观点有人类性，就完全忽视功利性和阶级性的存在。

我以为是可以承认"人类整体意识"存在的，只不过在当今的世界，所谓人类整体意识并不像有的人说的那么丰富、那么重要、那么有用，甚至说，人类整体意识在今天还是相当贫乏的、软弱无力的，有时还是会使人误人歧途的。

第一，所谓人类意识，有时候，可以被用来模糊当今世界生态环境的根源和本质。关于可持续发展的问题，常常会看到一种说法，即地球上的生态环境问题不是只靠哪一个国家的力量能解决的，必须有各个国家的共同努力和国际合作，似乎是生态环境问题国国有责、人人有责，谁也别想逃脱。但是，当有的人这样说的时候，却没有明确区分以下的两个问题：①资源短缺、生态环境恶化造成的危害，人人一样有份得承受；②造成资源短缺、生态环境恶化的原因并非人人都有一样的责任，例如在1990年，美国的温室气体排放且占全球总排放且的23%，欧盟各国占24%。由于模糊了这两个本来有区别的问题，于是，一些本该承担更多责任又有更大能力的国家的人，就有可能多讲共同未来，少讲多一些责任和应尽多一点的努力，似乎是错误人人有份，人人都要改过自新。按照这种观点，作为发展中国家的人们岂不是要代人受过，要"共同努力"去做责任不明的事情，这样，岂不是有些不大公平——"代内不公"：当然，这不是说中国和其他发展中国家对当今世界的全球性问题的产生完全没有责任，不是说我们对整个世界的资源问题和生态环境问题无需尽力，这里只是说不应当只讲整体意识而模糊事情的实质。

第二，"人类整体意识"在实际上几乎是不起什么作用的，首先是最应当和可能按人类共同意识办事的国家，并不都认真遵循这种意识行动。例如，在1992年的联合国环境与发展大会上，工业化发达国家曾承诺，要拿出0.7%的GDP作为海外援助资金（ORD）来支持发展中国家尽快摆脱贫团，从而缓解环境压力，然而，至今为止，只有北欧包括挪威等少数几个国家做到了这一点，不少国家并没有实现其承诺。而且，有的发达国家的ORD占其GDP的比例，与1992年时的比例比较还有所下降。

第三，可持续发展等观念有人类性，实现可持续发展需要有国际合作，当代的国际合作，包括在治理和改善生态环境方面的国际合作（如生态圈行动、南极的和平利用等），已有了前所未有的新进展。为了有益于实现可持续发展，我们今后仍然要积极参与保护环境、促进发展的国际合作。然而，我们同时也要看到，在当今世界，比人类性和国际合作更为现实和有作用的，乃至是起更大更实际的作用的，还有各个国家之间的竞争性，包括发达国家与发展中国家的竞争在内，包括与解决生态环境问题方面的竞争。

例如，发达国家常会以各种方式把环境问题转嫁到发展中国家，包括出口有害废弃物，转移重污染行业。有的人甚至还认为发达国家向发展中国家出口工业垃圾和有毒废料是有理有利的。据英国《经济学家》周刊1991年2月8日报道，世界银行首席经济学家劳伦·萨默斯于1990年12月12日向其同行发送备忘录。他认为世界银行应鼓励向不发达国家迁移更多的肮脏工业。他列举的理由是：①污染有害健康，发病率和死亡串的增加导致收入下降。这里，收入下降的程度是衡量污染代价的标准。从这个观点出发，一定程度有害健康的污染应当迁移到收入最低而代价最小的国家。②污染的代价可能是非线性的。因为在污染程度增加的最初阶段，代价可能非常低，如非洲国家污染程度低，其空气质量在效益上也许是极低的。③出于美学和健康的原因而要求得到清洁环境，这可能使收益弹性变得很大。收入不同的国家所关注的问题不同，如发达国家对致使每一百万人就有一人患前列腺癌的关注，显然大大超过5岁以下儿童死亡率达千分之二百的国家。因此，他以为："向收入低的国家（输出肮脏工业）和倾倒一批有毒垃圾，其经济理由是无可挑剔的。我们应当勇敢地面对这种局面。"[1]今天，再如此露骨地宣扬这种"反人类整体意识"观点的人大概不多了，但转移污染企业的实践却仍不在少数。英国1992年向中国出口有毒废物7315吨；美国1994年把3500万磅塑胶废料运往印尼，1995年从纽约运到上海的6个塑胶废料的集装箱中55%是家庭垃圾、输血袋和管子，1996年5月在北京平谷发现来自美国的639吨国际公认的危险废物。当然，发展中国家中的社会腐败又助长着这种"不公正"或"技术殖民主义"，污染转移常常是通过"合法手续"实现的，面且还有一批"合法工厂"在加工外来垃圾，例如在我国某县的一个面积仅1.5平方公里的小镇上就曾有12家"废旧五金加工厂"在负责处理洋垃圾。

再例如，有的国家还可能以环境保护的名义实行贸易保护，以及构筑

---

① 转引自余谋昌：《创造美好的生态环境》，中国社会科学出版社，1997：73

"绿色贸易壁垒"。在这个问题上，我们首先要看到当前国际贸易中的环境管制是一种进步，例如对没有"环境标志"的产品的进出口进行限制，这表明了人们环保意识的增强；同时也要看到，由于各国的国际地位、经济实力、文化背景的不同，因而又难免出现与环境要求相关的贸易争端，乃至借口环境保护进行贸易保护。1991年，墨西哥向美国出口金枪鱼，美国以墨西哥捕捉金枪鱼的方法破坏生态、违反保护海豚的环保法规而禁止进口，成为一个著名的案例。这里不能来评价问题的是非，而只是说，人类性的国际合作，人类整体意识，是相当困难的。

第四，不仅发达国家不能按"人类整体意识"行事，不可能在国际关系上只讲人类性而放弃竞争性，发展中国家包括中国，也不可能、不允许甚至不应当按"人类整体意识"为指导来进行改革、发展事业和保护生态环境。我们必须充分地看到，我国的社会主义现代化建设，包括在中国实行可持续发展战略，是在一个相当复杂和严峻的国际背景下进行的，面临着十分激烈的国际竞争条件，在这里，必须解决一国发展、一国持续或改善一国的生态环境与国际竞争的关系问题，而这常常是非常困难的事情。例如，对一个国家来说，为了长远的持续发展，本来需要节制资源，乃至需要略为入缓一点发展速度以便使环境治理可能有多一些投入，至少可以防止过度开采，防止自己发展快而绝子孙路。然而，这种本来是有利的或无害的适度发展，往往却难以被考虑和采纳，问题不仅在于某些领导者个人急功近利，而且还由于，在当今的国际形势下，在国际竞争十分尖锐的条件下，放慢发展速度、落后，就会没有自己的地位、就会受欺负甚至挨打；在这种情况下，为了避免落后挨打的危险，人们包括领导者也会无可奈何地多想多求加快速度，因而就放松了对保护环境和爱护资源的要求。十几年前我们的个别负责人对矿产开发曾提出过"有水快流"的说法，不能说这位负责人对保护资源就一点没有认识（当然是认识不足的），但"有水快流"同以前提的"大干快上"，并不仅仅是个别人的头脑问题，这与我们要面对的国际竞争形势毕竟是有关系的。可以设想，如果我们今天已经生活在世界大同的时代，坚持可持续发展的方向和按"人类整体意识"办事就会全然是另一种局面了。但是，我们今天相在相当长时期里，却不能抛开现实的国际竞争去做可持续发展的文章，不能把事情说成是只要我们遵循国家利益服从人类利益的原则，只要我们树立了人类整体意识，只要我们对保护生态环境有充分的认识、愿望和决心，就一定会实现可持续发展。有一些文章把当今各国（包括中国）的污染问题、生态问题、资源问题都只归因于人的享乐要求，归因于人对自然的主宰。认为解决问题的关键是要从根本上改变某种观点，如走出或走入某个主义，在有的文章里，似乎并没有什么国际竞争的存在，似乎一个国家在规划和实行可持续发展时，可以只讲人类性而完全无视国际竞争性（实际上也是阶级性的表现），这至少是把问题简单化了。或许，我们不仅要研究一国的经济增长与可持续发展的关系，一国的发展与国际环境的关系，还可以探讨一国的可持续发展与国际形势的关系，一国的可持续发展与世界的可持续发展的关系。

总之，谈到可持续发展，谈到公平，谈到代内公平包括国家与国家的平等，我们是不能光讲"只有一个地球"的，而是要讲一点"一个地球，多个国家"；一个地球是现实，多个国家也是现实。代内公平主要的是国家间的公平，稀有的代内公平，主要是指稀有的国家间的公平。

谈到一个地球和地球上的平等，涉及一些人常爱讲的"地球村"，例如已经有了《来自地球村的报告》出版。我并不认为"地球村"的提法有什么不妥，正像也可以把地球比作一个在宇宙空间里飞行的飞船，而把人类比作飞船上的乘客。其实，美国学者 K. 鲍尔丁在 1966 年提出的"宇宙飞船地球号经济学"本来是进步的，他针对着把地球看做是无限资源仓库的观点，提醒人们意识到地球的资源容量是有限的，倡导要在封闭的地球上建立循环生产系统，在这个意义上，确实应当从地球村、宇宙飞船地球号的观点看待资源和生态环境。然而，问题只在于，地球村的提法和飞船的比喻又都可能隐含着一种缺陷，即它强调了人类作为地球村居民的一员或作为飞船乘客的一员，都与地球、飞船命运与共，共存共亡，必须同舟共济，才能避免大家一起毁灭；与此同时，却可能自觉或不自觉地忘记掉了，地球村里居民并不都住一样大小和一样规格的房子，并不都吃一样的食品和酒水，特别是并不都拥有一样的权利；地球号飞船上的乘客并不都坐一样级别的舱位，并不都享受完全一样的服务；地球材里的居民在经济、权利、生活诸方面也有三六九等之分。实际上，想象中的地球村、宇宙飞船地球号就是我们的现实世界，要那里的居民和乘客都具有一样的整体意识，保持真正的村内公平、船内公平即代内公平，同样是很困难的，是难以实行和实现的，难怪有人戏说宇宙飞船地球号的操作说明书还没有出版。

如果说地球村主要还是通俗的提法，在论述可持续发展的文献中，更多地则是推荐了《只有一个地球》这本著作，或者说地球村的观点是从"只有一个地球"引申而来的。应当充分肯定，《只有一个地球》这本书提出了许多重要的、深刻的见解，它的基本观点是非常合理的，这个观点就是：人类的生存有赖于整个体系的平衡和健全。要解决世界性的环境问题，不是只靠一个国家，甚至也不是靠几个国家或集团所能独自解决的，它需要全球的决心和协调一致的行动。同时，我们也不应忽略，书中既讲了要"发展全球性思想"和培育"整体忠诚"，还讲到"我们已进入了人类进化的全球性阶段，每个人显然地有两个国家，一个是自己的祖国，另一个是地球这颗行星。"[①]每个人有"两个国家"的观点是值得思考的，可以联想到人人都要爱祖国，人人都要爱地球，要像爱祖国那样去爱地球。然而，这里毕竟是有两个很不相同的"国家"；一个是"自然的国家"，另一个是社会的国家；一个是"大国家"，另一个是"小国家"；前者只有一个，后者现在有一百多。在这一百多个国家里，并不是家家都拥有和利用着同样多的"大自然国家"的资源和能源，并不是家家都在大自然臭氧层打开了一样大小的空洞，并不是家家都在大气里排放了相等量的汽车尾气，也不是家家都在为"大国家"的环境优美尽到自己的应有义务，而且还常有利己（利本国、利祖国）、损人（损他国）、损"大国"（自然）的事情发生。要人人都把爱大家放在第一位，要国国都把爱地球放在第一位，是美好的理想，又是与现实有距离的，只从理论上强调只有一个地球，只从伦理上呼唤"对一个小小行星的关怀和维护"，还不足以超越或缩小这个距离。

---

① ［美］芭·杜博斯：《只有一个地球》，吉林人民出版社，1997：17

第八章　持续的杠杆——政府与市场

　　可持续发展要以人为主体，要由人来协调经济增长与环境的关系，来整合人与自然的关系，但作为主体的人并不是抽象的，也不仅是个体的人，而是社会的人和人类社会，是包括国家、政府、政党、文化教育部门、舆论机构、社会团体、公众社区等在内的具体的主体。只是抽象地议论究竟人或非人是可持续发展的主体，或"人与自然"系统是可持续发展的主体，而不把主体具体化，不从实际的、具体的主体的状况来讨论如何实现可持续发展，不从这些主体的具体行为或活动来解决可持续发展会遇到的矛盾，就无从讨论对策。前面已经讲到，可持续发展的实现是相当困难的，但人们对此又不是无所作为的。本章主要从政府行为、市场机制、公众参与等方面来分析可持续发展的对策问题，当然也涉及对策上的矛盾。这样的讨论必然要涉及政治学、经济学、社会学的内容，要超出哲学议论的范畴，是本书和作者力所不及的；只是考虑到哲学思考终究不应当太抽象，而且，从哲学的观点来考察有关政治学和经济学的问题，或许会既有所失，又另有所见。

一、政府的主导与限制

　　实现可持续发展，解决资源短缺、生态破坏、环境污染等全球性问题，不是哪一个国家、哪一个民族足以胜任的事情，可以说这是整个人类的公共事务，在这个意义上，关于我们（人类）共同的未来，关于实现可持续发展，关于保护地球和解决生态环境问题，确实是联合国应当管的，是需要有国际合作的。然而，联合国并不是一个国家，它的职责、功能和作用有限，真正符合人类整体利益和未来利益的国际合作也很少有。

　　但是，在一个国家的范围内，对于解决生态环境和资源问题，对于争取可持续发展的实现，还是可以有事去做，而且，在这个方面，无论是在当今的发达国家还是在发展中国家，无论是在资本主义国家还是社会主义国家，都已经做了不少的事情。在实现可持续发展，处理生态环境问题上，首先是各国的政府起了主导和指导的作用。再说得明确一点，从保护生态环境看，起主要作用的就应当是政府行为，而不是市场行为，因为生态环境的保护基本上属于社会的公共事务，属于作为国家职能应当去管的公共事务。

这里，首先涉及国家是社会公共事务管理者的观点。这个观点似乎是与正统的看法有所不同，按照我们确认的论断，一切国家都是阶级专政的工具，是统治阶级压迫别的阶级的机器，国家的基本职能是镇压被统治的阶级的反抗。其实，从马克思主义的经典著作看，对于国家作为阶级统治的工具，与国家作为社会公共事务的管理者，都是有所论述的。恩格斯在《反杜林论》中曾讲过一段非常重要的话："政治统治到处都是以执行某种社会职能为基础，而且政治统治只有在它执行了它的这种社会职能时才能持续下去。不管在波斯和印度兴起或衰落的专制政府有多少，它们中间的每一个都十分清楚地知道自己首先是河谷灌溉的经营者，在那里，如果没有灌溉，农业是不可能进行的。"[1]在恩格斯的这段话中至少可以看出：①在这里讲到的是古代的政府，专制政府，而不是讲现代政府、革命政府；②肯定了政治统治到处都是以执行社会职能为基础，政治统治只有在执行社会职能时才能持续；③把经营河谷灌溉作为社会职能看待；④还用了"专制政府十分清楚地知道自己是……"的提法。这几点都是值得我们深思的。

我国的历代王朝都重视兴修水利，也有不少政府官员去担当主持人。我们还可以设想，国家或政府作为统治阶级利益的总代表，毕竟不完全等同于它所代表的某一个成员，例如封建主义国家代表各个地主的利益，封建政府的作为又不完全等同于个别地主的想法和做法；资本主义国家代表所有资本家的利益，资本主义政府的作为又有别于某一个资本家或企业家的想法和做法。作为统治阶级总代表的国家政府，终究要比被其代表的人更关心整个阶级的状况和命运，终究会更看到全局，看到长远，例如古代的专制政府也要关心农业和经营灌溉，现代的资本主义政府要关心通讯和经营高速公路网。总之，政府作为社会公共事务的总的执行者，与作为统治阶级整体利益和长远利益的根本代表者，这两个方面是互相联系的，虽

---

① 《马克思恩格斯选集》第3卷，人民出版社，1997：219

然二者又不尽相同。

保护生态环境，治理环境污染，发展科学和教育事业等，在很大程度上都属于社会公共事务，都需要由国家政府（当然包括地方政府，如省市县的政府）作为总的经营者、管理者和指挥者，去组织、规划和实施。在海边造一座灯塔，不能由哪个企业或私人去投资和经营。在河道里设置航标，不能由哪个船主去执行和管理。同样的道理，控制城镇的污水排放，不能主要地或分别地由企业或个别的企业家去经管，也往往不是个别的企业家能够去想和愿意去做的。控制汽车的废气排放（如安装尾气过滤器），也不是由哪个车主可以或愿意去组织实施的。做好这样一些方面的事情，都是政府的任务和职责。说政企分开后政府还有许许多多事情该做、可做和要做，是完全有理由和符合实际的。

生态环境的保护和治理，乃是各级政府的职能，特别是现代政府的最重要的职能。现时代的许多政治家也多以环境保护主义者自居，以生态保护作为竞选纲领，或主笔写出《濒临失衡的地球——生态与人类精神》之类的著作，或主持召开环境保护会议。保护生态环境已成为现代政府的一个最重要职能和基本国策，成为现代政治家的一面重要旗帜。

国家政府介入生态环境的保护，是由自然环境自身的基本特点决定的。我们在前面已经提到，环境就是一种"共用地"或公共财产，公共财产的经营管理显然不是或不仅是个别人的事，而是国家、政府该来主管也只能是由政府主管的社会事务；当然，在处理生态环境问题上，市场机制并不是毫无作为的，但仅就有关公共财产的事情来说，市场行为并不都是积极的，市场压力常常会损害环境，防治这种损害亦属于社会公共事务，也属于政府的职责。"公共财产或者公共财产受到破坏（例如污染水，污染大气等）的特点决定了个人和市场都不会提供控制污染的费用和服务，只有政府是公共财产的提供者。来自市场经济的压力愈大，政府对防治环境污染、整治国土资源的责任就愈大。"[1]实际上，也只有国家政府，才有必要和可能去设立综合管理生态环境问题的专门机构，如计划生育委员会、国土资源部、环境保护局。可以设想，如果没有各级政府的环境保护部门，或这些部门没有认真实行有效的监督、控制和管理，只靠市场利益的驱动，只靠关心他人的良知，太湖和许多江河的水质会如何，沈阳的大气成分和能见度又会如何呢？

① 宋健：《现代科学技术基础知识》，科学出版社，中共中央党校出版社，1994：430

国家、政府作为社会公共事务的经营管理者，不仅在于其总代表的地位和有着组织、动员和指挥的巨大权力，而且还在于其有通过税收得到的巨大财力。只有中央政府才有可能去主持营造野生动物保护区、兴修大型的水利工程和大型的防风林带，在多数情况下，也只有政府才能出资去建造和管理公共的城市污水处理或垃圾处理场，城市的绿地和公园绿地的建设亦需要有地方政府的投资。更不用说国家和地区的可持续发展需要有政府的规划，例如我国的和一些地方的 21 世纪议程都是由政府主持制定和实施的。

理论界对政府应当和可能在可持续发展中有主导地位几乎没有异议。有的学者还全面地概述了政府对绿色道路的五个方面的保障作用，即①运用资源税、污染费等经济手段来促进环境和资源的保护；②建立国家环境审计制度和环境知识库；③防止自然灾害，加强社会安全；④提供协调发展与保护的国家战略；⑤建立与可持续发展目标相适应的新型社区。

政府可以为保护生态环境和实现可持续发展做许多事情，同时，政府在执行社会公共职能上的作用又是有局限的，这不仅是指政府的财力有其限制，认识能力、决策能力和工作能力有其限制，而且，任何一个国家和地方的政府都难免受到以下的"政治性限制"。

第一，是国家保护和地方保护的限制。作为国家或地方政府，无疑必须保护自己国家和地方的利益。这种保护，在有的时候和情况下，与生态环境的保护和资源保护一致，而在不少时候和场合，又很有可能不利于保护资源和保护生态环境，乃至是加速地过度消耗资源和破坏生态环境。我们的报刊对地方保护主义的危害，包括地方保护主义如何滥采矿石、如何放纵污染、如何支持制假，已有了不少的揭露和批评。在前一章也提到国家为了自身的利益或避免落后挨打而过快消耗资源乃至破坏生态。

在当今世界，在石油资源的保护和利用问题上，突出地表现了政府的"国家保护主义"所产生的矛盾。在最近的十多年里，我们可以看到两个似乎是很不协调或很不一致的现象；一方面是许多学者在那里大声疾呼石油资源短缺、石油危机到来，尖锐指出二三十年后石油会枯竭，人类（后人）将会无油可用，因而必须减少开采，限制石油用量；另一方面是这些年里世界石油产量增加，价格大致稳定，而且在一段时期里油价还有所下降。在这件事情上，学者们是没有错的，问题是石油生产国的政府并不是在真空或大同世界里生活，而是生活于国际竞争激烈的现时代，这些国家的政府官员固然不大聪明，想靠出卖宝贵的资源来换取外汇，但聪明的官员又如何减少石油的产量来提高本国人民的生活呢？作为学者可以谴责官员们的愚蠢，但愚蠢的官员是要向高明的学者讨求可操作的富民之路的。

第二，是政府任期制的限制。政府和政府官员的任期制是很好的东西，民主政治打破专制制度乃是历史的伟大进步，政治民主化的一个巨大功劳就是废除了政府领导人职务的终身制，实行了官员或干部的选举制、聘任制，而且所有的官员、公务员都有一定的任期；可以设想，如果政府没有一定的任期，如果政府官员是终身制的，某一地方、某一职位的官员，只要不死，不管好坏，永远是官员，那还有什么民主政治，老百姓还怎样过日子。但是，民主政治，包括政府官员或干部的任期制，却未必在一切方面都是尽善尽美或完美无缺的，民主政治与可持续发展亦会有某种矛盾，这可能是与民主政府和政府官员的短期行为有关。

前已提及，相对而言，政府行为可能比企业行为更符合可持续发展的要求，但是，政府和政府官员多一些整体的和长远的考虑，这毕竟只是相对的，或只是一种可能性；一个国家和政府多考虑到短期的和当前的利益，却少有较为长远的打算和规划，或虽描绘了未来的蓝图却缺乏实际步骤坚持下去，也是有可能的和时有发生的。因为，对于一届政府及其官员来说，如果其任期是 5 年，最重要的乃是这个政府在 5 年里做出的成就。公众会重视政府和官员在其任期里的政绩，政府官员就更加关心自己在本届任期里的政绩——这与自己今后的前途和下届能否再任等相关。在这种"政绩观"的支配下，难怪有一些官员非常热衷于见效快的项目建设，对探讨和制定本地区的 21 世纪议程兴趣不大，更难怪对某些官员来说，他们甚至只考虑在当年就能取得的成效，而决不做自己参与种树而让别人乘凉的事，既不寄希望于看到自己下台后才能结出的果实，也不顾虑任期届满后会出现灾难。在这个问题上，生态学家萨克塞的观点也值得注意，他曾指出："人们常常以为政府部门更加关注公众的长期生计，但事实却肯定并非如此，他们常常只考虑是否能再次当选，或者如何巩固他们的权力。"[①] 当然，政府及其官员的任期制可能导致或影响到产生短期行为，而可持续发展的战略和实现又是最忌讳短期打算，最需要有长远考虑的；然而，这又决不意味着要肯定政府官员的终身制，终身制也并不有利于实现可持续发展。这里的问题只是，我们既需要发挥政府在解决生态环境和资源问题上的主导作用，又要设法减少和克服其局限性。

---

① 汉斯·萨克塞:《生态哲学》，东方出版社，1991：73

第三，是政府受制于企业和企业界的限制。政府区别于个别的企业和企业家，它有可能从整个社会、整个阶级的根本利用和长远利益来对待生态环境问题，在制定产业政策，环境指标、生态管理上发挥其独特的、主导的作用，然而，政府与企业的分离，即或在最理想的情况下也是相对的；从根本的方面看，政治总是为经济服务并受经济制约的，政府可以对企业界制定排污标准，政府也必须考虑企业界对环境保护的意见和要求。例如，日本在 20 世纪出现的所谓"环境行政的倒退"，就是环境厅在企业界的压力下降低了已有的环境标难。仅从这一点看，难怪有人又提出了大多数环境问题都来源于政府经济政策的失误，生态破坏应当由政府负主要责任的观点。似乎，政府既是保护生态环境的旗手，又是生态环境被破坏的祸首，虽然政府只能对生态破坏和环境污染承担有限的责任，当然是很重要的责任。

第四，对于生态环境的保护来说，政府的机构设置和职能也难免是有局限的。例如，设置了专门的环境保护部或环保局，一则可能造成一种错觉，似乎可以靠这个机构就可以保护环境，而其他的政府部门如建设部、交通部就去管生产指标，很少顾及和估计其工作对环境的影响，乃至把本部门造成的环境问题也留给环境部门去解决。二则可能受到一种权限，拿一个省来说，尽管它的环保局与建设厅等大致上可能是平级的，尽管省的环保局对有关建设厅等的生态环境工作有建议乃至监督权，但环保局基本上只能在其他部门造成了损失之后去做修补工作，它也难以估计和规划与其他各部门有关的生态环境影响，而生态环境影响则往往是全局性的。

二、市场机制与企业行为

对保护生态环境和实现可持续发展，政府行为有主导作同时，利益驱动、市场机制和企业行为也有重要的意义。可持续发展的实现和生态环境的保护不能都靠外部力量的指挥或"组织"，不能都靠计划、规划、指示和服从来施行，还必须有人们的主动性和自觉性，必须依靠人们的积极性和创造性，为此，就不能离开利益的因素，就不能没有利益的驱动。

与可持续发展有关的人口问题、资源问题、能源问题、生态保护问题；污染防治问题等，无一是可以专讲服从、专讲行政命令，或只讲转变观念、只讲道德良心，而一点不讲利益或完全不讲利益就得以解决的。拿控制人口数量来说，我们当然要做宣传，讲政策，搞规则，作奖惩，但是，如果人们仍然坚持认为多子女对自己对家庭更有利，而不是认为子女少些、素质高些对子女对自己更有利，特别是在知识经济时代有更大的利益，只靠对多子多孙观念的批判，只靠命令乃至罚款，也难以从根本上解决好人口控制的问题。何况，罚款也涉及利益。

讲到利益驱动，必然会涉及市场机制。关于市场机制与解决生态环境问题和可持续发展的关系，国内外学者对此发表了许多论著，大致上有以下两种观点：一种认为市场机制对解决环境问题和实现可持续发展也有重要的积极的意义，至少是应当发挥市场机制对保护和治理环境的正面影响，或者认为，从短期来看，市场经济对生态环境的负面影响确会表现比较突出，但从长期来看正面影响是主要的；另一种认为市场原则对一般的商品经济发展，对 GNP 的增长有特别重要的、积极的作用，但在处理生态环境问题时是不适用的，是有很大局限的，或其负面影响是主要的。

美国的一些学者率先提出了环境恶化的根源是市场体系的观点。杜博斯对"市场交易的缺陷"就有着生动而深刻的分析，他指出，市场经济特别强调的是商品的销售、利润的获得和成本的核算，而成本在实际上并不真正反映生产某种产品的实际消耗，并不真正代表企业家应当支付的各种费用，成本只包含着极有限的内容，"对于企业家来说，不会愚蠢到去支付任何可以避免的费用。……成本原来只是企业家不能不支付的款项"。于是就必然出现"私人富裕，公共污秽"①的情况。我国也有学者认为："在市场经济体系中，现行经济动力的有效性出现了严重的不对称性。它虽可有效地刺激基础资源的开发、加工和分配，但对残余物的管理和排放却无能为力。结果使得公共财产资源遭到日益严重和迅速的破坏。"②当然，除了呼唤绿色意识，这位学者也提出了要"建立一种新型的市场经济，使保护人类生存的环境成为这种市场机制的内在驱动力，而又不丧失人们竞争向上、推动社会发展的本能"，但毕竟现有的市场经济做不到这点，新型市场经济如何建立也不得而知。

这些观点可以反映出市场问题上可持续发展的矛盾，但问题可能并不是这样简单的，市场机制与解决生态环境问题的关系可能也是一分为二的。对于需要有所批评分沂的东西，为了避免过分谴责，首先必须确认应当肯

---

① ［美］芭·杜博斯：《只有一个地球》，吉林人民出版社，1997：25~26
② 柳树滋：《大自然观——关于绿色道路的哲学思考》人民出版社，1993：354

定的方面，因而我们在这里首先来讨论市场原则对于保护生态环境和实现可持续发展有积极意义的观点。应当看到，绿色的生态、清洁的环境和人类的未来，确实是需要绿色意识、高尚伦理和科学自然观的，然而，物质利益、金钱、市场却未必都注定只带来恶劣的生态和污染的环境。利益和利益驱动不仅是不可回避的，利益不仅可能使人作恶，而且，似乎不大纯洁的利益驱动，也可能促进、导致绿色发展，或可以为绿色发展所使用，为保护生态环境所利用，这是因为：

第一，在传统的工业文明发展的进程中，市场经济机制就起着促进节约资源和能源，减少人力和物力浪费的作用。简单地说，市场经济就是要有成本核算，精打细算，不仅是对某一种产品的生产要节约原料和材料，降低能耗，整个社会的运行、每一个项目的实施，也必须有成本效益的可行性论证。在这里，不允许只造样品、展品、礼品而不制造商品，不允许只算政治账不算经济账。我们过去对生态环境的一些破坏，例如1958年的"砍树炼钢"，就决不是因为市场经济太多，而是由于市场经济太少；可以设想（当然仅仅只可能是设想），如果我们早些年就明确要建立社会主义的市场经济体制，就不会有1958年的"大跃进"，也就会大大减少"大家拿"和"拿大家"，会使我们的企业大大减少不计成本带来的资源浪费和能源浪费，而不至于使它们这么快、这么严重地陷入困境。今后，为了国民经济的发展，为了实现社会的可持续发展，仍然需要在企业生产中节约资源和节约能源，为此，也还是要利用市场机制。

第二，政府行为也需要利用经济驱动的杠杆。政府部门向企业收取排污费，是促使企业顾及生态环境保护的重要措施，这是政府行为，又是经济措施，还是环保措施。正如《我们共同的未来》和其他许多文献所指出的，必须有一种办法使企业把它造成的"外部污染"变为它的"内在成本"'必须通过政府行为使企业家认识到这是无法逃避的事情，"当工业界认识到污染是一种成本，而必须在他们的生产计划中加以考虑时，他们就会有动力去采取必要的投资步骤以改革工艺，提高效率，减少污染和废物。"

第三，也是更值得重视的，企业行为有可能朝着有利于生态环境保护的方向发展。或者说，社会有可能做到既企业有利可图，又使生态环境得到改善，企业有可能做到既有经济效益，能赚钱或获取利润，同时又有社会效益和环境效益，能服务于他人和造福于子孙。

我们通常认为企业和企业家总是唯利是图的，这并不错，不能设想企业和企业家（作为企业代表来说）可以把赔钱作为指导思想，或把毫不利己、专门利人作为根本原则，如果真是这样，还为什么要办企业、开工厂？然而，如果企业和企业家难免唯利是图，不得不唯利是因，必须唯利是图，又何以避免因追逐最大利润而不加处理地排放废物，污染环境，又何以引导企业和企业家关心和从事保护生态环境和可持续发展的事业？

这里，又涉及关于可持续发展的尖锐矛盾：①可持续发展关系到人类的未来，涉及既提高群众的生活水平、改善生活质量，又保护生态环境、节约资源和能源、控制人口等一系列的重要任务，这样一种复杂而艰巨的任务需要动员广泛的社会组织参与，企业是现代社会的基本构成要素或细胞，也应当要求企业成为推进可持续发展事业的积极力量；②以追求利润最大化为目标或原则的企业，在本质上是不可持续发展的，是与生态环境保护不相容的，是与可持续发展对立的，是破坏生态、污染环境、危害可持续发展的；③这样一来，生态环境保护和可持续发展的事业又如何持续下去呢？当然，我们也可以设想，如果可持续发展的事业不可能吸收企业参与，或在本质上与企业相背离，保护生态、治理环境等可持续发展的任务就得完全由政府部门去做；然而，这里又会再出现新的矛盾，除了有政府与企业的对立，还有政府的资金困难——政府要承担管理国家机器、管理军队、兴办教育和科学事业、兴修大型水利工程和交通运输网络等任务，如果还要把一切有关保护野生动植物、建立自然保护区、建设污水净化场和垃圾处理场以及把保护耕地、淡水供应、回收废气等任务都承担起来，并长期地承担下去，其财力再大，也会兼顾不及的。

于是，这里又可以引出另一个并非完全虚构的对策设想：能否找到一条现实的办法、途径或道路，使之既能满足企业追求利润的要求，又有助于推进和实现生态环境的保护和可持续发展的需要呢？这个很难回答的问题，乃至是似乎无法回答的问题，现在已经有了解决的苗头——或者可以说，目前，国内外已有了"走产业化的绿色道路"的案例或先例。

例如，城市垃圾处理历来是由政府部门负责的，如由政府环保部门集中运输、堆放和焚烧。自从有了垃圾余热发电、垃圾综合回收并在经济上有利可图时，垃圾处理就有可能成为企业行为了，在一些国家成立了以处理垃圾为主的废品处理公司，有的发达国家垃圾再加工的比例达70%，有的人把垃圾处理叫做"废物经济"，乃至把它称为"垃圾变黄金运动"。这样的垃圾处理，企业和企业家赚钱，城市环境受益，居民受益，可持续发展，何乐不为？

再如，在我国西北沙漠地区，有一种叫"苦豆子"的野生植物，有固沙和使沙漠土壤化的作用，但当地居民曾因为缺少燃料常把苦豆子连根拨起烧掉，不善待苦豆子的生命因而又加剧了土地沙漠化，而当人们研究发现了这种植物的籽粒中含"苦参"，发现苦参有提高人体免疫力的作用，当企业家把苦豆子籽粒的有益成分提炼加工成苦参片剂和针剂，并使之能有效医治某种常见疾病和打开销路后，当企业向该地区居民批量收购苦豆子籽粒后，他们就再也不把这种野生植物连根拔掉，而靠采摘和出售苦豆子籽粒得到的钱买煤作燃料了。苦豆子的生长尽管较慢，但现在它毕竟可以持续地存在、生长、繁衍下去，苦豆子的生命、"利益"和"权利"得到尊重，它就可以发挥和扩大它的固沙和造土的"内在价值"或作用了。在这里，企业和企业家赚了钱，老百姓有了收入，地区的生态环境有改善，企业活了，人活了，苦豆子也活了，这是产业化绿色发展的一个例子。

又如，在矿物选矿厂（如铁矿选矿厂），人们在提取了矿石中的有用成分后，对于提取后留下的大量废物——"尾矿"，通常要将其堆放于尾矿坝，这样不仅占用土地，而且只能是暂时的，坝满就难以继续选矿作业；如果要把尾矿及时运走，选厂又需要支付不小的"额外运输费用"，加重选矿成本，因而能拖就拖，尾矿处理长期成为难题。然而，当人们研究发现对这种尾矿掺入某种添加物加工，就可以制成附加价值较高的建筑材料后，就会有人或别的企业会自愿地乃至有偿地去拉运或购买这种尾矿了。这样，利用尾矿的企业和企业家赚钱，选矿厂环境改善，成本降低，又能持续生产，也可谓是产业化的持续发展。

这几个例子，可以认为已提出了企业和企业家能否和如何成为可持续发展的主体（主体之一或重要主体）的问题，提出了企业走产业化的绿色发展道路是否可能的问题，这些问题显然是很复杂的，还有待作更认真细致的探讨。但至少可以让我们再思考：以追求利润和利润最大化为目标的企业和企业家，是否就完全是与为他人和后代人着想的绿色发展格格不入的；唯利是图的企业行为是否都完全与可持续发展背道而驰；靠市场机制来约束、规范和推进生态环境保护和可持续发展是否注定要失败；市场经济、利益驱动、企业行为是否就注定只能是非绿色的；实现可持续发展和保护生态环境是否就注定只能是政府的事情；作为企业发展的方向，作为企业家的一种选择，是否可能做到实际上既利己，又利他、利人和利绿，是否有可能把谋利与绿色合二为一，使利己与利人合二为一；为了有助于企业上产业化的绿色发展道路，作为政府、舆论和理论研究应当做些什么，等等。

市场机制与可持续发展决不是完全不相容的，如果可持续发展根本不能在市场经济为基础或主导的体制下实现，而只能在高度集中的计划体制下实现，那我们可能就无需改革了；很有可能，对于生态环境的保护和实现可持续发展（例如控制人口、保护国土资源、植树造林），是需要有政府行为和相当的集中，需要有一定的计划安排和指导，但高度集中的计划体制也并不能从根本上解决资源和环境保护问题，可持续发展也需要市场经济。

另一方面，我们又不能否定，靠利益驱动和市场经济原则来解决生态环境问题，来推进可持续发展的事业，是有很大局限或多方面限制的。国外的首先是英美的一些环境经济学家，提出了在环境问题上"市场失灵"的观点。英国经济学家阿·庇占在 1920 年出版的《福利经济学》中就研究了经济福利同自然资源储备之间的关系，认为商品和服务的价格应当反映全部社会成本，包括与污染、资源开发和其他形式的环境退化相关的环境成本。庇古还指出，由于个别商人从私人利益出发把污染看做是外部性因素，置环境污染于不顾，给社会带来不利影响，因而他反对以市场机制作为资源配置的唯一工具。在 20 世纪 50~60 年代，环境经济学得到了更广泛的关注，一些学者指出，市场机制的职能是把私人所有的资源、商品和服务分配给想得到它们的人，而生态环境和自然资源在相当程度上属于公共财产，而且常常还是稀缺的公共财产，不能或不完全可能为私人所有，因而，不可能主要靠市场经济体制来实现可持续发展的资源配置，类似于主要不能靠市场原则来配置国防资源、教育资源。也是基于这样的理由，有的学者指出，要用市场机制来治理环境污染，也是无能为力的；因为市场行为的目标乃是求得尽可能多的近期利益和局部利益，而不是也不可能是以人们的长远利益和整体福利最大化为目标。

早期的环境经济学多看到了在应用于解决生态环境问题时的困难，现代的环境经济学研究则较多地探讨了如何把生态环境保护与经济指标联系起来，如何把可持续发展与经济效益和经济核算结合起来的问题。例如，在《世界无末日——经济学、环境与可持续发展》一书中，除了以专章讨论了政策失灵、市场失灵、计划失灵和财产权失灵外，还提出了衡量"环境和资源退化的经济成本"、"土壤侵蚀成本"、"过度砍伐成本"、"适宜的自然资源定价"、"资源核算"、"广义的可持续收入"、"环境价值评估"、"环境保护投资对 GNP 的影响"、"生态旅游价值"、"污染控制效益"、"代际经济补偿"、"反映后代人权利原则的贴现率"等概念和计算方法。对于可持续发展来说，对现代的环境经济学的研究有重要的意义，在《中国21世纪议程》中，也要求"加强对可持续发展经济学的研究和培训活动"。

　　然而，尽管已有文献提出了关于环境经济学或可持续发展经济学的框架建构的意见，[①] 尽管人们在环境经济学研究上已有了新的进展，尽管有学术著作乃至政府文件都在批评传统的经济理论，认为"传统的国民经济衡量指标（GNP）既不反映经济增长导致生态破坏、环境恶化和资源代价，也未计及非商品劳务的贡献，并且没能反映投资的取向"[②]，但或许还可以说，至今为止，在理论上并没有充分说明如何使利益驱动、企业行为有助于可持续发展和生态环境的保护，尤其是没有提供如何利用市场机制来保护生态环境的可操作的办法。

　　例如，在已见到的一些文献中，多有自然资本、资源价值、环境成本、污染补偿的概念和原则，以及还有一些"定性的量化方法"，如认为：资源价值＝直接利用价值＋间接利用价值＋选择价值＋存在价值；自然资源价格＝开采成本＋环境成本＋未来收益；产品成本＝原材料消耗＋劳动力消耗＋清除污染的费用；对破坏生态和污染环境者的罚款＝生态环境价格；生态环境价格应高于恢复生态、清除污染所花费或支出的经费，由边际效益和边际费用的平衡点确定。

　　在对国民收入的计算上，有人主张用"可持续发展收入"（SI）来取代GNP，认为 SI 等于则 GNP 减去①污染引起的环境恢复费用；②污染的防止费用或预防费用；③由于自然资源的非最佳利用而造成资源的损失费用。

　　所有这些公式和解释都有道理，又似乎都还不大像经济学而更像是哲学。作为哲学议论，当然可以批评"自然资源不是劳动产品因而没有价值"的观点，作为哲学观点我也认为不能把价值仅仅赋予劳动产品，也赞成自然资源是有价值的，而无代价或无偿使用自然资源是不合理的；然而，作为经济学理论，问题就不仅在于概念合理，还要能够把自然资源价值计入生产或服务的成本，还要能够把"不是劳动产品的自然资源"同作为劳动产品的东西作等价交换——不进入交换、商品交换和货币交换，又何以成为经济现象。可是，只用上面的公式，我们又如何来确定和商量自然资源价值呢？公式里的直接利用价值较易理解，间接利用价值就不易把握，选择价值是当代人对后代人的支付，或可叫做潜在价值、"未来价值"，它与

---

①　刘宗超：《生态文明与可持续发展走向》，中国科学技术出版社，1997
②　《中国21世纪议程》，中国环境科学出版社，1994：25

今后科学技术发展可能会带来的价值有关，是当代人几乎无法估计的，至于存在价值，既然有益于环境和人类精神文化需要的价值，则更几乎是"无价之宝"。试想，如果用这样一些模糊的参数集合为资源价值或资源价格，即使是很高水平的会计师利用很高性能的计算机，也可能会是束手无策的。

同样的情况，作为哲学议论，当然也可以批评"自然环境不是劳动产品因而没有价值"的观点，赞同污染和破坏自然环境是要付出代价的原则，认为破坏生态和污染环境而不承担经济责任是不合理的；然而，作为经济学理论，就不仅要明确"污染者支付"、"谁污染谁治理"、"污染者负担"的原则或"污染者和使用者支付原则"，而且需要有一种可操作的办法来确定究竟是谁在何种程度上污染了江湖或大气，以及如何计算需要有多少支付。可是，如果按上而提到的要求，破坏生态者支付恢复生态的费用，污染环境者支付清除污染的费用，这首先意味着被破坏的生态大多可以恢复，也意味着清除水质或大气的污染可以作为一种工程来对待，并且意味着这种恢复或工程是可以作经济核算的，然而，在这里，也即使是很高水平的会计师，亦难以施展才能。

简言之，环境经济学或可持续发展经济学还在酝酿中，还远没有成熟到可以指导实践的程度，或者说还没有从哲学中真正分化出来；有哲学议论固然必要，哲学可能给人以启迪，但多有哲理少有算法就难以实施，经济理论上的不成熟必然会影响到用利益驱动和市场机制来推进可持续发展。

三、法制与公众参与

可持续发展的实现需要有政府的主导作用，需要有市场机制和企业行为，这两者又都与法治和法制密切相关。但考虑到立法和司法毕竟有别于政府职能，以及有必要从法制和公众舆论上略为集中地讨论可持续发展的矛盾，在这里单独列为一节。

与生态环境有关的法制问题或环境法研究，是一个专门的学科，本节不可能作具体分析，仍然只能是从哲学的角度来看环境法与可持续发展的关系问题，主要是探讨与生态环境法制有关的基本的现实情况，思考产生这些情况的原因和对我们的启示。这些问题有：①古代环境法的严格及其原因；②各国环境法的雷同及其原因；③环境法的软弱及其原因。

　　通过对生态环境法制的历史考察，似乎可以发现一个"奇怪的"现象，至少在我国曾有过这样的现象——在生态环境破坏相对不很严重的古代，有关环境保护的法律和法令却相当严格。在我国古代，不少王朝就有管理山川园林和禁伐、禁捕、禁猎、禁焚的法令，乃至有禁止在街道上倾倒垃圾的法律规定，如《韩非子》上就有"殷之法，弃灰于公道者断其手"的记载，表明殷代时就有了环境法。在周文王颁布的《伐崇令》上，有对伐树者死无赦的规定。秦王朝曾颁布春季不准到山林砍树，不准捕捉幼兽，不准毒杀鱼鳖的禁令。唐王朝的《唐律》则对毁林和破坏田园者规定了具体的处罚办法。

　　在古代特别是我国古代就有了这样一些法令其实又并不奇怪，从观念上说，那时的人们保护自然，与我国原有的敬天和天人合一的意识有关，而那时的尊重自然、保护自然又与农业的重要意义紧密相关，如果不爱护山川，不禁止乱伐和毁林，就像是如果不重视兴修水利，农业就不可能存在。从这一点看，要法制农业文明或黄色文明，也是需要保护生态的，也是需要有绿色文明的；甚至可以说，绿色文明的要求在古代就已经存在。

　　近代以来，特别是工业革命以来，世界各国都颁布了保护生态环境的法律和法令。在中世纪，英国就颁布了禁止把垃圾倒入河流的法令，在19世纪，法国颁布了鱼类保护法，英国颁布了制碱法，规定了对有毒物质管理的法规，日本颁布了河川法，美国颁布了防止污染河川的河川港湾法。在20世纪的60~70年代，日本国会制定了《公害对策基本法》和《大气污染防止法》、《噪声控制法》、《城市规划法》、《关于公害损害健康补偿法》等200多个环境保护法规。美国国会于1969年制定了《国家环境政策法》以后又先后制定了《空气清洁法》、《水污染控制法》、《资源回收法》等120多个环境保护法规。

　　我国在1979年颁布了《中华人民共和国环境保护法（试行）》，1989年正式发布，之后又相继颁布了《海洋环境保护法》、《水污染防治法》、《大气污染防治法》、《土地管理法》、《森林法》、《野生动物保护法》等。在1994年中国国务院通过的《中国21世纪议程》中，更明确指出："与可持续发展有关的立法的实施是把可持续发展战略付诸实现的重要途径。在今后的可持续发展战略和重大行动中，有关立法和法律法规的实施占重要地位。"[①]考察世界各国的法规，可以看到一个明显的现象：各国的宪法、政府组织

---

　　① 《中国21世纪议程》，中国环境科学出版社，1994：12

法、财产法、刑法、民法、诉讼法、合同法、婚姻法等通则和条例，有比较大的差异乃至重大区别；但是，各国的有关保护生态环境的法律的种类、名称、原则和条例却大同小异。在这里，对于生态环境保护的法令，需要再讨论法律的阶级性问题。

法律是社会的上层建筑，任何法律（包括民法）都是国家的或得到国家认可的，是为巩固社会的经济基础和捍卫统治阶级利益服务的，法律有阶级性，这些都是经典的观点，也是正确的观点；人们不可能找到超阶级的国家和超国家的法律。从古至今，在世界各国，关于生态环境保护的法律，作为整个国家法律体系的组成部分，也有上层建筑的性质，也是为国家权利服务的——如果听任生态环境的破坏，社会生产（如农业）和社会经济生活就不能正常运行，国家机器就不能实现其社会职能，统治阶级的利益也就无法保证。

然而，法律的使命、目的与法律条文的具体内容乃至惩罚方式毕竟还是有区别的，保护自然环境、保护自然利益（自然存在）的法律或法令，与保护特定人际关系、保护社会存在和社会利益的法律法令毕竟是有不同的。婚姻法与刑法都有规范社会秩序、保持社会稳定的使命或目的，但婚姻法的条文内容终究要反映近亲能否同婚及近亲界限这类的自然内容（生物学内容），而刑法则更多地与不同民族、不同阶级、不同集团的社会关系和社会利益相关；相对来说，在同一时代，各国的婚姻法条文的相似点较多，各国的刑法条文的差异点较多。

由于保护生态环境的法律法令必须更多地反映自然内容、反映生物物种繁殖和消逝的关系，反映生物（包括作为生物的自然人）生存、成长和发育的自然条件，因而各国的宪法、刑法、财产法、市场法等会多有区别，而各国的生态环境保护法却可能在条文内容上多有类似。从这个方面考虑，我们在制定环境保护法时可以和应当注意更多地借鉴别国的经验，可以大胆地利用共有的规范去保护本国的生态环境，而不必片面强调法律在使命、目的和根本社会性质上的阶级性。

保护生态环境的法令古已有之，各国都有类似的环境法条例，而且法律种类很多，似乎都很重视，然而，无论在发达国家还是在发展中国家，各国在生态环境法的惩罚范围和执行力度上都很有限，或者说都是比较软弱的。本来，任何事物都有其局限，任何法制也都有局限，但似乎可以认为，关于保护生态环境的法制，对实现可持续发展的作用是更有局限的。这里可能有多方面的原因，例如：①法制本来主要是讲禁止的，是用外部强制的方式来诛恶和制止作恶，从而有利于倡导善行，而保护生态环境在很大程度上需要人们自觉地考虑他人和后人的利益，主要不能靠禁止性规范来保证，类似于主要不能靠随地吐痰罚款来保持公园卫生。②保护生态环境的法制目前仍不够成熟。法制、法学与经济、经济学相反，经济还是基础。尽管现在已经有了环境法学的研究，但类似于没有比较成熟的医学经济学就难有成熟的医学法学，没有成熟的环境经济学也难有成熟的环境法学。如前所述，现在的环境经济学在很大程度上还是定性的，这不仅影响到目前的环境法学不够成熟，并且也会影响环境法制的完善和执行。③与生态环境有关的法律和法令，同其他的法律法令相比，可以说有着"控告者空缺"的弱点。在涉及刑法、合同法、婚姻法之类的法律问题时，通常都有明确的原告与被告的关系，诉讼双方坚持自己的权益，作尽可能充分的陈述。在涉及环境保护法的场合，虽然也是有被告和原告的，但可以说是当代人（原告）在替后代人的权益控告侵犯后代人权益的当代人（被告），或者说是当代人在替被侵犯的"自然权利"说话，而直接被侵害的后代人和直接被破坏、被污染的生态环境是不出场、不说话的，这样就大大减弱了控告的力量，减弱了环境法的力量。④在不少场合，破坏生态环境的人，如乱砍滥伐树木和污染空气的，常常不是一两个人，难免就会法不责众或法轻责众。

环境法的制定和执行有诸多的困难，当然不是说不要严格执法；或者说，正因为关于生态环境保护的法制有上述的问题，更需要有认真的研究和严格的司法。

可持续发展及其法制的制定和完善，与社会的舆论监督和公众参与有十分密切的联系。"实现可持续发展目标，必须依靠公众及社会团体的支持和参与。公众、团体和组织的参与方式和参与程度，将决定可持续发展目标实现的进程。从50年代以来日本的环境立法，可以明显看出公众参与的作用。从50年代后期至60年代末，日本的产业公害日趋严重。在70年代初，产业公害成为社会问题，出现了告发公害、追究公害责任、救济受害者和修复环境的"居民运动"，相继有水俣病等四大公害被起诉，"公害"一词也是日本人的发明。1970年，日本律师联合会提出了居民有"环境权"的概念。1971年日本设立了环境厅，也介入了公害诉讼。1972~1974年间，随着公害诉讼的原告胜诉，反对公害的舆论和居民运动更为高涨，并开始把目光由反对公害转向保护生态环境，采用"从反对公害到环境保全"的标语是其代表。尽管在20世纪70年代末至80年代日本曾出现过所谓"环境行政的倒退",但在公众的关心和参与下,日本的环境立法总的说来在不断地完善。由于公众和新闻媒介对环境问题的高度重视,1989 年,日本政府和联合国在东京共同举办了国际全球环境会议。日本环境立法的历程表明,从法律上保护生态环境和保证可持续发展,不仅既不是由企业和企业家发起的,而且还是以公众反对产业公害为前提的,不仅不完全是政府的主动行为,而且通常是政府在公众和舆论压力下采取的。简单地说,这里似乎有"公害——公众不满——舆论声授——政界关注——立法建构"这样的逻辑或程序。当然,在不同国体和政体的国家里,公众参与的内容和形式是不尽相同的。

议会议员或人民代表对社会立法包括环境法的提出、拟订和执行有重要的作用。在很特殊的情况下,个别的、特别重大的生态环境工程,或对生态环境有重大影响的工程需要通过全民公决的方式确认,在一般的、通常的情况下,人民(居民、市民)对产业公害的不满,对造成生态破坏和环境污染责任者处罚的意见,对保护生态和治理环境的建议,对事关生态环境的工程的态度,是直接或间接通过议员或人民代表在议会(或代表大会)上提出,再经过讨论进入立法或执行程序的。

公众多与,政治民主,对保护生态环境和实现可持续发展有重要意义。重大工程项目的策划、规划和方案不能只由主管的行政机关或个别首长拍扳,而需要经过国民议会或人民代表大会讨论通过,这是必须坚持的,实际上,在我国的人民代表大会上不仅讨论过关于生态环境的立法,而且也开始研究和讨论过重大工程的环境影响,并通过民主程序表达了代表和选民的意见。

但是,我们同时也要注意到不可夸大公众参与和议会民主对生态环境保护和实现可持续发展的作用。公众意见,或集中反映着公众意见的议员要求、代表提案,也并不都是绝对完善的,或者说也常会是有局限乃至缺陷的。前面提到,政府可能有短期行为的弱点,或许,议会制和人民代表制同样可能有短期行为的弱点,而这两者又可能是相互强化的。

政府的短期行为是与官员们如何看待自己的政绩有关的,也与议会议员或人民代表的要求和评价有关。无可否认,由于绝大多数的议员和人民代表更集中反映着公民的根本利益和要求,他们通常要比一般市民或个别老百姓看得远些,更关心和注重于社会和国家的长远发展的需要,例如他们特别重视发展教育,也重视未来的持续发展。但是,事情可能还有另一个方面,因为社会公众(居民的多数)很自然地常会更加关心与自己的切身困难和切身利益相关的事情，自然也就会更加重视尽早提出和尽快办好迫切需要解决的现实任务，例如怎样增加就业、如何提高国民生产增幅，怎样增加实际工资收人、如何扩大居住面积、怎样改善医疗条件，如何保证灾民生活等。作为集中反映或代表公众利益和公众要求的议员、委员和代表，不仅他们同样也是有任期的，而且他们的职责就是要充分听取、了解和代表公众的这些要求，思考提出满足这些要求的办法，这样，他们就会自觉或不自觉地把近期要办的事较多地变为提案。而议会和人民代表大会就必须认真讨论和处理这些提案，在现实问题繁多、重大、紧迫的情况下（议会和人民代表大会的事情总是很繁忙的），就有可能出现急事先议、急事先办、其他让路的选择，把一些有长远意义的事情拖延下来乃至放在议事日程之外。例如，在有的时候，议会可能一方面对于发展教育和保护生态环境表现出"强烈的关注"，同时又可能把更多的经费用于市政、国防和社会救济。

在公众参与的问题上，生态环境的保护和发展教育大致处于相同的境地，即它们都居于"很重要任务"，它们都有可能被重视、关怀和支持，它们又都属于"非紧迫任务"，都有可能在实际上被拖延、淡化或搁置。对于这个问题或矛盾，有位美籍华裔教授曾经说过一段值得深思的话，他说，20世纪世界有两大潮流，一个是科学化，一个是民主化，科学化的结果是要求更加重视教育，而民主化的结果则是要把最现实的大众要求、迫切要求放在突出地位，从而削弱了教育，近半个世纪里美国州政府对州立大学教育拨款的比例日趋下降，就是民主化进展的一个结果。我们可以不同意这位教授的意见，但有必要思考他所提出的观点，并联系到保护生态环境和实现可持续发展考虑其与民主化的关系。

第九章　科学技术：罪魁还是救星

可持续发展的矛盾与对策自始至终与科学技术有关，造成现实的社会经济发展模式不可持续与科学技术相关，保证人类未来的持续发展又关系到科学技术。在讨论当前的全球性危机的文献中，在探讨如何保护生态环境的著作中，在实现可持续发展的战略规划中，无一例外地都涉及对科学技术历史作用的评价，涉及对科学技术现实意义的估计，涉及对科学技术未来发展的期待。对可持续发展的矛盾的认识，在很大程度上就是对科学技术功能的不同理解，可持续发展对策的探索，在很大程度上就是如何确定发展科学技术的战略。

探讨科学、技术与社会的关系或 STS 的研究，已有了丛书和专著出版，考察科学技术与可持续发展的关系的论著也已经不少了。在这些论著里也反映了可持续发展在科学技术上的矛盾，论及到科技战略和科技政策上的因难，资源综合利用和能源开发上的困难等等。在这一章里，主要就科学技术观的矛盾以及绿色科技和绿色教育，提出若干可以研讨的问题。

一、双刃剑评述

从近代科学技术兴起以来，除了极个别的学者如卢梭对其持怀疑态度外，绝大多数人认为自然科学和技术就是好的，就是为人类造福的。到 20 世纪初，这种情况有了重大的改变，一些有识之士开始提出科学技术有其两重性的观点。镭的发现者居里夫人曾指出科学技术既可能造福于人类，又可能被罪犯用于作恶，控制论的创始人、美国著名学者维纳则曾把"新的工业革命"相科学技术比作是一把双刃剑，也指出这把剑既可以用来造福于人类，也可以用来毁灭人类。现在，对于科学技术有两重性或科学技术是双刃剑的观点已被普遍接受，而且，似乎还有越来越多一点的学者，如法兰克福学派和一些后现代主义者，认为现代科学技术的社会作用主要是消极的，对现代科学技术持批评态度。

认为科学技术有两重性或科学技术是双刃剑的人们，对这种两重性的理解和解释又各有不同，有的认为科学技术（这里当然指的是自然科学和工程技术、生产技术）是中性的，科学技术本身无所谓善恶，只是不同的人们应用科学技术所产生的社会后果可能为善，也可能作恶，后者的责任在于应用科学技术的人，主要不在于科学技术的发现发明者，也不在于科学技术本身；另一种观点认为科学技术本身就不是中立的，而是有价值负荷的，科学技术本身包含的科学事实和技术手段就可能有善恶之分，如"香烟含有尼古丁"的事实判断就不是中性的（因为它告诫人少吸烟）；还有的人认为自然科学本身没有善恶，而技术作为科学的应用则有善恶，如医疗技术就是善的，原子弹技术和细菌武器技术就是恶的。

这里不准备详细或展开地讨论对科学与技术关系的认识，以免离开可持续发展问题太远。作为基本的观点，就本章探讨的问题来说，可以不必对"科学"和"技术"作严格的划界——尽管我以为科学同技术有原则性的区别，技术并不就等于科学的应用；再者，或许也不必对"技术本身"和"技术的应用"作非常严格、非常清晰的区分，很有可能，我们会很难找到没有任何应用的技术本身，或找到没有什么技术本身的技术应用。

基于这样的基本认识，这里也不对"科学技术的两重性"与"科学技术应用的两重性"作明确的划分，而只是笼统地采用"双刃剑"的提法，着重于具体地分析科学技术究竟是一把什么样的双刃剑，探讨科学技术究竟有哪些两重性，对人类的发展究竟带来或造成了哪些矛盾，特别是对人类发展的可持续与不可持续究竟起了哪些作用。

首先，我们要肯定科学技术总是在不断进步、不断提高、不断发展的。如果说一种社会形态在繁荣后可能停滞、倒退乃至瓦解，一种文化形态如格律诗词、交响乐、京剧在达到某种高峰后可能难以超越乃至萧条，自然科学和技术由于其有不断继承和连续积累的特点，则总是在充实、丰富和上升的，只要人类存在，科学技术总是在持续发展的；然而，有了科学技术的持续发展，未必就意味着必然有人类的可持续发展，持续发展的科学技术未必全都有利于社会的可持续发展。

对于科学技术的两重性或双刃剑作用的分析，理论上已有了不少论述，概括地说，大致涉及以下一些方面：

第一，总的说，自人类有了科学技术，特别是有了近代的实验科学和工程技术以来，人们基于对自然规律的认识，基于利用、控制和改造自然的手段和方法，扩大和改善自己的生存条件，推进生产力的发展，丰富了社会的物质文明，创造和积累了巨大的物质财富，提高人们的生活质量，促进了文化教育和医疗卫生事业的进步，并使社会的精神文明有可能步入健康成长和兴旺繁荣坦途，在这个基础上，未来的人们才有可能继续前进和持续发展；另一方面，人类利用科学技术成果去变革自然、控制自然、改造自然，又可能并且在实际上破坏了原来的生态系统，创造出了一个符合科技规程却未必对人类都有益的人工系统，造成严重的环境污染和其他一系列重大的全球性问题，威胁当代的人类，更威胁到子孙后代的生存，乃至使人类未来难以延续或不可持续。

第二，材科和能源是人类文明的基本支柱，资源开采和资源开发技术的进步，可以不断开拓出新的材料、新的能源，不断使非资源成为资源，不断造成资源利用的多样化，提高资源和能源利用的效率，例如利用地下深部的矿产资源、地热、海底油气资源，太阳能高效利用、资源的综合利用更有着广阔的领域和无限的潜力；同时，采油、采煤技术的发展和应用，技术的多样化和无节制的应用，又不可逆地导致非再生资源的减少，加速非再生能源的耗竭，当代人用先进的科学技术挪用儿孙的地球，是后代人用更先进得多的科学技术再也无法弥补的。

第三，科学技术特别是医疗科学技术对于延续人的生命，保持人种的繁衍有巨大作用，它降低了婴儿死亡率，使人能括得更健康、更长寿，可以说，从医疗科学技术本身及其作用看，它无疑是善的技术，我们当然要大力发展医疗科技，不断提高医疗科技的水平，不断普及医疗科技知识和扩大医疗科技应用；同时，我们又要看到，医疗技术的不断进步，例如各种新的、先进的医疗器械大量出现，又会不断增加医疗成本和人们的医疗开支。在医疗检查上从使用 X 射线机到 CT 机，到核磁共振，是医疗技术的进步，也是医疗费用的"进步"。从过去的医护条件只能使 2500 克的新生儿成活，到目前的医护条件可以使 500 克的新生儿成活，是医护水平的提高，也是医护支出的提高。但是，由于医疗技术的发展和广泛应用，也促成了人口数量的不断增加，给资源消耗、粮食供应、就业机会以及解决人口老龄化的社会问题等造成压力。

第四，科学技术可以使劳动生产率得以不断提高，使利用相同的劳动能创造出更多的产品和价值，使产品和服务的质量不断完善，使人们生活水平提高；但随着科学技术应用领城的延伸（如地下深层开采，资源的深层次加工），对于后开采后开发得到的资源，对于后代人得到的资源和原材料，人们遇到的困难会更多，要付出的劳动量又可能会增加，原材料的可比价格必然趋于增高，导致其他产品的性能价格比趋于上升，引起通货膨胀，延续生活水平的提高。

第五，科学技术的进步，劳动生产率的提高，物质财富的增加，提高了群众的实际收入和生活水平，可能使原来比较贫困的阶层、地区和国家逐步富裕起来，当今发达国家中工人的实际工资和购买力高于早期资本主义条件下工人的水平，多数发展中国家在 20 世纪里减少了贫困，总的说来，人类的平均生活状况是不断提高的，社会平等和人际公平的状况是有所改善的；但是，最新、最高的科学技术成果总是首先造福于富国和富人的，科学技术也可以成为主要是由富人、富国控制的权利和特权。实际上现代科学技术又扩大着世界的南北差距和一国内的贫富差距，而且，由于科学技术和知识程度的差异，也会扩大人们之间的矛盾，扩大人际不公和不平等。

第六，现代科学技术特别是微电子技术的发展、微电脑的广泛应用，减轻了人们的体力劳动，缩小了脑力劳动与体力劳动的差别，使劳动结构、产业结构、社会结构更加合理化，信息科学技术乃是知识经济时代的主导科技，信息科技对人类未来，包括对生态文明的发展和生态环境的保护，对实现可持续发展会有越来越重要的意义；但是，现代科学技术的发展，知识价值的增大，又可能使国际关系更加复杂化，使各个国家之间的智能竞争、人才竞争更为尖锐。在这个竞争中，科学技术大国会在经济上、政治上、军事上取得更为权威的地位，科技发达国家会拉大与发展中国家的差距，国际关系中的平等和国际合作中的公平可能会面临更大的困难。

第七，科学技术特别是交通运输技术、通信技术、网络技术，增加了人们之间的交往和交流，密切了人们在认知和情感上的协同与合作，无疑属于人情科技或善的科技，是可持续发展需要依靠的科技；但这些科学技术又会因减少人们的直接接触而演化人际关系，限制了人际交往与合作，乃至使人只重视数字轻视体验，把更多的时间用于面向屏幕而拒绝面向实践，而人类社会的任何发展，包括有活力的可持续发展，以及充满生机的理论纲领、路线方针、体制和政策，都是要以社会实践为基础的，都需要人们的直接交往、切身体验，通信网络或许也有可能增加血管却未必会增加新鲜血液（增加血液的质和量）。

第八，科学技术大大提高了生产物质财富的能力，使人们拥有了更多的物质产品，科学技术又是头等重要的战斗力，科学技术对于巩固国防、抵抗侵略有重要作用；同时，科学技术又大大提高了毁灭物质财富和杀伤人体的威力，在两次世界大战和近半个世纪的局部战争中，尖端军事科学技术武器已造成了人们生命财产的巨大损失。在特定意义上，现代科学技术又可以成为第一破坏力，战争造成的对生态环境的破坏，可能远大于"八大公害事件"造成的后果。然而，至少是在现象上（当然我们不能仅仅是从现象看问题），至少是到现今为止（当然我们仅仅从一时看问题），科学技术更发达的国家，或自以为科技与经济实力很强大的国家，多与引起战争有关。而且，在如何评价军事技术的问题上，我们似乎还难以有充分的理由和论据说明原子弹技术本身只是中性的，或细菌战技术本身就是中性的。

这里列举的科学技术两重性，或科技双刃剑的表现，总的说可以归结为一个简单的论断：科学技术既不就是造成不可持续的罪魁，也不就是足以赐给可持续发展的救星。仅就这个论断看几乎是没有什么实质性的内容，甚至可以认为什么也没有说。当然，人们对此还常有一点补充，即说明科学技术两重性中的任何一个方面都不可能独立存在，说明人们对科学校术不可能只要其好的方面，不要其坏的方面，科学技术总要同时既扮演造福者又扮演为祸者的双重角色；然而，这个补充说明仍没有增加多少有实际意义的东西。尽管如此，我们仍然要肯定，确认科学技术的两重性，是讨论可持续发展的一个重要前提。

二、何有技术悲观主义

科学技术有两重性，人们对科学技术意义的评价也有两重性，简单地说，持别看重科学技术的积极方面的，可认为属于科技乐观主义，特别看重科学技术的消极方面的，可认为属于科技悲观主义。在阐述人类未来和可持续发展的文献中，常常会涉及对科技乐观主义与科技悲观主义的述评。

人们通常认为，在近代。卢梭是科技悲观主义的代表，培根是科技乐观主义的代表，科技乐观主义的思想在近代占上风；在现代，则似乎没有培根那样代表科技乐观主义的学者，而罗马俱乐部的丹·米都斯、法兰克福学派的马尔库塞以及海德格尔等哲学家，则是科技悲观主义的代表者，《增长的极限》是现代科技悲观主义的代表作。而且，在以往，我们通常是对科技悲观主义持批评态度，认为它是一种片面的科技决定论。

考虑到科技悲观主义与可持续发展问题有密切联系，考虑到我们过去多有对科技悲观主义的批判，这里略作一些述评，包括作一些肯定的分析。

第一，我们需要弄清楚科技悲观主义的实质。其实，所谓的科技悲观主义者，大都并不反对或否定科学技术，而主要是批评科学技术的恶的方面，或较多地指出了科学技术有作恶的可能，更确切些说，那些曾被我们认定的科技悲观主义，或许应当居于科技批判主义。对于科技两重性的探讨，科技两重性观点的提出，在相当程度上可以说是科技批判主义或科技悲观主义的功劳。

第二，我们需要区分对科学技术持怀疑、批评和悲观态度的不同情况。大致说，对科学技术的批判可能有三种不同的类型：其一可以说是"社会的批判"，主要是认为只靠科技不能驱除邪恶，拯救社会，不能免除战争，拯救世界，例如爱因斯坦就有这样的看法；其二可以说是"人文的批判"，主要是认为自然科学和生产技术的发展应用使人们更关注于物质的成就，强化了人们的物质欲望、物质利益和物质追求，淡化、消减了人们的情感和精神追求，造成了"单面的人"，例如马尔库塞就有这样的观点；其三可以说是"生态的批判"，主要是认为科学技术的应用破坏了生态，污染了自然环境，认为科技应当对生态环境的破坏负责，至少要负重要的责任。我们不应该把这些不同角度或不同类型的批判，都简单归一地作为科技悲观主义。

第三，我们还需要重新考虑对科技悲观主义应持的态度。对于科技批判主义，包括上面提到的社会的批判、文化的批判，如果将其理解为是对科学技术作用的一种分析态度，是有其积极意义的。就讨论可持续发展的问题而言，我们当然应当更加关心对于科学技术的生态批判，或更加关心生态的悲观主义，自然需要从生态环境方面着重考虑对科技悲观主义的态度。在这个问题上，人们的意见至今仍是有所区别的。一些学者更强调对科学技术的生态批判的意义，着重指出，为了认真对待可持续发展和保护生态环境，很有必要认真研究科技悲观主义提出的警告，应当赞同科技悲观主义的某些观点，至少是要降低对于科学技术的期望；而另一些的学者仍认为，科技乐观主义与科技悲观主义都有其片面性，都应当批评，在今天虽然要着重警惕对科技的盲目乐观，却不必对科技抱悲观态度。实际上，坚持要保护生态环境和实现可持续发展的大多数学者，都是认为仍然需要依靠科学技术的。

第四，是我们需要再度确认究竟是哪些人物、哪些著作或哪些观点是代表科技悲观主义的；如果这个问题搞不清楚，我们的赞同或批判又从何谈起，又如何确切地把握要全面地、实事求是地对待科技悲观主义？对于这个问题，在这里提出几点看法：①科学技术悲观主义或科技悲观主义需要正名，科技悲观主义应当既是对"科"（科学）的悲观主义，又是对"技"（技术）的悲观主义，即对科学技术有全面的怀疑或否定；②科学悲观主义的思潮或学派似乎是难以发现的，在已有的文献中，尽管可以看到个别人偶尔提及"科学是邪恶的意识形态"，从理论论证来看，我们在事实上难以找到真正怀疑科学、怀疑科学认识、怀疑科学知识的代表人物，难以找到真正否定科学态度、否定科学精神、否定科学方法的代表著作；③真正的"科技悲观主义者"或从生态环境角度完全否定科学技术的人不能说一个没有，但很难找到。或许，卡普拉是从生态环境的角度完全否定科学技术的人，例如他认为"有一点可以肯定，这就是科学技术严重地打乱了，甚至可以说正在毁灭我们赖以生存的生态系统。"① 但是，对于大多数学者来说，他们的观点都没有这样的绝对，例如美国学者拉兹洛就只是说，过去二三百年的技术有相当一部分不是给人类造福，而是给人类造祸，因为它们消耗的能量和物质太多，造成的环境损害太严重，并认为需要寻找和采用新科学和新技术 ②。

这里有必要回到前面提到的《增长的极限》与科技悲观主义或技术悲观主义的关系问题。有不少文献都认为罗马俱乐部和《增长的极限》是代表技术悲观主义的，我以为这可能是一种误解。实际上，说这本书是反对技术乐观主义的，或认为这本书持技术批判主义的观点，是有根据的，说得过去的，至少是因为，这本书的第四章即"技术和增长的极限"这一章明白无误地不同意"对技术抱有明显的乐观主义"，不同意"技术乐观主义的希望"，讲到了"最普通和最危险的反应，就是技术乐观主义"，而且，在这一章中还有以"技术的副作用"和"技术所不能用决的问题"为小标题的"专论"，其中还指出，"今天有许多问题并没有技术上的解决办法。例如核军备竞赛、种族的紧张状态和失业"。

然而，如果我们仅从丹·米都斯等认为经济增长有其极限，从他们在实际上持有零增长的观点，从他们批评了技术乐观主义，就认定他们是技

---

① 弗·卡普拉：《转折点：科学、社会兴起中的新文化》，中国人民大学出版社，1989：16

② 参见拉兹洛：《系统哲学讲演集》，中国社会科学出版社，1991：271~172

术悲观主义的代表，《增长的极限》是技术悲观主义的代表作，这就未免太简单化了。对经济无限增长持悲观主义态度，或许可以说这是经济悲观主义、经济增长悲观主义，并不就等同于科学技术悲观主义或技术悲观主义。对技术乐观主义提出了批评意见，未必就是主张技术悲观主义，类似于对资本主义提出了批评未必就主张社会主义。

何况，《增长的极限》在批评了"相信技术是一切问题的最终解决办法"的技术乐观主义观点之后，紧接着又明白无误地写道："另一方面，我们自己是技术人员，在技术机构里工作。我们的意图当然不是把技术歪曲成无用的或者不必要的。我们坚定地相信，……许多技术发展——再循环、控制污染设备、避孕药——只要深思熟虑地与控制增长相结合，对人类社会的未来确实是必不可少的，正如我们在这里对不加思考地接受技术的好处表示反对一样，我们对不加思考地拒绝技术的好处同样感到很遗憾。"[①]

总之，我以为没有理由认定丹·米都斯和《增长的极限》是代表技术悲观主义的，与此有关，把法兰克福学派的马尔库塞等和海德格尔归之于科学技术悲观主义也是可以商榷的。马尔库塞固然认为科学技术不能保证人类的自由，但又认为科学技术是实现人类自由的必要条件。在海德格尔看来，现代科学技术使人昧于天命，危及人类的存在，同时科学技术又是一种拯救的力量，他又有可能将人从对存在的疏远中解救出来。至少，马尔库塞、海德格尔并不是极端的科技悲观主义者。

最后，即或是认定罗马俱乐部的学者等人的观点就是技术悲观主义，我们也不能只是批判这种悲观主义，而需要重新给予评价；如果我们过去对科技悲观主义批判得太多或有片面性，那就似乎应该为这种批判"平反"，乃至给技术悲观主义记功——没有《增长的极限》和它代表的悲观主义，人们就很难这样及时和尖锐地提出可持续发展的理论和战略。

三、绿色科技的意义与困难

实现现代化建设需要科学技术，实现可持续发展也需要科学技术，问题是适应于可持续发展的科学技术究竟是什么，包括哪些内容，有什么特点。不少国内外学者已指出，发展和运用绿色科技，最符合可持续发展战略的要求。美国的一家杂志就提到，"21 世纪将是绿色文明的世纪，发展绿

---

① 丹·米都斯等：《增长的极限》，吉林人民出版社，1997：116

色科技已成为当今世界的一股强大的浪潮"。我国的刊物已发表《将绿色科技纳入我国科技发展总体规划中》的文章。

绿色科技，简单地说，就是适应于可持续发展要求的科学和技术，或称可持续科技。它首先是对整个科学技术活动的一种导向，而不是仅就某一门学科的性质、某一个定律的内容或某一项操作的功能来说的。这种导向，其一，从科技发展战略上讲，主要是指：人们在从事科技工作，在发展和应用科学技术时不仅要为科教兴国战略服务，为提高社会经济实力和综合国力作贡献，而且要为实现可持续发展战略服务，为建立良好的生态环境作贡献；其二，从科技发展的基本要求讲，各门科学技术、各种科学技术活动，都要符合生态化的方向，不仅农业、林业要实现产业生态化，冶金、化工、建筑、交通、服务等传统行业的科技工作也要以有利于生态化为方向，技术和产业的生态化，主要是指既要有经济目标又有环境目标，力求做到低消耗和低污染，实现清洁生产，对环境安全，有利于人与自然的协调发展。

一般地说，似乎各门自然科学都是绿色的，因为自然知识本身不会造成生态破坏或环境污染。从一定意义上讲，不仅无污染的技术是绿色技术，有利于可持续发展的技术是绿色技术，那些少污染、低污染的技术也可以列入为绿色技术。就具体的专业说，不确切地划分，似乎又可以把绿色技术区别为两类：一类主要是保护绿色的技术，如治沙技术、预防病虫害技术、污水处理技术、垃圾无害化处理技术以及医疗技术等；另一类主要是推进绿色发展的技术，如高效节能技术、资源综合利用技术、新能源开发技术（如太阳能高效利用技术、核能的安全利用）等。

绿色科技有时还特指与生物资源有关的科学技术，从内容和形式看，绝大部分生物技术是名副其实的绿色技术。这里所说的生物技术，不仅是指现代的基因工程，如利用基因的变异、剪切、重组来育种或制药，还包括对各种天然生物资源的各种形式的保护、提取和加工，例如用现代生物化学方法提炼野生动植物的有益成分，使之成为有特殊疗效的药物、保健品、农药；这不仅属于生物技术，而且有一些还可以是"生物高技术"。发展绿色科技，对于推进科技进步和科技体系的完善有重要的意义，对广大的科学技术工作者发挥积极性提出了更高的要求，为他们发挥创造性提供了广阔的天地。为发展经济，为人类延续，这二者的结合，既应当是当代科技工作者奋斗的动力，又是引导科技工作者选题的指南。如果说，人们过去更强调的是经济建设要依靠科学技术，科学技术要面向经济建设；今后就还需要强调可持续发展要依靠科学技术，科学技术要面向可持续发展。绿色需要科技，科技面向绿色"，既加重了科学技术的任务，又有利于科学技术水平的提高。

绿色科技的特殊意义是它适应可持续发展的需要，是它有助于解决资源和生态环境保护等有关人类命运和人类未来的问题。同时我们也要注意到，发展绿色科技的意义重大，其艰巨性也极大——正因为发展绿色科技的任务十分艰巨、非常困难，才有非常关键、十分重大的意义。

绿色科技发展的困难首先来自科学技术本身，其中最重要的可能是寻找可持续能源和解决废物回收再利用的问题。

如何提供可持续能源，是绿色科技发展的首要的、最难的任务。已有许多文献强调了能源对历史发展和人类未来的极端重要性，指出了能源形式是人类文明的标尺，人类文明的程度靠利用能量的能力来衡量。这里也可以说，解决能源问题，是能否实现可持续发展的最关键环节。人类文明从来是以材料、能源和信息为支柱的，可持续发展的文明必须有材料的可持续、能源的可持续与信息的可持续三者的支撑。但这三者的情况是不同的：信息的可持续并没有特殊的困难，科学总是不断发展的；材料的可持续取决于资源的可持续，只要有足够的能源，许多非资源可以转化为资源；能源的可持续要分析，可再生能源可持续却不多，至今主要利用的是难以永续以非再生能源，因而需要寻找适用于可持续发展的能源或叫"持续能源"，这是绿色科技要做的最关键、最重要的事情。

然而，正是在寻找可持续能源的问题上，科技发展面临着最大的困难。迄今为止，开发高效、清洁、安全能源的工作尚未取得重大突破，无论是可控核聚变还是太阳能高效利用，或是地热、潮汐能的利用，都还没有达到或充分达到可实用的程度。如果没有足够的清洁能源，仍然用石油和煤作为主要能源，不仅难以解决资源永续利用的问题，也难以从根本上避免和缓解环境污染。《我们共同的未来》就一再指出："对可持续发展来说，一种安全和可持续的能源道路至关重要，可我们尚未找到这条道路。""能源是日常生活所必不可少的。将来的发展关键取决于那些可以长期获取而又能不断增加其数量的能源，这些能源必须既安全又不污染环境。目前，还没有任何一种单独或混合的能源能够满足将来的这种需要。""必须把今后一个时期看做是一个过渡时期，从一个以非持续的方式使用能源的时代向新的时代的过渡。现在尚未找到一条大家都能接受的，通向安全和稳定的能源未来的道路。我们认为，这些困境尚未被国际社会以充分迫切的心情和从全球的观点加以研究。"[①] 在人类即将进入 21 世纪的今天，能源科技仍然有待突破，我们仍然处于能源过渡时期。

解决废物回收再利用问题，对于人类未来和可持续发展有着根本性的意义。在这里首先有一个观念问题——究竟有没有废物，对谁有废物。可以说，自然界本身是没有或无所谓废物的，废物总与无用、可弃相关，自然界系统的每一个因素都是必要的、不可缺少的。"废物"明显地是一个以人为主体的概念或人类中心主义的概念，例如，因为某个对象对我没有用处，可以抛弃，对我来讲这个东西就是废物。

人们早就注意到工业废料一方面是生产的排泄物，另一方面又可能成为再利用的原料。在工业不很发达、人口为数不多的情况下，废物不多，再利用也比较简单。随着工业发展和人口膨胀，生活和生产排泄物的品种繁多，数量激增，再利用就成为关系到人类能否继续生存的重大问题。现在的城市已处于大量工业垃圾和生活垃圾的包围之中，当代人留下的垃圾对后代人的基本生活条件已构成威胁。在这样的情况下，在生产中采用回收（recycle）、再利用（reuse）、无废料工艺（reduce waste），即三 R 工艺，对出现的废物实行回收再利用，已成为关系人类命运的重大战略问题，成为绿色科技要完成的重大战略任务。日本有的学者把"确保自然和社会可持续发展的社会"称作"回收再利用社会"，这是值得认真思考的。

三 R 工艺是环境保护型工艺，采用这种工艺技术的生产是绿色制造，三 R 技术是可持续发展技术，但在目前，尽管人们在利用废纸生产再生纸，玻璃回收，利用矿渣、钢渣生产水泥，从烟尘中回收二氧化碳等方面已取得了进展，有的方面还进展较大（如发达国家废纸回收利用率超过 50%），但总的说来，三 R 工艺目前还基本上是一种倡导，远未在各个产业的技术和设计上落实。例如，对大量的橡胶、塑料至今还没有很有效的回收利用办法，处理好城市垃圾的问题也未得到很好解决。

发展绿色科技，解决寻找新能源，提高废物回收效率等问题，克服科技领域的困难，是应当由科技工作者去实现和克服的，也是他们经过努力可能取得突破的。另一方面，绿色科技的发展还有"科技以外"的支持，包括需要有合理的科技战略、正确的科技政策、政府和市场的资金保证、对科技成功的奖励和知识产权保护等，在这些方面，同样存在着诸多的难以解决的问题，需要想办法去克服困难。为绿色创造必要的社会经济环境，

---

① 世界环境与发展委员会：《我们共同的未来》，王之佳等译，吉林人民出版社，1997：17，214，216

解决有关社会支持的问题和困难，就不仅要有科技工作者的参与，而且还要有社会决策者、经济专家、法学家甚至哲学工作者参与了。

发展绿色科技，涉及很多很多学科，多种多样的专业，例如需要开发能替代氟利昂的高效、安全的致冷物质，以减少对臭氧层的破坏，需要研制低毒无毒的杀虫剂，以避免人体食物污染，市场需求会影响到何种领域的何种技术可能优先发展。但是，对于一个国家、一个地区，特别是在与保护生态环境和实现可持续发展有关的问题上，可能会碰到在诸多的技术领域如何选择主导技术，以及选择和确定合理的技术体系的问题，而做出有战略意义的选择也常常是很困难的事情。

通常都认为，21世纪的技术发展应当选择少污染、可持续又能满足群众需要的技术为重点，然而，要落实这个原则却不是轻而易举的，这里涉及对国际环境、国家实力和已有科技基础的估计，还涉及对未来科技发展的预测和估价，而做出恰当的估价乃是相当困难的，有时虽然经过了大量的调查、激烈的争论和复杂的论证，仍然难以做出结论。

例如，什么是21世纪的主导技术，对于确定科技发展战略至关重要，但这个问题却是不大容易一下子弄清楚的。对于21世纪的主导技术，当前至少有两种不同的理解和提法：一是认为仍然是计算机技术或信息技术，信息技术不仅有无可限量的功能，而且信息产业还是最少消耗能源、最少污染的，当然最适应和符合绿色发展的要求；另一种观点则认为生物技术对人类未来和可持续发展有根本的、头等重要的意义，其理由大致是：① 21世纪应是生物世纪，分子生物学、DNA的发现、基因重组等划时代的重大突破，使生物工程成为前沿领域，例如，具有抗病虫害基因的棉花品种培育成功等，就预示和表现着生物技术的巨大潜力和前景；② 19世纪至今（近现代工业文明）的技术体系及与之相关的产业构成，主要是以机械加工、热电转换、化学合成为基础的，除了酿酒、制糖等相对简易的活动外，对极为多样的生物资源的认识极其有限，对天然生物（百草）的深加工利用极其有限，当然对它们的保护也极其有限，生物技术和生物产业在今后应当和必然会得到长足发展；③对可持续发展尽管可以有诸种界定，但从根本上说，就是要不断解决当代人和下代人的衣食住行和生老病死问题，并不断提高人们的生活质量。未来的这一切，首先仍要立足于农业、食品加工、医药等方面的基础技术和基础行业。

这两种意见的争论可能还会继续下去。例如有的会更加强调人类的未来文明必须要有信息技术的支持，要靠信息技术作保证，用信息技术来优化，信息文明是生态文明的基础，绿色文明是信息文明与生态文明的结合；有的会认为计算机再伟大也不能直接（强调直接二字）解决人们的吃饭、穿衣、住房、旅行、治病的问题，计算机技术同生物技术、环保技术结合，对绿色有益，把计算机用于火力发电、冶金、化工、导弹制导、核爆炸等，虽有可能使现有技术体系的功能达到极限，却未必都有助于生态环境的优化和实现绿色发展。问题的困难还在于，这样一类的争论是不能用表决方式来作结论的，而久久没有结论又何以决策？

绿色科技的发展还有其特殊的困难——经费投入的困难，这种困难与前面提到的"显投入、隐产出"的矛盾紧密相关。理想化地或抽象地说，绿色科技有益于可持续发展，有益于生态环境的保护，社会、政府和企业当然应该投资以促进它的发展和应用，但是，我们又必须正视，不少绿色科技的生态效益同经济效益在不小程度上和相当时间里是不统一的。例如，不少的生态保护技术、治理污染技术以及生态农业技术，从原理上是正确的，实际上是有用的，但却可能因为没有相当的赢利或赚不到钱，而难以发展、完善和持续应用。有一种生态农业的模式是"筑堤灌水，水中长树，水上养鸥，水中养鱼，鱼粪肥树，树叶肥水，树荫栖鸟，鸟粪喂鱼"，技术上可能报合理，但如果生产出的鱼、鸭的价格比专业养鱼场和养鸭场的价格高许多，这种生态农业模式尽管符合绿色要求也难以持续下去。

当然可以设想，社会和政府应当号召居民支持绿色技术制成的产品，虽然多花一点钱也首先购买绿色科技产品，而不买或少买虽便宜却不利于保护生态的产品。例如，德国政府在 1993 年就规定，到 1995 年政府的文件用纸 20% 要来自回收后制成的纸张。然而，问题也还有另一个方面，对于同样高质量的纸张，如果用废纸回收制成的比用原木木浆制成的成本要高，价格要贵，政府又如何规定居民必须优先购买再生纸；如果政府可以规定优先购买再生纸，又如何规定企业必须优先购买价格可能贵些的回收再生铜、再生锌呢？当然还可以设想，对于绿色科技制成的产品，如果成本高，则应由政府给予补贴，使之不致赔钱，从而有利于这种技术和产品的推广，实际上，一些国家的政府正是这样作的。然而，政府对少数绿色科技产品可以补贴，又何以推广到对其他的绿色科技产品也给以补贴呢？当然可以再设想，一方面，社会舆论要有提倡，政府要有规范和补贴，另一方面，绿色科技要努力设法降低成本，力争生态效益与经济效益统一。这样当然是最好的了，但这也是说起来容易做起来难，而且需要时间。

绿色科技的发展和应用都有不少困难，这些困难的不断克服，也就同时会显示出绿色科技的伟大意义。绿色科技领域的突破，不仅意味着某一个学科或专业里的变革，而且可能导致科学技术体系上的创新，导致自然观和方法论上的创新。与传统科技相比，绿色科技大致有两个根本性的特点：一个是上面提到的生态化，另一个则是它的综合化；既生态化又综合化，必然要求和产生科学技术体系上的区别或创新。

绿色科技的生态化与综合化紧密联系，综合化表现于它遵循有机论的自然观和系统论的方法，在内容和功能上突出反映出各门学科的交叉、渗透和结合，常常越出了现有专业分类的界限。例如，烟尘和污水的处理技术就不仅需要用物理的方法、化学的方法，还需要用生物的方法；生物资源的深加工或提取就不仅需要有生物学、有机化学的知识，还需要有生理学、病理学的知识，不仅需要有农业技术、林业技术，还需要有化工技术、食品加工技术、制药技术；矿山尾矿利用就不仅涉及采矿技术、冶金技术，还涉及材料技术、建筑技术乃至生物技术、土壤技术。

然而，我们现有的学科专业体系，基本上就是按数、理、化、天、地、生、采、选、冶、机、电、土、农、轻、交来划分的，不少绿色科技的项目和成果有时就难以完全纳入到这个体系之中。例如，水处理技术、垃圾无害化处理技术、尾矿处理和利用的技术，就不易在现有的学科专业目录中找到位置，要确定它们的地位就有可能需要修正已有体系。我们有理由相信，随着绿色科技的进一步发展，特别是与资源综合利用、生态环境保护和回收再利用的科技和产业的发展，将会导致新的科技体系的诞生。

四、教育与人才

绿色科技的发展，科技体系的变革，必然会影响到教育和人才培养的内容和模式，同时，绿色科技的发展和应用也需要有教育的支持、人才的支持和公众素质的支持。可持续发展和绿色科技是与人们的生活方式密切相关的，人们的生活需求、生活习俗、心理情感都会影响其应用。例如，垃圾的无害化处理技术的应用固然需要技术本身的成熟，固然需要资金包括居民收入水平的提高，但也还需要人们有自觉地把垃圾分类再扔投的意识和习惯；否则，即或有了最先进的垃圾处理技术，也是难以施展才能或是无能为力的。

实现可持续发展需要特别重视教育事业，自可持续发展成为我国的重大战略，可持续发展教育研究也就成为人们关心的课题。当然，人们对可持续发展教育的理解是不很一致的，有的认为可持续发展教育主要是指教育事业本身如何如何不断发展，有的认为可持续发展教育主要是对群众进行可持续发展理论和战略的宣传，有的认为可持续发展教育主要是指教育如何适应可持续发展战略的要求，如何培养符合可持续发展需要的人才，使教育出来的人才具备发展和应用绿色科技的素质、知识和能力。这些方面都是非常必要的，特别是向广大群众灌输可持续发展意识，在当前尤为重要——如前所述，可持续发展思想是一种科学理论，而不是由群众的常识自发产生的，因此必须靠广泛持久的宣传教育使人们接受。

本节主要讨论可持续发展教育与人才培养的关系问题。可持续发展问题在开始提出时，就与人才要求和人才类型密切相关。布朗早就提到，由于可持续发展是要为人类的未来解决资源、能源和生态环境保护的问题，因而就会提出新的社会任务、新的职业需要和有新的人才结构。他认为，在未来的社会或持续发展的社会中，不仅会有某些原有职业的扩大，而且会需要有新的职业，他所列举的这类职业有能源审查员（评定住房有利的节能潜力）、风力勘察员、农学家、林学家、太阳能建筑师、生物气体技术员（如沼气发生器技术员）、计划生育助产士等。[1] 实现可持续发展将会有哪些职业需要扩大，哪些职业可能"新增"，这个问题有待作认真细致的探讨，很可能，对于布朗提到职业，可以补充需要增加从事回收再利用工作的科技人员和公务人员，而且其数量还会相当大。

绿色科技的发展要求教育事业培养能胜任新职业的人才，绿色科技的发展可能改变现有的科学技术体系，与此相关，绿色科技的发展就会影响到现有的人才教育的内容、模式和体系。或者说，可持续发展要求有与之适应的绿色科技创新，绿色科技创新要求有与之相称的绿色科技人才，要求有足以满足需要的绿色教育，绿色教育的发展要求改变已有的教育体系。

例如，我国目前的学科目录和专业设置虽已经过多次修订，日趋合理，但从有利于发展绿色科技和培养绿色人才考虑，现有目录和设置未见得就不能商榷。难道不可发问：在我国的学校，究竟是哪个学院、哪个专业、哪个硕士点或博士点"管"水处理、尾矿处理的技术和人才培养；在我们国家，究竟是哪个研究所和学校、哪个专业、哪些专家"管"垃圾无害化处理的技术开发和人才培养；对于研究回收再利用和垃圾无害化处理的人

① ［美］莱·布朗：《建设一个持续发展的社会》，科学技术文献出版社，1984：214

才，应当授予何种学科专业的学位。随着绿色科技的发展，科技体系和人才教育体系都会要求有所改变，都必然会有所改变，我们对此要有预见和准备。

可持续发展或绿色发展需要有绿色科技、绿色教育、绿色人才，这里有必要强调的是，面向未来的绿色人才仅仅掌握自然科学和技术是不够的，他们应当有相当高的素质，有绿色意识，是全面培养发展的人才，而不是"单面的人"。其实，我们早就提出过要培养全面发展的人才，问题只在于怎样去理解、去要求和去实现全面发展。我们曾经提出过德、智、体全面发展的正确方针，但在相当长的一段时期，实际执行中却是多要求乃至只要求突出政治，只强调政治思想指导；我们也接受过革命化、知识化和重视知识的要求，但又往往把知识化等同于就是学习和掌握自然科学和技术知识，或者就是进行中学数理化的补课。由于有了这种片面性，以及在中学时就实行文理分班，于是就形成了关心社会政治问题的人不懂自然科学，对科学技术不感兴趣；关心和从事自然科学和技术工作的人不大了解人文社会科学，忽视科技面向经济，低估社会精神文明的价值。

在当今的时代，特别是要适应科教兴国和可持续发展的要求，对于全面发展的人才或人才的全面发展，其内涵和要求也大大地扩展了：学习科学技术的人不仅要有书本知识，还要有技能和实践经验；不仅要致力于提高技术效率，还要关注于经济效益；不仅要关心物质财富，还要有高尚文明的精神境界；不仅要重视当代人的福利和经济增长，还要注意到对生态环境的影响和不损害后代人的权益；不仅要关注自己国家的科教兴国，还要关心人类的可持续发展。

为了达到这种要求，为了培养绿色人才，在教育工作中有必要充分重视使自然科学、技术科学、社会科学、人文科学相结合，有必要既注重于科学精神的培养，又重视人文精神的熏陶。对于工程技术人才的培养，更要使他们把务实态度同关心人文统一起来。其实，工程从来就是以人的尺度来进行的，从来就是要满足人的需求，适应人的生理、心理和习俗的，在当今的时代，自然科学、工程技术、社会科学、人文科学更互相渗透、互相影响，乃至相互融合成为统一的"科学技术场域"对社会经济和社会文化起作用，呼唤着知识经济和信息文明时代的到来。爱因斯坦早就说过："用专业知识教育人是不够的。通过专业教育，他可以成为一种有用的机器，但是不能成为一个和谐发展的人。要使学生对价值有所理解并且产生热烈的感情，那是最基本的。"①爱因斯坦在这里讲的"和谐发展的人"和要理解价值，值得从绿色人才素质的角度去思考；再值得注意的是，在爱因斯坦讲了上面的话之后，他接着又说了要把人文科学推荐给大家。

全面发展的人才也应当是有创造性的人才，这同样需要有人文与理工的结合。自然科学和技术科学的实证材料多、解释少，逻辑严格，培养人文社会科学人才，在人文社会科学研究上要有所创造，就需要掌握自然知识，了解技术，借鉴数学和自然科学的方法。相比而言，人文社会科学虽有案例但实证材料要少些，分析和解释要多些，在逻辑上可能不很严密，文学艺术更多有想象、构思乃至幻想，然而，对于自然科学和工程技术来说，只追求材料充实、推导严密和数据精确未必就有创造，更未必有开拓性的重大创造，只靠最严格的数学推理得不出量子论和相对论，仅凭最先进的工艺手段设计不出登月飞行。因此，培养科学技术人才，从事科学技术活动，就不仅需要强调有高"智商"（IQ）；还有必要掌握人文社会科学的知识和方法，领悟艺术的直觉，具有较高的"情商"（EQ）。

现代化的关键在教育，在人才，绿色发展的关键也在教育，在人才。在这个意义上确实可以说，可持续发展的核心是科教。生态环境保护和可持续发展的希望，寄托于科学技术的进一步发展，寄托于全民素质的不断提高，寄托于一大批全面发展人才的成长。

---

① 《爱因斯坦文集》，第3卷，商务印书馆，1979：310

第十章　关于中国的可持续发展问题

　　本书讨论可持续发展的矛盾和对策，当然不应当回避中国的可持续发展的实际，至少应该以"中国可持续发展的矛盾与对策"为主要内容，写出最有分量、最充实的一章。然而，第一，主要是我对实际问题研究不够，没有能力来专门论述中国的可持续发展问题；第二，关于我国的可持续发展，已经有了一些专著出版，如《中国的可持续发展研究——从概念到行动》、《21世纪中国人口与资源、环境、农业可持续发展》、《通向可持续发展的道路——中国人口、资源与环境的协调发展研究》等；第三，这本书毕竟属于哲学类丛书之一，可能更适宜作"一般性辩论"，而区别于经济学或社会学的论丛；第四，本书的内容是以我国的情况为背景的，前面讲的问题包括对可持续发展和生态环境的认识，以及关于政府、市场、法制和教育与可持续发展关系的分析，都力求有点现实的针对性，基于这些，就只在这里用简短的一章，对中国的可持续发展讲点补充性酌意见了。所谓补充性的意见，也主要是提出几个可能需要讨论的问题，特别是对中国可持续发展特殊性的一些看法。

一、可持续发展与社会主义

　　我们是在实现社会主义现代化的总目标的前提下，提出和探讨可持续发展问题的，在这里，自然会论及社会主义现代化与可持续发展的关系，可持续发展与社会主义的关系。应当说，近二十多年里，人们对社会主义与现代化的关系已有了较充分的讨论，而对社会主义与可持续发展的关系的研究却相对少一些。但是，对于可持续发展与社会主义的相互关系问题，我们确是不应当回避的，至少我们应当明确这里有哪些值得探讨和思考的方面。可持续发展与社会主义相关，也可以说是中国可持续发展特殊性的一个方面。

如何认识社会主义与可持续发展的关系，也可以说是一个新的理论问题。至少，我自己过去就只想到过社会主义向共产主义发展，而根本没有想过在社会主义建设中会遇到能否持续发展的困难，似于社会主义现代化自然而然就是可持续发展的；不仅如此，在一段时期里，还曾经认为生态破坏和环境污染是资本主义制度特有的东西，是批判资本主义时才讲到的东西，似乎在社会主义制度下就只有优越性，不仅不会有失业、吸毒，也不会有空气污染、水质恶化等弊病。

现在，已几乎没有人再持有这种天真幼稚的看法了，人们已普遍认识到，正像只要有科技进步就难免有结构性的职业流动——下岗待业或失业，只要发展工业和有自然界的人工化就难免有生态环境的破坏。不管是资本主义国家还是社会主义国家，不管是发达国家还是发展中国家，不管是富裕地区还是贫困地区，都必然有破坏生态和污染环境的可能，都必然有保护生态和治理环境的任务，都必须考虑是否能可持续发展的问题。而且，对于欠发达国家和贫困地区来说，保护资源环境和实现可持续发展的矛盾，往往更为尖锐复杂。

承认在社会主义条件下也可能会有生态破坏和环境污染，当然并不意味着对可持续发展与社会主义的关系就已经完全稿清楚了，在这里至少有两个方面的问题还是可以探讨的：其一是坚持社会主义的方向和原则，对减弱生态环境的破坏会不会有什么影响，对治理和解决环境污染是否可能有积极作用；其二是坚持可持续发展的理念和要求，保护好生态环境，对坚持社会主义方向和体现社会主义的本质，又占有什么样的地位，有什么样的影响和意义。这里，也不可能展开讨论这些问题，而只能提供一些值得讨论的题目和"初略的设想"。

我国进行社会主义建设，已经有50年的历史，但明确提出可持续发展战略才不到10年，当然，这并不意味着我们过去进行的社会主义建设，同可持续发展问题就没有什么关系，更不意味着社会主义与可持续发展之间没有任何特殊的联系。从我国的实践中大致可以看到：①在社会主义制度下，特别是在社会主义的传统模式即高度集中的计划体制下，可能发生和已经发生过刻意追求"一大二公"的偏向，对作为公共财产的生态环境大量地、无限制地滥用，如大炼钢铁运动时对资源的浪费和对生态的破坏；②在社会主义的初级阶段，即使实行市场经济体制和执行正确的经济政策，只要发展工业，也难免发生生态破坏和环境污染的问题，有的还会相当严重；③但是，由于社会主义从根本上说是以生产资料的公有制为基础、要消灭剥削和实现共同富裕、以及由于社会主义国家既有执行社会公共事务的职能，又有可能集中力量来保卫公共财产，因此，从本质上看，从总的趋势和长远过程看，社会主义制度对于保护作为公共财产的生态环境，就应当和可能有特殊的责任、条件和潜力。例如我国的中央政府和不少地方政府组织了大规模协作，拟订了 21 世纪的议程和规划，例如我们不仅有可能充分动员和组织全社会的力量来抗洪救灾——这是保护生态、实现可持续发展的伟大壮举，而且有可能组织和动员广泛的社会力量来综合治理淮河，治理太湖污染。社会主义不应该盲目地、到处都追求性"公"或性"共"，但社会主义与公共享务、公共财产、公共福利应当有较多些的联系，应当有更自然的或天然的联系，则是可以理解和值得重视的。

更为现实的问题是怎样认识可待续发展对建设社会主义的意义，怎样认识保护生态环境对实现社会主义现代化的意义；或者说得再尖锐点，在社会主义的内涵中，是否包含和如何包含着生态环境保护和可持续发展的要求、内容与原则。

对这个问题，是可以有两种回答的。一种是认为，关于社会主义或资本主义，从根本上讲主要是经济制度、社会经济基础和社会上层建筑的问题，是属于"社会性的"问题；而关于可持续发展，主要地或根本上讲是自然的、生态的、环境的问题，是属于"人类性的"问题，这类问题虽然是并存的，也是可能有关连的，但二者之间没有紧密的、内在的联系——资本主义社会制度下可能发生自然环境问题，经过努力可能把生态环境治理得好些，有利于实现可持续发展；社会主义制度下也可能发生自然环境问题，也可能无力去治理好生态环境，在实现可持续发展上遇到困难，或吸取教训认真搞好保护环境。总之，社会制度与自然环境是有区别的，没有必要也没有理由把两种制度同可持续发展搅在一起。

另一种回答是认为，在建设社会主义和社会主义现代化的内涵中，不仅应当包含着社会性的方面如消灭剥削和实现共同富裕，还应当包含着自然性的方面如消除污染和保持良好的生态环境。社会主义要求的不断提高人民的生活水平，不能仅仅理解为使人们吃得更丰富和更有营养，穿得更暖和和更漂亮，住得更宽敞和更豪华，而且要包括着使人们所处的生态环境更清洁、更优美、更健康、更安全，不仅是指我们自己和这一代人生活得更幸福，而且要使我们的子孙后代生活得比我们更好，为社会主义、共产主义事业献身，自然地包括着为子孙后代的幸福奋斗。

对社会主义与可持续发展的关系是需要再研究的，对上面的两种回答也需要再评价，很可能，这些回答都是有道理的，或者是可以并存的——社会主义应当和可能做到既有利于生产力的发展，又有利于综合国力和人民生活水平的提高。而有利于人民生活水平的提高，应当包含着有利于生态环境的保护和改善；甚至再进一步说，有利于生态环境的改善和保护，不仅可以包含于有利于人民生活水平提高之中，而且可以同有利于人民生活水平的提高并列。

二、任务的特殊性

中国的生态环境保护和可持续发展，当然需要遵循可持续发展的共同性原则，还必须紧密结合我国社会经济和生态环境状况的实际，特别是要弄清楚，结合中国实际的可持续发展的主要特点和内容究竟是什么。已有一些文献指出，中国可持续发展的特殊性可以概括为两句话，一是中国特别需要有可持续发展；二是中国要实现可持续发展特别困难。我同意这种看法并会再论及这点，但我以为，中国可持续发展的特殊性是不能仅仅用"特别需要"和"特别困难"概括得了的。中国的可持续发展的"特别"之处，可能不仅仅在程度上或量的方面有别于其他国家，而且在质的方面有区别于其他国家的特点，为了讨论我国可持续发展的特点问题，必然会涉及以下一些观点，例如，传统文明尤其是工业文明是否都已不可持续；传统文明特别是工业文明的价值观，是否是造成我国生态环境破坏并引起洪涝等灾害（如长江水患）的重要根源；在我国是否贯彻保护生态与治理环境并重的方针，执行发展经济与治理环境并重的政策等。本书在前面已经涉及这些问题，下面主要从中国可持续发展特殊性的角度再讲点意见。

在探讨中国可持续发展的特殊性时，首先应当注意到的是任务的特殊性。我们必须充分估计到，"可持续发展"的概念和理论，主要是由完成了工业化任务的发达国家提出的，在这些国家，要实现可持续发展，头等重要的事情是要防治环境污染，因而，他们在宣传可持续发展时，就可能特别强调防治污染，特别强调企业要处理废水，城市要净化空气和监督大气质量，工厂要减少废渣和有毒物质的排放等。由于自觉或不自觉地接受这种舆论的影响，在我国宣传可持续发展的一些文献中，也可能多讲到环境污染的治理，以及多讲到工业文明的弊病等。或者说，在我们的一些介绍可持续发展的文献中，表现为一种倾向的，讲得多一些的，是保护生态环境的共性概念和原则，对"生态问题"与"环境问题"大都未加区分；讲环境问题，主要是工业发达国家出现的问题，和在我国工业化过程中出现的类似问题。

但是，我们不应当忽视，"生态"与"环境"不仅在概念上是有差异的，在事实上，保护生态、生态问题，同治理环境、环境问题，虽然是紧密联系和不可分离的，也毕竟是有区别的。咬文嚼字地说，污染环境必然会导致生态损害和生态破坏，生态破坏却未必一定就是环境污染，例如，砍伐森林、围湖造田、捕杀野生动物和洪涝灾害，直接说就是对生态的破坏，而不完全等同于污染环境。

最重要的还不是概念上的差异，而是我们不应当忽视，今天的中国还不是已经完成了工业化的发达国家，中国不仅仍是发展中国家，而且在很大程度上是一个以农业为基础的国家。对这样的国家来说，要实现可持续发展，头等重要的乃是要防止破坏生态，要特别强调保护耕地、林地和草原，要防止植被破坏和水土流失，防止土壤退化和沙漠化，以及要加强对水灾、旱灾、虫灾等自然灾害的防灾、抗灾和减灾，以保证农业生产的正常进行和广大农民生活水平的提高。对于以农业为基础和尚未完成工业化的中国，在可持续发展和保护生态环境的问题上，其宣传和措施重点，应当有别于已经工业化的发达国家，而不要别人怎样讲我们就照样怎样讲，别人重点讲什么、强调什么，我们也同样重点讲什么、强调什么。当然，这决不是说要把"防止生态破坏"同"防治环境污染"对立起来，更不是说我们对防治环境污染已经讲得太多，做得太过了；而只是说在原则上应当考虑到自己的特殊性，从全局看重点可以有区别。

关于生态破坏与环境污染的区别，曲格平在 1982 年写的《中国环境保护的战略问题》一文中就已经指出，不管是发达国家，还是发展中国家，都程度不同地存在着生态环境问题。"一般说来，发达国家更多的是环境污染的问题，发展中国家更多的是生态环境破坏的问题。……发展中国家的经济基础主要是农业，生态环境的破坏，则直接危及这种基础"[①]。可能，一些讨论环境和可持续发展问题的论著，没有充分注意和重视他讲的这种区别。

类似的道理，我们在宣传不能走先污染后治理的老路时，也不能只强

[①]　曲格平：《我们需要一场变革》，吉林人民出版社，1997：23

调认识可持续发展的重要性，不能只强调要下决心吸取发达国家工业化的历史教训，或只强调要加强法制和监督，而是有必要同时指出：我国工业和技术的不够发达，也是造成环境污染的原因。只有发展经济，加大对治理污染和环境保护的投入，加强技术预测、技术评估特别是充分重视工业技术进步和采用先进技术，才能从根本上减少污染。我国的工业化的技术基础是一穷二白的，资金不足，设备落后，人员素质较低，到 20 世纪 80 年代末，我国冶金产业的实物劳动生产率只及当时日本的四十至五十分之一，吨氨能耗比日本高约一倍，机械产品的使用寿命只有同期日本产品的 20%~50%，更不用说在工业化初期的技术状况了。技术水平低，能源利用效率低（如燃烧不充分），工业生产的能耗高，必然就是单位产值的高污染、高浪费，再加上集尘和净化设备落后等，在这种情况下，只讲吸取教训和决心不走老路，而不强调提高技术水平，是不能避免污染和走新路的。

再如，我国是以煤作为主要的工业能源和生活能源的，煤在一次能源中约占 75%，大量烧煤后产生的烟尘、一氧化碳、二氧化硫、氮氧化物等造成了严重的大气污染，冬季的城市空气质量尤差，煤燃后还产生大量的煤渣、粉煤灰，占用土地，粉煤灰料浆废水污染水质。针对这种情况，我们当然可以设想，为了实现可持续发展和不污染环境，为了不走先污染后治理的老路，应当早下决心和痛下决心——改烧煤为燃油，或改利用不可再生能源为利用太阳能……然而，只是一般地这样讲是不能解决问题的，我们生活在一个油不多、煤较多的中国，生活在太阳能利用效率还不高的时代，我们只能在中国的特殊条件下来确定解决特殊的环境问题的对策措施，例如着力提高煤的利用效率，提高综合利用粉煤灰的技术等，我们不仅不能完全照抄别国的政策来处理环境问题，也不能完全照抄别国的技术来解决中国在工业化进程中的污染问题。

总之，在中国目前的条件下，从全国范围和总体上看，讲生态环境问题可能首先是要强调保护生态，同时重视防治污染，讲现代化首先可能是要强调工业现代化、科技现代化，同时重视克服工业化过程的问题，讲人类文明首先要讲工业文明乃至农业文明在当今中国仍是必要的，同时有分析地揭示传统文明的局限。过度否定工业文明，过多地宣传工业化的危害，在我国目前的状况下是不适宜的。

在这个问题上，有必要对 1998 年我国长江重大洪涝灾害的根源谈点看法。对于这次水患，有一种观点认为，其重要原因，除了有降雨大、雨量集中的自然因素外，还在于生态环境遭到了人为的破坏，而生态环境的破坏又是由于我们解放后重视了发展经济、发展工业，忽视了对生态环境的保护。这种观点当然是有理由的，确实，我国在实现工业化的近50年的进程中，产生了人口增长过快，环境状况日趋恶化，污染面积不断扩大等问题，而且，有些问题还相当严重。长江上游地区人为的森林破坏，中游地区湖区被围垦而面积成小，就是导致高水量、高洪峰的重要原因。在这些年里，长江流域的湖泊面积减少了近46%，其中洞庭湖的面积从6000多平方公里萎缩到不足3000平方公里，调蓄洪水的容量减少40%。针对这些问题，汲取教训，避免再次发生类似灾害，我们当然要采取相应的对策，例如在长江流域制止砍伐森林和大力植树造林，以及退田还湖等。

从讨论中国可持续发展特殊性问题看，对于长江水患，对于长江流域生态环境的破坏，还可以再从"文明观"上研究其根源究竟是什么，例如是否把这次水患的根源归之于人们（包括领导人和老百姓）在观念上和行动上重视了工业文明，轻视了生态文明，因而导致严重后果。因而，为了真正吸取教训，从深层次上解决问题，避免再次出现类似的问题，就必须认真反省和纠正注重工业文明的传统文明观。

认为我们在工作中，在人们的观念中，有"重视工业文明，轻视生态文明"的缺陷和倾向，这是有理由的。确实，有许多地方，有很多的领导者、企业家特别注重于发展工业，热衷于盖工厂，买设备，搞加工，出产品，把保护生态和治理环境当做第二位、第三位的事情，或认为后者主要是甚至仅仅是环保部门的任务，一些企业更完全不顾清洁生产，放任废气、废水、废渣的排放，使生态环境日益恶化。

但是，当我们把长江水患与"重视工业文明、轻视生态文明"的观念联系起来分析时，情况就不那么简单了。例如，长江流域的生态环境破坏同工业文明的发展究竟有什么关系，有多大的关系，就不是只谴责这个观念能完全讲清楚的。实际上，造成长江水患的人为因素如砍伐森林和围垦，就主要不是为了工业，毁林造田和围湖造田主要是要造农田，而主要不是要造工厂用地。不大确切和不甚严格地说，人们在围湖造田和毁林造田时主要是想要多打点粮食，主要是要扩大农业生产和农业文明，是为了多长绿色植物，"重视工业文明"似乎对此不负主要责任。甚至还可以说，这么多人要靠造田去谋生，还是工业文明不够发达的表现；当然这只是极而言之的，在毁林和围湖造出的田地上，也是会有乡镇企业的用地的。

对工业文明的这种"辩护"，决不是说长江水患的发生同忽视或轻视生态文明没有重要的关系，更不是要特别强调工业文明和低估生态文明，而仅仅是想说明：我国生态环境问题的发生并不都是源于重视了工业文明，生态环境的破坏并不都与发展工业文明有必然的联系；工业文明的无节制发展会破坏生态环境，无节制地发展农业文明也会破坏生态环境。我们不能把生态环境被破坏的这个罪过完全算到工业文明头上。或者再明确些讲，对中国可持续发展的特殊性来说，不仅生态文明是需要的，信息文明是需要的，而且工业文明也是需要的，农业文明仍是需要的；当然，我们仍然可以研究，我国的未来文明应当有什么样的总的提法，生态文明、信息文明、工业文明和农业文明等在我国未来应有什么样的地位，它们之间的相互关系，何者起主导作用之类的问题。

三、困难与信心

讨论中国可持续发展问题，几乎都会讲到"特别需要"和"特别困难"这两点，如认为"可持续发展特别'符合'中国国情，因为她有最为脆弱的生态环境；可持续发展又特别'不符合'中国国情，因为中国正面临工业化过程当中，而西方已进入后工业化阶段。中国总是面临'两难'，面临双重挑战：例如她不能不'补课'又不能不'超越'——它一方面要深刻变革，扩大经济自由以解放生产力；另一方面又不能模仿'自由放任'，以免在向市场经济过渡过程中自毁家园。又如她必须跟上'人类整体意识'上升的步伐，又必须在'弱肉强食'的现实国际秩序下捍卫自己……世界上没有任何一个国家的可持续发展通路像中国这样充满复杂性和不确定性。"[1]

对于我国实现可持续发展和解决生态环境问题的困难，已有许多文献作了详细的分析，这种困难确实可以用双重挑战来概话。从我国自身的情况看，作为一个关心后代、崇尚"幼吾幼以及人之幼"的民族，是应当和可能做到尽多给子孙留下一些资源，尽多为他们保留一些物种，尽少污染环境，尽少破坏生态，避免危及后人。我们有可能使自己的经济发展速度不是很快，乃至可能使我们的综合国力和生活水平的提高不是很快，以更多些顾及后代人。但是，我们生活于其中的国际条件，则是既有有利的方面（如相对的世界和平），又有激烈的国际竞争甚至是险恶的方面（如世界性的南北对立，亚洲金融危机，以及国际性的走私、贩毒等）。并不是世界上的所有国家和所有人都举双手欢迎中国的存在和发展，都会支持中国顺

---

① 许明：《关键时刻：当前中国亟待解决 27 个问题》，今日中国出版社，1997：105~106

利地踏上可持续发展之路，我们在今天仍然没有完全摆脱落后就要受欺、受气乃至落后就可能挨打的形势。为此，我们就面临着双重夹击：要力求尽早摆脱贫困，尽早达到小康，避免"落后挨打"；要力求顾及子孙，尽多保护环境，避免"损及后代"。这种双避，谈起来就不易。

中国的可持续发展，除了国际环境，还有着自身条件的困难。尖锐点说，这个方面的困难或许可以用"地少物薄"来概括。我们曾经以"地大物博"来描述中国，但如果考虑到中国约 960 万平方公里土地（美国有约 930 万平方公里土地）上的人口，或者是把地大物博与人口众多联系起来看，中国就可以说是地少物稀了。据世界资源所的资料，1990 年中国人口和自然资源等占世界总量的比例，人口是 22%，但经济产量只占 7%，农田 7%，森林和林地 3%，淡水 7%，煤炭储量 11%，石油储量为 2%，足见问题的尖锐。人均资源的占有量见下表 10-1。

表10-1　人均资源量的国际比较

	世界平均	中国	苏联	加拿大	美国	巴西	印度
土地面积 / 公顷	2.77	0.91	8.07	39.31	3.92	6.28	0.43
耕地面积 / 公顷	0.31	0.10	0.84	1.84	0.8	0.56	0.22
草林面积 / 公顷	0.66	0.27	1.35	1.22	1.01	1.22	0.02
森林面积 / 公顷	0.84	0.13	3.37	12.85	1.11	4.15	0.09
河川流量 / 立方米	9 680	2 490	16 985	123 010	12 437	38 294	2 345
可用水能量 / 千瓦	0.47	0.36	0.97	3.72	0.78	0.67	0.09
矿产资源 / 万美元	1.77	1.04	5.06	12.58	5.67	1.9	

资料来源：自然资源综合考察委员会编《中国自然资源手册》，科学出版社，1990 年，第 2 页

我国不仅是人均资源的数量匮乏，而且还有天然条件"先天脆弱"的困难。在我国几乎找不到富铁矿、富铜矿，我国铁矿石的含铁量一般只有 20%~30%，世界上有丰富铁矿资源的国家的铁矿石含铁量常为 50%~60%；我国铜矿石总量就不多，且其含铜虽多为 0.5% 左右，是一个贫铜国家，我

国的铅、锌矿资源也少，品味亦低，只钨锡和稀土的蕴藏量丰富。我国的土地总面积不小，地处温带，但天然自然的条件并不都好，一些方面还相当严酷。我国国土的平均海拔高度高出世界大陆平均高度的一倍，地势不平坦，山地、高原和丘陵占总面积约 65%，因而易于发生水土流失，植物立地成活难（立地条件差），也难于进行区域开发。我国国土中约有 1/3 的土地是沙漠、冰川、戈壁、石山和高寒荒漠，境内高山比重超过其他任何大国。中国的耕地面积（约 21 亿亩）约只有美国耕地面积的一半；印度的陆地面积约 300 万平方公里，但其耕地面积约 25．4 亿亩。已有研究指出，我国的土地资源已接近承包开发的极限，我国靠只有世界平均数的 1／4 的人均耕地，靠只有世界人均数 11% 的人均森林，是难于发展，也是难于持续的。

问题不仅在于我国有人口多，人均资源少的现状，而且我国还有着人口增长速度快，人口数量还会有较大增长的问题。据统计，我国在 1930 年前后每增加 1 亿人需 90 年，在 1954 年每增加 1 亿人需约 24 年，在 1995 年每增加 1 亿人只需 6 年。与此有关，在相当长的一段时期里，我国的绝对人口数还会有一个较大的增长（估计 2000 年为 13 亿人，下世纪的高峰将达到 15~16 亿人）。从这点看，我国可持续发展的困难还会增加。

中国可持续发展的困难不仅有人口多，资源环境压力大的方面，还有我国东西部的地区差异大等方面的问题。总之，要在中国这样一个人口众多、基础薄弱的国家实现可持续发展，是一件极其困难、极其复杂的事情。

摆事实，讲困难，对认清中国可持续发展的特殊性和艰巨性是非常必要的。但是，中国的可持续发展的特殊性还有其另一个方面——有利的方面，充分估计到这个方面也是非常重要的，考虑到有些论著（包括本书）对困难讲得多，认真研究有利的方面就更显得重要。

关于中国的可持续发展有哪些特殊的有利条件，本身就是一个值得探讨的问题，其中，或许可以包括着以下的几个方面：

第一，在思想认识上，我们已经有了可持续发展的理论概念，有了正确的理论指导，应当说，这是最重要的有利条件。可持续发展的理论在今天虽然还是不够成熟的，除了在揭示和解决生态环境问题上有具体些的内容，作为社会发展的一种新模式和新要求，它在相当程度上还是一种理想，在许多方面还多是一些设想，然而，尽管可持续发展的实现有理想化的成分，有这样一个理论和没有这种理论毕竟还是有重大区别的：我们今天也在发展工业、发展经济，也要考虑 GNP 的增加，但我们又毕竟有了一个前人所没有的观念——生态环境保护和可持续发展，而不仅 18~19 世纪的人们在发展经济时对要保护生态环境缺乏认识，20 世纪前半叶的人们也仍是特别热衷于经济增长而忽略了可持续性。我们今天的情况就有了原则性的不同，当代的中国人毕竟可以接受一种崭新的观念或可持续发展理论的武装，而不至于像我们的前人那样目标单一地发展工业和盲目乐观地发展经济，我们毕竟认识到必须要在发展工业时保护生态环境，在发展经济时兼顾可持续性；有了关于可持续发展的自觉认识和概念，与没有这种理论和概念，是有原则性区别的。

可持续发展概念的提出有出于"被动"（被全球性问题困境所迫）或"无奈"（受自然界惩罚而为）的根源，要实现可持续发展有许多矛盾，这是需要注意到的；更需要注意到的当然是可持续发展理论的意义，是充分理解可持续发展对我国极为重要，极有必要和极有好处的。从"消极"的角度说，接受和遵循可持续发展的原则，才能使我们不至于陷入生态环境的危机和困境乃至走向毁灭，从积极方面说，在可持续发展的理论指引下，我国几千年发展的文明和近代文明不仅可以延续下去，而且有可能被发扬光大。像中国这样一个文明古国得以实现可持续发展，是具有伟大的世界意义的。在这一点上，布朗的一段话是很值得深思的，他在叙述了一些古代文明（如玛雅文明）在人口和环境压力下崩溃后，提出了怎样保护我们生活赖以维持的体系，摆脱降诸玛雅人头上的命运的问题，并指出："当然，我们与玛雅人也有不同之处，这就是我们了解我们的周围和环境。我们知道我们已走上了一条不能持续发展的道路。玛雅人可能认识不到是什么威胁他们的社会，可是我们懂得威胁着我们社会的是什么。我们也知道没有简单的补救办法。"[①]简单类比地或不大确切地说，当今的中国人的"幸运"也在于：我们与古时的玛雅人不同，与 18~19 世纪的近代人也不同，这就是我们知道什么在威胁我们的社会和人类的未来，我们了解保护和治理生态环境的重要，我们知道应当走上一条可持续发展的道路。当然我们也知道实现可持续发展的困难和没有简单的补救办法。

第二，在实践基础和操作上，后发展国家包括我们，有可能记取发达国家在生态环境问题上的教训，学习它们在保护生态和防治污染上的经验。世界各国在生态环境问题上的经验教训，对于我国实现可持续发展，都是非常宝贵的资料和财富，都需要去认真了解、分析和借鉴。例如，①美国

---

① 莱斯特·R.布朗：《建设一个持续发展的社会》，科学技术文献出版社，1984：4

的"新环境保护计划"如何把环保的重点放在整个工业界，而不只是治理个别的污染源；②英国公布的"可持续发展指数"是什么，它如何把模糊的环境与发展关系定量化；③德国怎样形成了世界之最的环保产业，怎样成为全世界第一个完全禁止使用氟利昂的国家；④瑞典如何领布全世界第一个环境税收调整法案；⑤奥地利怎样做到工业投资的 1／6 是环保投资，工业利润的 5% 用于环保；⑥法国何以制定出承认公民有呼吸新鲜空气的权利的《空气法》；⑦芬兰制定的世界上最早的自然保护法有什么意义，又经过了怎样的修改补充；⑧葡萄牙在中小学如何开设环境常识、环境卫生和自然保护的课程，等等。

第三，中国实现可持续发展的最有利条件，是政府明确提出可持续发展是国家重要的发展战略。这个决策，体现了可持续发展理论的伟大的、无可估量的意义，也体现我国党和政府的全局观念和远见卓识，这是我们这一代人的庆幸，更是我们的后代人的庆幸。从一定意义可以说，以科教兴国和可持续发展作为我国两大战略，既明确了中国社会主义现代化建设的基本目标和要求，也充分反映了中国可持续发展的特点，体现了可持续与发展的统一。由于把可持续发展作为国家战略，各级政府、各个企业、学校、团体和群众，虽然在对待生态环境保护问题上仍然会有矛盾和问题，但总的说，就可能和必须采取认真态度。实际上，可持续发展战略的提出才几年，不仅中央政府增加了对保护生态和治理环境的投入，不仅是北京、上海等大城市的环境状况更受重视和有较大改善，各省市环保部门的经费都有较多增长，我国的生态环境保护工作已有了很大的进步。

当然，这并不是说我们对于科教兴国和可持续发展的关系都有了正确的理解，也不是说对这二者的关系就不能讨论了。事实上，人们有时也可能会认为，科教兴国是实实在在地要求有发展，特别是要求有经济上的发展，而发展经济是头等重要的事情；至于可持续发展则是要求兼顾对生态环境的保护，是服从和服务于经济发展的。如果只作这种理解，如果再有点片面性，就有可能认为科教兴国是增加财政收入，可持续发展是增加财政支出，科教兴国和可持续发展就不是统一的事情，就会把它们对立起来，显然，我们要注意纠正这种把二者对立起来的理解。

当然，我们也不能认为科教兴国和可持续发展这两大战略完完全全就是同一的东西，认为这两者在内容、任务和侧重点上就没有任何差异，如果这样，同样也不能正确理解它们的关系，乃至可以认为我们无须乎既要科教兴国又要可持续发展，而只要科教兴国或只要可持续发展就可以了。

据此，我们是否可以作这样的理解，讲科教兴国时可以更多地侧重于发展，要把经济搞上去，这是实现可持续发展的基础；同时科教兴国又必须遵循可持续发展的原则和要求，充分重视对生态环境的保护。而在讲可持续发展时可以更多地关注于控制人口、保护生态环境、防治污染，这是实现科教兴目的前提；同时，可持续发展又必须立足于科教兴目的根基，以符合和有利于科教兴国为前提。总之，我们既要充分顾及经济发展与人民物质生活的提高，又要足够重视人口控制、环境保护，二者并举。当然，科教兴国与可持续发展的统一是一个过程，只要我们认真注意到二者结合，就有可能使它们更趋于统一，做到既实现发展，又保证持续。总之，科教兴围和可持续发展互为前提、互相补充、相互依存、相互包容，是既有利于科教兴国和社会主义现代化，也有利于生态环境的保护和可持续发展的。

第四，在我国的传统文化中，有不少对实现可持续发展有益的因素，这已受到国内外学者的关注。我国已有许多学者在其论著中分析了我国古代的"天人合一"、"道法自然"等思想的意义。例如，台湾学者冯沪祥就明确地讲到，西方传统哲学长期以来缺乏环保精神，甚至一直以征服自然、破坏环保为主流思想，相比之下，中国哲学却深具环保的思想传统。① 我们有必要认真分析研究中国传统文化中有利于实现可持续发展的思想，并使之成为促进生态环境保护和可持续发展的现实条件和优势。这一点，也正成为一些国外学者的共识。例如，美国学者梅·瑞安和克·弗莱文的《中国面临的限制》一文，虽主要是分析中国在人口、土地、水资源、森林等方面的成就和困难，但他们在此文的一开头就强调指出，"数千年来，中国文学和中国哲学中就一直存在两个在当今世界中引起强烈共鸣的主题，这就是与大自然保持和谐和对家人——不仅对现时尚在的家人，也要对不在人世的先辈和未来的子孙——负有责任。与大多数主要文明相比，中国的传统和哲学要更符合关于可持续发展的社会——一种能满足当代人的种种需求而又不以损害自然环境为代价亦即人的行为举动有益于他们子孙后代的现代观念。"②

中国的可持续发展有许多困难，也有不少的有利条件，可持续发展战略提出才不过约十年，人们对生态环境的保护已有了不小的进展，我们有理由也应当对实现可持续发展抱有信心。当然在任何国家特别是在我国，

---

① 冯沪祥：《个人、自然与文化——中国环保哲学比较研究》，人民文学出版社，1996：2
② 莱·布朗等：《世界现状——1995年》，科学技术文献出版社，1998：150

可持续发展的实现都需要有坚持不懈的、长期的努力；或许可以说，我们现在不仅是处于社会主义的初级阶段，不仅是处于市场经济的初级阶段，而且还处于可持续发展的初级阶段。生态环境的保护和改善需要长期的努力，可持续发展不是一朝一夕就能够实现的。在这一点上，我们确应考虑到："任何通向可持续发展的变化将不可避免地是缓慢的，要经过几代，而不只是几年。完全的可持续发展包括文化的变化，而不只是经济和政治的调整。目标是难以捉摸的，因此我们必须朝着可持续的发展方向进行实验和调整，摆脱失败和误解走向成功，并支持良好意图的尝试。"①

可持续发展的实现需要我们做长期的努力，也包括哲学社会科学工作者的努力。在中国实现科教兴国和可持续发展，不仅需要有中国共产党的领导，不仅需要有政企分开、市场机制的条件，不仅需要依靠自然科学和技术科学，也还需要有人文社会科学的支持。例如，为了进行可持续发展教育，培养适应于可持续发展需要的人才，在教育内容上就必须有所充实，需要进行健康生活方式的宣传，需要开设有关环境法学、环境经济学、环境伦理学的课程，为此又有必要加强这些方面的学科的研究。

为此，我们有必要考虑"可持续发展与人文社会科学的转向"这样一个课题。这里所谓的转向，决不是说我们过去的人文社会科学在研究方向上有什么偏差或不对头的地方，而仅仅是指：我们以往的人文社会科学主要是面向我国的社会主义现代化建设的，无论是政治学、法学、经济学、教育学，都主要是为了有助于巩固社会主义制度，有利于发展社会主义经济，例如主要是研究和宣传社会主义方向、社会的民主化和法制化、市场经济体制、生产力配置、诉讼法、合同法等，或者说主要就是这样一个方向；在这种情况下，转向就是指我们的人文社会科学在今天还可以有另一个方向——面向可持续发展的方向，在后一个方面，我们是应当和可能有许多事情可做的。

在中国可持续发展的纲领性文件《中国 21 世纪议程——中国 21 世纪人口、环境与发展白皮书》中，已提出了人文社会科学面向可持续发展方向的要求。其中讲到，要"鼓励高等教育机构重新考虑其课程设置，加强关于可持续发展经济学的研究"，要"开展与可持续发展有关的立法研究"，"推动与可持续发展有关的立法理论建设"，要"立与可持续发展密切相关的研究生专业，如环境学等"，要"以可持续发展观念为伦理学的依据"，

---

① 大卫·皮尔斯：《绿色经济——衡量可持续发展》，北京师范大学出版社，1996：185

要"将可持续发展思想贯穿于从初等到高等的整个教育过程中"等。总之，建设面向可持续发展的人文社会科学，使我们的人文社会科学的研究课题不仅为社会主义现代化服务，而且为实现可持续发展服务，乃是当代人文社会科学工作者义不容辞的义务，更是中国人文社会科学工作者的责任。

主要参考文献

1.　莫·卡·托尔巴：《论持久发展——约束和机会》，北京：中国环境科学出版社，1990 年

2.　中国环境报社：《迈向 21 世纪——联合国环境与发展大会文献汇编》，北京：中国环境科学出版社，1992 年

3.　牛文元：《持续发展导论》，北京：科学出版社，1994 年

4.　胡涛，陈同斌：《中国可持续发展研究——从概念到行动》，北京：中国环境科学出版社，1995 年

5.　陈耀邦：《可持续发展读本》，北京：中国计划出版社，1996 年

6.　张坤民：《可持续发展论》，北京：中国环境科学出版社，1977 年

7.　世界环境与发展委员会：《我们共同的未来》，王之佳等译，长春：吉林人民出版社，1997 年

8.　[美] 丹·米都斯等：《增长极限》，李宝恒译，长春：吉林人民出版社，1997 年

9.　曲格平：《我们需要一场变革》，长春：吉林人民出版社，1997 年

10.　[德] 汉斯·萨克塞：《生态哲学》，北京：东方出版社，1991 年

11.　王伟：《生存与发展——地球伦理学》，北京：人民出版社，1995 年

12.　佘正荣：《生态智慧论》，北京：中国社会科学出版社，1996 年

13.　余谋昌：《文化新世纪——生态文化理论阐释》，哈尔滨：东北林业大学出版社，1996 年

14.　孙志东，谢林平，詹颂生：《可持续发展战略导论》，广州：中山大学出版社，1997 年

15.　朱宏国：《通向可持续发展的道路——中国人口、资源与环境的协调发展研究》，复旦大学出版社，1998 年

16.　胡皓：《可持续发展研究》，西安：陕西科学技术出版社，1998 年

17.　冯沪祥：《人、自然与文化》，北京：人民文学出版社，1996 年

18.　[荷] E. 舒尔曼：《科技文明与人类未来——在哲学深层的挑战》，李小兵等译，北京：东方出版社，1995 年

19. [日] 岩佐茂：《环境的思想》，韩立新等译，北京：中央编译出版社，1997 年

20. 黄鼎成，王毅，康晓光：《人与自然的关系导论》，武汉：湖北科学出版社，1997 年

21. 郑积源：《跨世纪科技与社会可持续发展》，北京：人民出版社，1994 年

22. 叶平等：《生态伦理学》，哈尔滨：东北林业大学出版社，1994 年

23. 柳树滋：《大自然观——关于绿色道路的哲学思考》，北京：人民出版社，1993 年

24. 余谋昌：《文化新世纪——生态文化理论阐释》，哈尔滨：东北林业大学出版社，1996 年

25. 余谋昌：《创造美好的生态环境》，北京：中国社会科学出版社，1997 年

26. 高浩荣，张训常：《拯救地球——世界各国环保实践与经验教训》，北京：京华出版社，1997 年

27. 陈昌曙：《技术哲学引论》，北京：科学出版社，1999 年

小　记

写毕书稿，实已词穷，但也还有几句话不能不说。

本书的写作首先要感谢厦门大学哲学系的几位同行特别是徐梦秋教授的支持、帮助和督促，没有他的关心，我是不可能把书写完的。

本书能提出一些问题和想法，还要感谢东北大学技术与社会研究所的同事和研究生们。我们在一起多次讨论可持续发展，不仅使我有可能认真思考和陈述自己的意见，还在互相交流、争辩中受到许多启发，当然书中的错误观点理应由我负全责。

本书的完成还要感谢博士生陈红兵，她十分认真和仔细地校阅了全部书稿，不仅作为很多文字上的改正和修饰，而且对书的结构和观点提出了颇有见地的修改建议，大都被采纳。

本书的出版，在很大程度上依靠中国社会科学出版社的努力，在此也表示深切的感谢。

下　篇

可持续发展研究

走持续创新之路，建技术创新型企业

技术创新型企业是企业发展的当代类型，中国经济要实现两个根本性转变，关键是要造就一大批技术创新型企业。

一、技术创新型企业是企业发展的当代类型

综观世界企业发展历程，可以发现企业真正积极、自主地从事技术创新活动始于 19 世纪末期，它是以研究与开发在企业中的制度化，即工业实验室的建立为标志。一般认为，19 世纪 30 年代，德国三大化学公司赫斯希斯特、拜耳和巴登苯胺苏打公司率先建立了自己的工业实验室。随后美国通用电气公司（1900 年）、杜邦公司（1902 年）、美国电话电报公司（1904年）和伊士特曼·柯达公司（1912 年）、威斯汀豪斯公司（1917 年）等也相继建立了自己的工业实验室。据统计，1902 年美国有 200 家公司建立实验室，1927 年有 1000 家，1931 年有 1600 家 1940 年有 3480 家。在这些企业中有许多通过建立自己的工业实验室，自主地、持续地从事技术创新活动，取得了突出的成就。它们是技术创新型企业的先驱。倒如：通用电气公司就是一个典范，其工业实验室在 W．R．惠特尼的领导下，研制开发了一大批吸引人的商品，包括钨丝灯泡、现代高真空 X 射线管、电子管、电线绝缘材料、硅片等。

就整个工业化国家来说，企业技术创新的全面繁荣是在第二次世界大战结束之后，特别是近二三十年。一方面，第二次世界大战以后，以电子、信息、生物技术和新材料为代表的高新技术迅猛发展，新产品越来越多，更新越来越快，据美国商业部统计资料："30 种家用商品的使用寿命在 1920年时是 34 年，到 1940 年时是 22 年。到 1960 年时是 8 年，到 1970 年时只有 5 年。90% 投放出来的新产品不到 4 年就会被其他产品替代。另一方

面，消费者越来越精明，要求越来越高且个性化。市场变化日益加居，竞争的程度也日趋强烈。迫于以上压力，企业盘发依靠技术创新求生存、求发展。之所以如此，这是由企业技术创新的性质决定的。企业技术创新是企业把科技进步与市场需求能动的、有机的、动态的结合起来，创造出体现这种结合的新产品与新工艺并开拓新市场，获得更大效益的创造性行为。该行为最大的特点是，它既是对市场的应战，同时也是对技术的应战；既获得经济收益，同时也获得技术收益。因此，世界上那些谋求长期持续发展、追求卓越的公司无不投巨资和人力从事技术创新（见表1）。从20世纪60年代初到70年代中，美国公司在研究与开发上的开支平均年增长0.8%，而从70年代中到80年代末，美国公司在研究与开发上的投资平均年增长8.5%。与美国相比，日本企业在科技发展上投资增长速度更快，在80年代，以平均11%的速度递增。国际企业界落传着这样一种观点：不创新即死亡。就这样，企业不断地创新，不断地推出新产品，使市场变化越来越快；反过来，市场的变化又进一步激发企业创新。这种循环流动激起一波又一波的创新浪潮，在这种浪潮中涌现了一大批技术创新型企业。它们以美国的IBM、日本的日立、德国的西门子等为代表。这些技术创新型企业在创新浪潮中经久不衰、持续创新，公司也因而不断成长。

表1　1995年研究与开发费用最多的10家世界大公司

序号	公司名称	研究与开发费用/亿美元	研究与开发费用占销售额比例/%	年增长率/%
1	通用汽车公司	83.88	4.6	19.2
2	福特汽车公司	65.09	4.1	24.8
3	日立制作所	64.15	6.5	17.5
4	国际商业机器公司	52.27	5.3	54.6
5	西门子公司	51.50	8.9	5.1
6	松下电器产业公司	48.57	5.8	14.6
7	日本电信电话公司	43.21	4.6	17.0
8	富士通公司	40.46	10.5	13.0
9	美国电话电报公司	37.18	4.1	19.5
10	日本电气公司	35.12	7.3	19.2

这些技术创新型企业（innovative firm）与传统的生产型企业和生产经营型企业不同。生产型企业的核心职能是生产，它们以生产为中心，执行"以产定销"的方针，重生产轻销售、重产量轻需求，不大考虑如何提高企业的适应性、应变能力等问题。传统生产经营型企业的核心职能是生产和销售，它们具有明确的市场意识，执行"以销定产"或"以需定产"的方针，抓供销促生产，但还不重视研究与开发。而技术创新型企业扬弃了传统的生产经营型企生的经营理念，把企业竞争从单纯的生产竞争和营销竞争扩展到研究与开发的竞争。经济史学家罗德·C.帕瑟研究了19世纪90年代技术创新型企业的先驱通用电气公司和或斯汀豪斯公司市场营销情况后，指出："竞争实际上是发生在两公司的工程人员之间。假如一家公司的工程师能够设计一种比另一家公司更好的满足用户需要的马达，那么另一家公司的工程师就必须改进自己的马达，否则就有失去其市场之虞。"

技术创新型企业在企业内部实现研究与开发的制度化，把研究与开发作为企业的核心职能之一，集研究与开发、生产、销售三位一体，形成研究与开发生产、销售三者互动的健全的机制，通过不断持续地创新，获得持续性的收益。持续创新是技术创新型企业的本质。C.弗里曼研究认为，技术创新型企业具有10个特征：①企业内部研究与开发能力相当强；②从事基础研究或相近的研究；③利用专利保护自己，与竞争对手讨价还价；④企业规模足够大，能长期高额资助 R & D；⑤研制周期比竞争对手短；⑥愿意冒风险；⑦较早且富于想象地确定一个潜在市场；⑧关注潜在市场，努力培养、帮助用户；⑨有着高效地位研究与开发、生产和销售协调的企业家精神；⑩与客户和科学界保持密切联系。

二、中国需要大力发展技术创新型企业

江泽民同志指出："创新是一个民族进步的灵魂，是国家兴旺发达的不竭动力。"这个论断是符合客观实际的。N.罗森堡等人研究西方工业化国家的现代化历程后发现，持续不断地创新是西方国家富裕的一个重要因素。中国要富强，就不能不依靠持续创新。企业富，则国家富。中国企业不是没有进行过技术创新，但关键是没有做到持续不断地技术创新。与发达国家相比，中国经济之所以缺乏竞争力、缺乏效益，究其根本是因为，在中国经济系统中缺乏大量的能够持续创新的技术创新型企业。不造就一大批

技术新型企业则企业就不会真正富起来，而企业不富则国将不富。

中共中央十四届五中全会明确提出，要实现"九五"时期和2010年中国国民经济和社会发展的奋斗目标，关键是要实现两个具有全局意义的根本性转变：即经济体制从传统的计划经济体制向社会主义市场经济体制转变；经济增长方式从粗放型向集约型转变。我们认为，能否实现这两个根本性的转变，关键在于中国企业能否由传统的生产型和生产经营型企业转变为技术创新型企业。这是因为：其一，技术创新型企业是社会主义市场经济体制的微观基础。市场经济是竞争经济，竞争的实质是通过制造研究与开发、生产、销售的差别化来战胜对手，竞争的实现主要依靠技术创新，竞争的结果是优胜劣汰。一个企业要在竞争中长期生存和发展仅依靠一次成功的技术创新是不够的，它必须不断持续地技术创新，也就是说它必须发展成为技术创新型企业。没有竞争的市场不是市场经挤的市场，没有大量技术创新型企业的经济体制不是社会主义市场经济体制。因此，社会主义市场经济体制内生的要求造就一大批技术创新型企业。其二，技术创新型企业是实现经济增长方式转变的微观基元。一国经济的增长，既要有数量的扩张，又要有质量的提高。仅有数量、没有质量或仅有质量、没有数量的经济增长方式从长远看都不是可取的，必须实行数量与质量相统一的集约型增长方式。按照我们的理解，集约型增长方式就是持续型增长方式。持续这个概念恰好是质与量相统一的发展概念。而一国经济的持续增长，关键在于企业的持续发展。在市场竞争中，一个企业的持续发展不能不最终依靠持续不断地技术创新，所以，技术创新型企业是实现经济集约型或持续型增长的关键要素。新中国成立以来，中国经济增长主要依靠数量的扩张，走的是一条高投入、低产出、高速度、低效益的粗放型发展道路，与此相对应，在中国经济系统中缺乏技术创新型企业，绝大部分企业是传统的生产型或生产经营型企业。要实现经济增长方式的转变，就必须促使这些企业发展为技术创新型企业。

当今世界经济一体化日益加强，企业竞争在国内国际两个市场上展开，中国企业能否守住国内市场，更重要的是能否角逐国际市场，这是关系民族企业存亡的大事。那些跨国公司往往是实力雄厚的技术创新型企业，中国企业的实力目前还很难与之比较，但着眼于未来，要与之竞争，中国企业就必须走持续技术创新的道路。这也是德国、日本企业赶超成功的秘密。与英国相比，德国合成染料工业是后来者，它之所以赶上并超过英国是因为德国出现了赫斯希斯特、拜耳、巴登苯胺苏打公司等技术创新型企业，它们通过持续创新战胜英国企业。同样，第二次世界大战战败后的日本之所以在短短的二三十年时间里赶上并在某些方面超过美国等发达国家，也是出于日本企业坚持不懈地埋头于改良和创新，一大批技术创新型企业的发展是日本成功的关键。展望21世纪，可以断言，世界企业的技术创新战略将会更加高涨，中国唯有大力发展技术创新型企业才可能生存和发展。可喜的是，现在我们具备了大力发展技术创新型企业的条件。

第一，中国已初步具有大力发展技术创新型企业的认识环境。通过年宣传教育，科学技术是第一生产力的思想已深入人心，全社会树立了科教兴国的观念。科技兴企、兴工、兴市、兴省的战略实施，普遍增强了全社会的技术创新意识。

第二，中国已有了大力发展技术创新型企业的科学技术基础。中国是世界科技十大强国之一，每年取得省部级以上科技成果3万余项，其中不乏世界先进水平的。例如，1986年中国首次参加日内瓦国际发明与新技术展览会，1989年中国首次参加巴黎国际发明展览会，获奖数都居参展国之首。

第三，中国有相当一部分企业具备发展技术创新型企业的潜力。这往往是一些大中型或特大型国有企业，它们有经济实力和持续创新的能力，只要具备恰当的机制和方法，它们就可能发展为技术创新型企业。

第四，中国具有大力发展技术创新型企业的人力条件。中国已经拥有1800万人的科技队伍，而且每年高校还源源不断地培养出大批科技人才。当前，许多企业缺乏技术创新的人才，究其根本是由于企业没有一套好的吸引人、用人、育人的政策。

第五，中国具有大力发展技术创新型企业的政府支持力。最近，党中央、国务院领导同志多次对技术创新工作作了重要指示，江泽民同志明确指出：要把建立技术创新机制作为建立社会主义市场经济体制的一个重要目标，特别是要把建立健全企业的技术创新体系作为建立现代企业制度的重要内容和搞好国有大中型企业的关键环节。为了大力推动企业技术创新，中国政府颁布实施了《专利法》、《科技进步法》、《促进科技成果转化法》等法律，出台了一些有利于技术创新的政策和措施。1996年，国家经贸委、国家科委正式启动"技术创新工程"，争取用15年时间，基本建立适应社会主义市场经济体制和现代企业自身发展规律的技术创新体系的运行机制。根据我们的理解："工程"实施，关键是要造就一批技术创新型企业。

第六，中国已初步积累了发展技术创新型企业的组织和管理经验。改革开放以来，为了促进科技与经济的结合，中国试验了多种组织创新形式，例如，创办科技先导型企业、民营科技企业、高新技术企业、国家工程研究中心、中试基地、高新技术开发区、科学园等。这些都为发展技术创新型企业积累了有益的经验。

三、大力发展技术创新型企业要解决的几个问题

技术创新型企业是企业发展的当代类型，中国的企业要生存与发展、要实现两个根本性的转变、要国家富强，就必须大力发展技术创新型企业。而要发展技术创新型企业关键是看企业自身是否主动努力、政府是否积极鼓励。为此，需要解决如下问题：

1. 企业要实施持续创新战略，要在市场竞争中求生存与发展，只有依靠持续创新

道理上讲，这很简单明了，但实际做起来，非常困难。事实上，中国广大企业没有做到这一点。客观地说，过去中国相当多的企业在政府的计划推动下，作为创新的实施主体也曾做过技术创新，但关键是没有做到持续创新。创新在中国企业中是偶发的、间歇的和非制度化的。要大力发展技术创型企业，推动广大企业向技术创新型企业转变，首要的问题就是企业要实施持续创新的长期发展战略。

2. 企业要把持续发展作为主要的企业目标

持续发展的企业目标，即追求中长期利润和谋求中长期发展的企业目标，与持续创新高度耦合，反之，仅追求短期利润的企业不可能、也不会关心持续创新问题。企业目标主要由企业的组织形式决定，独资和合资企业的寿命一般不太长，它们的目标趋向短期化，所以它们不会与持续技术创新高度耦合。而股份制企业的寿命可以很长，再者，由于所有权与经营权的分离，经理阶层更偏好于在保持必不可少的利润水平的前提下，追求企业的长期增长和发展，所以股份制企业能否与持续创新高度耦合，不失为一种好的技术创新型企业的组织形式。改革开放以来，我国国有企业的目标主要是短期利润最大化，这不利于发展技术创新型企业，必须通过深化企业制度创新，建立现代企业制度来加以改变。

3. 企生技术创新要从"被组织"转向"自组织"

自组织理论发现，那些自然界和人类社会中生生不息的结构都是事物自组织的结果。同理，那些持续创新的技术创新型企业必须是自组织的。

在计划经济时期，中国企业技术创新是被组织的，即由政府制定计划并提供技术，组织企业实施，事实证明这种创新模式是低效率的。更糟的是，由于技术创新的不确定性和高信息流量问题，这种创新模式很难做到持续创新，不能造就一大批技术创新型企业。企业只有自组织创新，即自主决策、自主投资、自主研究与开发和自主实施，才能实现技术进步与市场需求有机的动态的结合，才可能不断地持续地创新。解决企业技术创新的自组织问题，关键是要深化经济和科技体制改革，建立社会主义市场经济体制。

4. 企业要掌握和不断提高持续创新的方法和策略

理论上讲，只有企业自己才真正知道应该如何搞创新和持续创新，但这不能成为企业拒斥学习有关创新和持续创新的理论、方法的理由。技术创新活动不同于生产和销售活动，它具有独到的特点，不太容易适合于通常的企业管理实践，并且，创新对中国许多企业毕竟是新鲜事物，企业自己还缺乏经验，所以，企业非常有必要借鉴、学习国内外成功企业的创新经验和方法。20 世纪 30 年代末，美国成立的附属于国家研究委员会的工业研究所，就是把改善中小企业技术创新管理方法作为其目的。目前，中国还缺乏这样的机构。

5. 研究和制定支持企业持续创新为导向的国家技术创新政策体系

20 世纪 70 年代以来，"创新政策"出现在各国的政策文件之中，并趋于发展成独立的创新政策体系。中国已经出台或即将出台一些有利于技术创新的政策和措施，我们主张在中国的技术创新政策体系中要突出支持企业持续创新的导向，以达到造就一大批技术创新型企业的目的。

现代自然观与可持续发展

——关于"后人类中心主义"的一点设想

自然观是古代哲学的重要主题，现代哲学再次使其成为备受人们关注的热点。现代自然观的核心问题并不是传统的自然本体论，也不同于近代的自然认识论或科学认识论，而是怎样来确认人与自然界之间的相互关系，比如人类应在何种条件和何种程度上利用，改造自然，该怎样实现人与自然的协调。

现代自然观的讨论在当今有重要的哲学意义。我们今天迫切需要有正确的对待全球性问题的战略意识，迫切需要有适应于可持续发展的战略措施，也需要有探讨和确认适应于可持续发展的自然观和哲学。

一、关于"非人类中心主义"和"人类中心主义"

非人类中心主义和人类中心主义孰是孰非，何取何舍，是近几年来探讨比较多的一个话题。倡言"非人类中心主义"的学者在批评人类中心主义的同时提出了自己的主张，即人类不应该以自己为中心，一切都以人的需要为尺度，一切都从人的利益出发；人类应该尊重自然界的权利、尊重生物的生存权，要以自然界的利益为重，要意识到自然界也具有与人无关的"内在价值"；人类应该同自然界讲公正、讲道德和义务，应当把伦理考虑真正扩展到生物圈乃至无机界。从非人类中心主义的立场看来，导致当今全球性环境污染和生态破坏的严峻现实，导致人类和社会难以持续发展的根源，至少是其重要的思想根源，正是"遵循人类中心论的思想，实行人统治自然、竭尽全力发明制造和使用更先进和更强有力的工具向自然进攻和向自然索取"[①]。因而，要想从根本上解决环境污染、资源浪费、能源危机问题、保持和维护生态，人类就必须要"走出人类中心主义"，必须要确立"以自然界利益为重"的新观念，确立"非人类中心主义"的生态伦理观。非人类中心主义作为一种新思想，引起了学术理论界的广泛关注。

对于非人类中心主义的主张和批评，赞同人类中心主义的学者从不同角度给予了反驳和辩护。他们认为应当肯定人类中心主义的积极作用，在人与自然关系上，正因为人类居于主导地位，才突出了人的能动性和创造性。坚持人与自然关系中人的主体性，坚持以人类利益为基础与尊重自然规律并不矛盾；应当把人类中心主义同"人类沙文主义"、"征服主义"、"对自然界的专制主义"区别开来[②]，造成当代生态危机的责任不应该由人类中心主义来承担，"说人类中心主义是当代生态环境问题的根源，无论于逻辑还是历史都说不通"[③]。他们还认为，非人类中心主义者过于夸大了生态伦理学的意义，乃至把生态伦理观念之外的一切人类精神成就统统打上人类中心主义的印记加以责难，不仅在理论上会造成混乱，而且在实践上是有害的。

赞同人类中心主义的学者的观点也不尽统一。例如有的认为应保持相对的、弱的人类中心主义，扬弃绝对的、强的人类中心主义，都体现着探索精神，都不仅仅是名词上的差异。

二、是伦理观之争，还是自然观之争

对于人类中心主义与非人类中心主义可以从不同角度去评述，一种视角主要是从伦理观出发，认为二者的分歧乃是伦理观之争。非人类中心主义确认人与自然界之间存在着道德关系，或应把人与人之间的社会道德拓展到人与一切生物、人与一切自然物之间；而反对者则认为道德在本质上是属于人与人之间关系的范畴，人对自然物（环境、生态、野生动植物、地下水等）的态度仅仅由于涉及他人才纳入伦理规范，而不是人与其他生物和无机物之间有内在的伦理道德关系。这种伦理观争论是有意义的，至少表现着人类正在反思自己在改造自然过程中走过的道路和弯路，做过的

---

① 余谋昌：《走出人类中心主义》，自然辩证法研究，1994 年第 7 期
② 王建明：《人类中心主义之我见》，哲学研究，1995 年第 1 期
③ 汪信砚：《人类中心主义与当代生态环境问题》，自然辩证法研究，1996 年第 12 期

"善事"和"恶事"。

但是，人类中心主义与非人类中心主义的分歧，以及这种分歧的根源，决不仅仅是伦理观念上的差异，或仅仅是从伦理学来讨论的问题，而首先和同时是两种自然观之争，反映着人们在看待和对待自然界特别是关于"人工自然"上的两种观点，反映着有关"人工自然"与"天然自然"关系的不同看法。在这一点上，非人类中心主义更强调了人类利用、改造自然造成的消极后果、人工自然对天然自然的破坏；反对者则认为不该对改造和控制自然持消极态度，而是还要利用科学技术来创造人工自然。

我们认为，从伦理学上讨论人类中心或非人类中心是必要的，但主要应从自然观上研究它们的分歧。这种分歧的基础，即当今的全球性问题特别是生态环境问题是由多方面原因造成的，这里有经济的、政治的、技术的因素，有认识能力、认识水平的因素，而不仅是或主要不是道德观念问题，或者说，我们应该"走出"人类中心主义，还是需要"走进"人类中心主义，实质上不是两种伦理观之争，而是两种自然观之争，是有关人类顺应、服从自然，与改造、征服自然关系之争。如果局限于伦理学角度去争论一切生物和矿物是否有内在的、与人类无关的价值，去争论人类是否要"善待"一切生物和矿物，就难免会把生态问题的根源归之于人性乃恶，把可持续发展和解决全球性问题寄托于人之性善和人性转善。

至少，作为自然辩证法工作者，更应当从自然观上研究有关人类中心主义和非人类中心主义的论争，从而评述它们的合理性与局限性。在人与自然界的关系上，我们以为有以下三个观点值得注意：

第一是人与自然的统一。人是大自然长期进化的产物，是自然界的一部分。

第二是自然界与人的对立。不仅在古代，"自然界起初是作为一种完全异己的、有无限威力和不可制服的力量与人们对立的"（《马克思恩格斯全集》第3卷第35页），而且在近现代，大自然带给人类的也并非总是风和日丽、鸟语花香，也常会出现完全异己和有无限威力的地震、飓风、旱灾和涝灾，大自然本身并不去满足和提高人们衣食住行的需要。

第三是人与自然界的对立。人作为主体能动地认识自然、变革自然、支配自然力和创造人工自然，并在改造自然的进程中把自己从动物界中提升出来。

这三个观点是密切联系、不可只执一端的。人们按照自己的目的改造自然使之有利于自己的生存，要以人与自然的统一为基础，人的主观能动性受自然界客观规律性的制约，超过限制就会遭到自然界的报复。非人类中心主义指出了人们过分强调自己的能动性和人对自然的征服能力，把自然界看作是由人任意索取、宰割和打败的对象，在100余年的时间里就"成功地"使大自然有了千疮百孔，同时使自己陷入难以持续生存的境地。非人类中心主义的意义乃是它要求否定征服主义的自然观，强调了人与自然的统一性、和谐性。

而非人类中心主义的问题又正在于它强调乃至片面夸大了人与自然界的和谐统一，低估和否定了人与自然界之间的矛盾、冲突，忽视了人类过去、现在和今后都要与自然抗争，都不能只向大自然讲谦和恭让而要控制自然力，都不能只向大自然忏悔而要利用和变革自然物。人类中心主义的自然观强调人与自然斗争，忽视统一，固然难脱环境污染和生态破坏之责；但只讲协调不讲斗争，又何来人类文明的发展，何况自然界并非都是与人类为善的。

我们认为首先应从自然观上来讨论人类中心主义与非人类中心主义的分歧，并不认为这种分歧仅仅是哲学意识和世界观范畴的，这种分歧不能归结于观念（包括伦理上的善恶规范）或只从观念来解释，而取决于人们的社会经济利益，人们的利益会影响到他们的自然观。马克思在谈到把一切生灵，如水里的鱼、天上的鸟和地上的植物都看成财产的观念时曾说过："在私有财产和钱统治下形成的自然观，是对自然界的真正的蔑视和实际的贬低。"（《马克思恩格斯全集》第1卷第448页）我们当然可以从这段话得出批评人类中心主义的结论，但不可忘记这里不仅讲到利益乃至伦理，而是在论及人们的自然观。

三、何谓"后人类中心主义"

人类中心主义与非人类中心主义都有其历史的理由，又各有其局限性，对这两种自然观的讨论、分析、批评和扬弃还需深入展开，这一讨论对科学技术哲学和可持续发展有重要的理论价值和现实意义，困难的是应当由此得出什么结论。在基本出发点上我们难以苟同非人类中心主义的立场，同时我们又以为"弱人类中心主义"、"相对人类中心主义"等提法难以确切表述我们应持的观点，因为把人类中心主义作弱与强或相对与绝对之分并非很贴切，也不易界定清楚。

现在，我们提出"后人类中心主义"的设想，写出来参与争鸣，其目的主要不在于要确立"后人类中心主义"的概念和地位，而只是认为对这一提法的推敲和围绕它展开探讨，或许会有助于研究适应于可持续发展的自然观。

"后人类中心主义"中的"后"字（post），从词源上看，可认为是从"后工业社会"、"后现代主义"中搬过来的。在这里，问题不在于究竟是赞同还是怀疑后工业社会、后现代主义，而只是想借鉴一点，加了一个"后"字，可表述后工业社会与工业社会有质的区别，后现代主义对现代主义持批评态度，在人类中心主义前加一个"后"字，也想表述它与传统的、现代的人类中心主义有原则上的差异。当然，也可以说后人类中心主义乃是一种新的人类中心主义，但新人类中心主义仍有主体不甚明晰之虞。后人类中心主义主要还不在于只多一个"后"字，而是它反映了它是以"后人类"为主体的自然观。是既以当代人类又以人类后代或后代人类为主主义，莫如说是后人类中心主义。

后人类中心主义自然观的特点大致是：

第一，它区别于前人类中心主义和现人类中心主义，区别于 20 世纪末之前的人类中心主义。后人类中心主义不同意"人是大自然的主人"这个人类中心主义的核心理论，不赞成人类由此出发去"主宰自然、战胜自然、征服自然"，主张吸收非人类中心主义思想中的合理因素，在指导思想和实践行为中遵循协调人与自然关系的原则，而不是把自然作为异己的对手、奴仆或敌人。后人类中心主义也并不认为现代科学技术在认识自然上已完美无缺，在改造和利用自然上已无所不能，主张吸收非人类中心主义关于科学技术历史局限性的观点，乃至认为应当珍视科学技术悲观主义发出的种种警告，而不要一涉及技术悲观主义就想到或进行批判。后人类中心主义的主体不仅是甚至主要不是当前的人类，它不赞成只从人类现实利益出发，认为非人类中心主义谴责的"利己主义现实主义"发人深省，而只顾短期政绩、本企业效益或地方保护主义之类则均属这种现实主义，这确系破坏生态、污染环境之祸根。

第二，后人类中心主义又毕竟是在人类中心主义基础上形成的，可视为人类中心主义发展的高一级阶段，又不同于非人类中心主义。它以人作为自然观的主体，而一切非人类的东西（人以外的一切生物，一切无机自然物）都属于客体，都不是也不可能成为主体、成为中心。后人类中心主义认为人与自然既统一又对立，坚持人的主体性和"非人类"即自然界的客体性，而不是相反。

从后人类中心主义的观点看来，非人类的自然界对人既无恶意也无善意，自然界不会"善待"人。人固然不应以大自然的主人自居，也不能等待自然的恩赐，人类为自己的生存必须利用，控制和改造自然。"世界不会满足人，人决心以自己的行动来改变世界。"（《列宁全集》第38卷第229页）人们不应当为科学技术的应用有两重性和局限性而对发展科技持消极态度，不可能也不应该放弃和弱化科学技术，而只求助于伦理信念来规范自己的行为，变革自然必须依靠科学技术，实现人与自然的协调发展也必须依靠科学技术。后人类中心主义相信，作为社会主体的人类及其后代，能够通过社会体制、科学技术和文化的进步，不断地摆脱认识和改造自然过程中的盲目性和不合理性，不断地实现由必然王国向自由王国的飞跃。后人类中心主义重视非人类中心主义提出的警告（不要对改造自然的胜利盲目乐观）、谴责（不要继续破坏生态和污染环境）和规劝（不要滥用科学技术），但对人类的未来和科学技术持乐观态度。

从后人类中心主义的观点看来，如果抛开人与人的关系，抛开当代人与后代人的关系说，人类对自然界本身也不会讲善恶，在人与其他生物、人与自然界之间不存在伦理的、法律的关系。我们不同意非人类中心主义提出的所谓"尊重生命"、"尊重自然界利益"的观点。我们要保护自然环境、保护珍稀动植物，要遵循"生态伦理"和"环境道德"乃是出于维护自己与他人、当代人与后代人的正当关系，出于不要只顾自己的和当代人的需求而危及他人和后代人的利益。具体些说，人类究竟要保护哪一种生物，要取决于它有什么食物链价值、研究价值及观赏价值，取决于它有多少数量会有利而不危及人类生存。我们以为，奉行"不杀生原则"的生态伦理学是值得怀疑的。同时，我们也不同意"人与其他生物平等"、"人与自然界平等"的观点，认为只有社会历史的平等范畴，我们只能而且应当讲人与人之间、国家与国家之间的平等，尤其是当代人与后代人之间的平等当代人不要借用儿孙的地球和不顾儿孙的发展。

四、后人类中心主义与可持续发展

后人类中心主义的设想与可持续发展紧密相关，是适应于可持续发展的自然观；从字面上说，可持续发展也就是往后的、未来的、人类后代的发展。可持续发展的战略思想是在传统的发展模式暴露出多方面弊端并再也难以为继的情况下提出的。传统的发展观基本上是一种工业化发展观，表现为各国对 GNP、对经济高速增长目标的努力追求，人均 GNP 的快速增长就是经济成功的标志，这种片面的发展必然是以牺牲自然环境、过度利用资源为代价的，导致了日益严重的全球性问题，更危及了人类本身和人类后代的生存与发展。就此而言，指责与传统发展观密切联系的人类中心主义是有理由的。

但可持续发展也需要有其哲学意识，对此可作多方面讨论，这里仅涉及以下三点。

第一，当代人必须顾及后代人的利益，保持人与自然的协调发展，为此要强调指出，对森林的乱砍滥伐，对海洋资源的过度捕捞，对矿山的恣意开采，对垃圾和废水废气无处理排放不仅不是对自然界的改造，而且是祸害他人并恶及子孙的行为（就此要讲生态伦理）。我们应当大力宣传保持人与自然的协调发展，与维护人类后代利益的一致性。既要努力满足当代人类的合理需要，又要尽量保护生态环境，不对后代人的生存和发展构成损害，是可持续发展，也是后人类中心主义的核心思想。

第二，可持续发展也是发展，不仅是当代人要发展，后代人也要发展，我们不能在涉及可持续发展时只讲禁止、不许和避免如何如何，少讲提高生产力、增强综合国力和改善人民生活。后人类中心主义确认人类的主体地位和人类仍要发挥利用、控制、改造自然的主观能动性，这种自然观同时也是一种发展观。我们认为，人与自然之间关系之争不应集中于是否要改造自然，发展模式之争不应集中于是否要经济增长，而应关注于如何改造和如何处理经济效益、社会效益的关系。我们要大力发展和利用节能、降耗、少废和无废工艺，实行技术生态化和清洁生产，不断加强保护生态和治理环境的实力和能力，就会既有持续又有发展，或既能发展又会持续，反之，如果在利用改造自然上软弱无力，缺乏经济实力，防止和消除环境污染就难以实现。对于发展中国家来说，要解决生态环境问题，避免走"先污染后治理"的弯路，必须认真对待和解决经济落后与环境保护的矛盾，而不能只凭善良的愿望，更不能奢谈对自然的平等、博爱、正义和道德。

第三，后人类中心主义作为可持续发展的哲学意识，明确地提出了"现人类"与"后人类"的关系问题，这种关系决不是无矛盾地、可轻易地处理好的，需要有多方面的研究和实际步骤。例如，怎样使当代的人们不仅顾及自己的现实需求的满足,不仅关心自己的儿女,而且能"看到"现代人们的孙辈和"看到"后代人类。现代人能否为后代人的发展而自我约束乃至适当减缓一点发展速度和减少一点环境压力。现人类除了应当不损害后代现代人类的利益,还可以和应当在哪些方面为后人类的人类的利益,还可以和应当在哪些方面为后人类的发展打好基础,使人类的后代更感谢他们的祖辈。所有这些问题都可以讨论,但不能只抽象地高论,不能只讲伦理理想,也不能只谈人与自然的统一。至今和在相当长的历史时期里,我们只能生活于充满经济竞争,国家实力竞争的世界,在我们生活的世界中还会有发达国家与发展中国家、富国与穷国的差别,还会有先富裕起来的地区、阶层与尚未脱贫的地区、阶层的差别,我们必须也只能在这样的社会历史条件下来提出解决人与自然界矛盾的任务,来对待和处理"现人类"与"后人类"的关系问题。后人类中心主义以及可持续发展也难免有其理想化的方面,但它终究会比传统的人类中心主义合理,而比非人类中心主义现实,更与可持续发展相匹配[1]。

---

① 叶平:《生态伦理学》,东北林业大学出版社,1994

走产业化的绿色发展道路

一、可持续与发展的矛盾

走可持续发展的绿色道路是我们的祈望，关系到子孙后代和人类的未来。同时，我们又要充分地注意到，可持续发展会遇到和要解决多种多样的矛盾，大致上可以表述为"可持续发展的矛盾"。

展开点说，可持续发展不仅包容着投入与产出的矛盾，而且使这个矛盾表现得更明显、更尖锐。从总体上看，可持续发展也是一种发展，它应当和能够讲效能和效益（包括经济效益），它要顾及后代人的生存条件，也要不断提高当代人的富裕程度，如果以为走可持续发展的道路就可以只讲社会效益，不讲经济效益，乃属误解。但是，在现实生活中，在不少特定的场合，当人们重点强调发展和重点强调可持续时，特别是在具体地估计"发展项目"与"可持续项目"的价值和确定投资时，情况就往往有区别了。我们通常理解的"发展项目"与"可持续项目"的价值和确定投资时，情况就往往有区别了。我们通常理解的"发展项目"如建设一个发电站或化肥厂，必然是在经济上产出大于投入，即要在"财政收入"栏多出一点数目；然而，对于相当多的"可持续项目"如烟气集尘、污水净化、兴建野生动植物保护区等来说，至少在一个时期里，是需要相当投入却难于估算产出的，乃至从远景上也看不到产出大于经济投入，发展"绿色项目"常用会在"财政支出"栏里多出一点数目，乃至是必须赔钱去做或要做就准备赔些钱的。

抽象地或从特定意义上可以说，"发展"乃是"可持续"的前提。作为一个国家、企业或个人总要先有多一些的收入而后可能去"赔钱造福"，事实上，当今的许多国家也是在经济发达后才认真关注和大讲可持续发展的，简而言之，也可算作是"先发展后持续"罢。这种逻辑固然不大好，却是现实的矛盾。然而，果真如此，对于经济欠发达的国家和地区，可持续发展就不会真正受重视，就会被拖延搁置。果真如此，对于以追求利润和利润最大化为目标的企业（企业必须如此），又何以会投身于绿色事业，为未来和他人的持续发展效力呢？果真如此，何以保证企业和国家不走先污染后治理乃至只污染不治理的道路呢？

可持续发展的矛盾，还与市场竞争机制相关。在当今世界和我国社会，人们只能在市场经济即相互竞争的条件下争取实现可持续发展，而不是在理想化的大同世界里共管自然环境，不是在完全协同或无激烈竞争的关系中共同建设绿色家园。在市场机制的利益驱动下和互相竞争中，每一个经济单元的优化发展和可持续，却有可能导致整个社会经济状况的恶化或不可持续，从而又使每个经济单元陷入难于持续的境地。就好像湖中的每条渔船都努力捕捞，满载而归（发展），日久丰收（持续），而其结果却导致整个渔业资源枯竭，渔业不可持续，各条船无鱼可捕，每个渔民生活也难以为继。

可持续发展的这些矛盾都是客观存在无法消除的，走绿色发展道路确有许多困难，然而，这是否意味着可持续与发展的矛盾就完全无法解决，是否意味着根本无法使提高经济效益与环境治理相结合，根本无法把市场机制与保护生态统一起来呢？相反，我们应当和尽可能去考虑这种结合和统一，并至少在某些方面和某种程度上争取做到这点，这乃是本文要探讨的问题。

二、产业化与绿色发展

可以有多种方式（及实施主义）来推进可持续的或绿色的发展，它们有其必要性，又各有其界限和局限。例如，有以学者为主体的理论化绿色（包括伦理化绿色），如出版《绿色文库》,《可持续发展丛书》,开展环境社会、生态伦理学的研究，倡导"走出人类中心主义"和"新的地球道德"等。理论上的绿色显然是很重要的，人类不可能自发地走上可持续发展的道路，没有绿色的理论（首先是没有《增长的极限》一书），就没有绿色的实践。当然，理论化的绿色毕竟主要是讲道理，还不就是可持续发展的实践，只靠理论和伦理不会走得太远，任何一种社会经济发展模式（包括可持续发展）都不可能主要靠道德观念来推进。

　　例如，有以政府或政府机构为主体的国家化绿色，如由国家主持（出资和组织实施）兴建大型防洪和灌溉工程，建造防风林带，开发新的清洁能源（如可控核聚变），大规模的抗灾减灾等。有不少的可持续发展项目，特别是大型的、公共的工程，以及一些社会效益重大、经济效益模糊（乃至会"赔钱"）的项目，只能和必须以政府为主体来规划、组织和投资。但是，国家化的绿色毕竟也是有它的限制的，社会经济要转向和实现可持续发展需要做好多事情，诸如广泛地植树造林，保持土壤肥力，普遍实现污水和拉垃圾的无害化处理和空气净化，研制对人畜无害的高效药等，如果这一切都要由政府拿钱去做，都不要有经济效益或需要赔钱去做，这种绿色又何以能不断持续、扩大和发展下去呢？

　　与国家化绿色密切相关（或作为其组成部分），还可以说有法制化绿色，如颁布和实施森林法、矿产法、水法、野生生物保护法等。法制对可持续发展的重大意义是无须多说的，对于随意排放废物污染水和大气，毁坏林木和捕杀珍稀动物，对于制贩毒物、假药和假酒等犯罪行为，只靠市场机制、利益驱动、提高认识和呼唤良心，是不能制止的，必须要有法制约束和制裁，但法制的局限也正在于它是直接地以制止恶行来保护绿色的，它多讲的是"禁止"、"不许"，如何如何，并对违犯者给予惩罚，法律本身并不直接倡导善行，并不直接确认绿色发展是有利和有益的，法制主要是可持续发展的保证和条件，而不是可持续发展的动力和根据。

　　我们认为目前讨论得不够和需要多讨论的正是企业与绿色发展的关系，包括企业和企业家能否和如何成为可持续发展的主体，（主体之一或重要主体）的问题。这个问题显然是很复杂的，上面提到以追求利润和利润最大化为目标的企业和企业家，可能会难于考虑和参与为他人和后代着想的绿色发展，可能会认为可持续发展乃是别人的事情，是政府机关的事情。而且，某些唯利是图的企业（作为企业可能只讲奉献，不讲索取吗？）还会更有可能去做与可持续发展背道而驰的事，如恣意排放污染，浪费资源和能源等。

　　但是，市场经济、利益驱动、企业行为并非就注定只能是"非绿色的"，可持续以展并非就注定只能是政府的事情，我们认为，无论在理论上或实践上，都应当有某种可能把企业行为、利益驱动和绿色发展统一起来，都有必要靠市场经济体制来促进可持续发展，都应当引导、提倡和支持，使企业成为绿色发展的一个主体（重要主体之一）。这些问题是应当回答的，从国内外的某些实践看，也是可以作为部分回答的。我们认为，以企业为主体的可持续发展是可以设想的和必要的"走产业化的绿色发展道路"可以作为企业发展的方向，作为企业家的一种选择，而且是既利己又利他、利人、利绿的选择。

为了说明产业化绿色发展的特点、益处和前景，这里先举两个例子。例如，在我国西北沙漠地区，有一种叫"苦豆子"的野生植物，有固沙和使沙漠土壤化的作用，但当地居民因为缺少燃料常把它连根拨起烧掉，而当人们研究发现这种植物的籽粒中含"苦参"，发现苦参有提高人体免疫力的作用，当企业家把苦豆子籽粒提炼成苦参片剂和针剂，并使之能有效医治某种常见疾病和打开销路后，当企业向该地区居民批量收购苦豆子籽粒后，他们就再也不把这种野生植物连根拨掉，而靠采摘和出售苦豆子籽粒得到钱买煤作燃料了。苦豆子的生长尽管较慢，但它毕竟可以持续地存在、生长、繁衍，扩大和发挥它固沙和造土作用了。在这里，企业和企业家赚了钱，老百姓有了收入，地区的生态环境有了改善，企业活了，人活了，苦豆子也活了，是产业化绿色发展一例。

再例如选矿厂，人们提取矿物的有用成分，对于经提取的大量废物——尾矿，则将其堆积于尾矿坝，不仅占用土地，而且只能是一时的，坝满就难以继续选矿作业，如果尾矿及时运走，选矿厂又要支付不小的"额外费用"，尾矿处理长期成为难题，然而当人们发现对这种尾矿掺入某添加物加工，就可以制成附加价值较高的建筑材料后，就会有人或别的企业自愿地乃至有偿地去拉运或购买这种尾矿了。这样，利用尾矿的企业和企业家赚钱，选矿厂环境改善，成本降低，又持续生产，也可谓是产业化的持续发展。

类似的例子还可以举出一些。当然，产业化的绿色发展并不是到处都可以办到和轻易能办到的。这里需要有科学知识和技术的创新，需要有新的企业行为和企业家，也需要有社会的理解和支持，需要有一个探索试验的过程，但是，这毕竟是一个值得考虑的道路。

总之，我们以为，当今更重要的是使可持续发展有可操作性，只靠理论化、国家化、法制化的绿色发展是不够的，走产业化的绿色发展道路是值得尝试的。再简单些说，企业和企业家应当和可以把自己的谋利与社会的持续发展结合起来，或者遵循这样的信念："企业不可能专门利人、毫不利己，但应当并可能把谋利与绿色合二为一，使利己与利人合二为一。"

三、关于绿色发展的内涵

"绿色"已成为当今广泛使用的多义词。本文中的"绿色",与可持续发展、无污染或少污染密切相关。这里,我们更强调绿色要与生物(尤其是植物)资源的开发利用密切联系,绿色植物有最名副其实的绿色,是绿色之源。

生物技术和生物产业对可持续发展有极其重要的意义。这里所说的生物技术,包括对生物性资源的各种形式的保护、培育、提取和加工,而不仅仅是基因工程,例如,对李时珍《本草纲目》中的百草的提炼加工,使之成为有特效的天然药物(包括天然农药),就属生物产业,在这个方面,科学、技术和企业都大有用武之地。

探讨绿色发展和人类未来,涉及如何认识21世纪会有(或应有)何种基本技术、技术体系和基本产业的问题。我们认为,广义的生物技术和生物产业(或狭义的"绿色技术"和"绿色产业")对人类未来的可持续发展乃是最根本的、头等重要的。①人们常说21世纪是生物世纪,分子生物学、基因重组等划时代的重大突破,使生物工程成为下一世纪的前沿领域,具有抗病虫害基因的棉花品种培育成功也预示着生物技术的巨大潜力和前景;②19世纪至今的技术体系及与之相关的产业构成,主要是以机械加工、热电转换、化学合成为基础的,除了酿酒、制糖等相对简易的活动,对极为多样的生物资源的认识极其有限,对天然生物(百草)的深加工利用极其有限,当然对它们的保护也极其有限,生物技术和生物产业在今后应当和必须得到长足发展;③对可持续发展尽管可以有诸种界定,但从根本上说,这就是要不断解决当代人和下代人的衣食住行和生老病死问题,并不断提高人们的生活质量。未来的这一切,首先仍要立足于农业、食品加工、医药等方面的基础技术和基础行业。

如何估计生物技术及其产业的意义,涉及与计算机技术和信息产业的比较。有一种意见认为,未来的或可持续发展的技术和产业,绿色的技术和产业,主要是信息技术和信息产业,这种观点颇有理由,信息技术及与之相关的产业最少消耗能源,最少污染,当然是绿色的。而且,材料、能源和信息从来就是人类文明支柱,计算机技术和信息产业当今正更突出显示其先锋作用,并必将成为推动可持续发展的强有力杠杆。

未来的绿色技术和绿色产业的发展,也必须要依靠信息技术和信息产业的支撑、保证和优化，但电子计算机本身不能直接解决人们的吃饭、穿衣、医药问题，这乃是明显的道理。基于此，我们以为不宜过于强调信息产业乃是可持续发展的最基础产业，计算机技术是人类未来的命脉。可能，把生物技术与生物产业同信息技术结合起来，对未来的产业构成和创新有巨大意义。另一方面看，如果单独强调计算机和自动化，未必就一定与绿色发展协调，把电子计算机用于火力发电、冶金、化学合成等，可以使现有技术体系的功能达到高限乃至极限，却未必都有助于绿色发展。

走产业化的绿色发展道路，需要有多方面的努力和条件。特别重要的是要有绿色发展的技术创新和技术选择，要建立与之匹配的企业技术创新系统，提高技术创新的动力和能力，形成持续创新的良性循环。可持续发展或绿色发展不仅需要有其相应的技术体系，还要有与之相应的人才结构和教育体系，乃至会有新的专业和学科设置。走产业化的绿色发展道路，还会涉及企业的经营模式、管理模式、企业文化诸多方面的问题，都值得研究和讨论。

参 考 文 献

［1］柳树滋：春节风吹又生——通向二十一世纪的绿色道路．哈尔滨：东北林业大学出版社，1996

［2］胡涛等：中国的可持续发展研究——从概念到行动．北京：中国环境科学出版社，1995

［3］[英]D.皮尔斯等：世界无末日——经济学、环境与可持续发展．张世狄等译，北京：中国财政经济出版社，1996

关于发展"绿色科技"的思考

发展绿色技术，兴办绿色产业，是实现可持续发展的需要。本文探讨了绿色科技的概念和内涵，发展绿色科技的必要性、重要性和困难。

"绿色科技"（green science and technology）一词，已广泛见诸于国内外书刊。发展和运用绿色科技，是实现科教兴国特别是可持续发展战略的需要。对于以理工科为主的大学，对于科学技术工作者来说，了解绿色科技的特点和内涵，有助于深入研究现时代人才培养的要求和类型，正确把握科学研究的方向和确定科技发展的项目。而且，"绿色意识"的培养乃是理工科加强人文社会科学的素养的重要内容之一，确立绿色意识与重视绿色科技是紧密相关的。

一、接纳绿色科技

新概念、新名词多，是当今时代和我国近 20 年来文化舆论的一个特点；新词多得使人应接不暇；喜欢应用新名词者，也确有赶时髦的问题。实际上，并不是每一个新名词、新提法都在实质上反映着新的内容，或有新的道理，我们对新概念也不必全盘接收。但是，在一个时代、一个国家里，新出现的概念和观点多，在原则上并不都是坏事，至少，可以说明那时和那里的思想比较活跃；何况，不少新提法、新观点是需要被接纳和认真探讨的。一味赶时髦固不可取，完全拒绝时髦也不必要。

虽然"绿色科技"在当下我国仍可算是一个新词，其实已不大新了。美国的 IEEE Spectrum 杂志 1993 年第 9 期在《全球兴起"绿色制造"浪潮》一文中就提到："21 世纪将是绿色文明的世纪，发展绿色科技已成为当今世界的一股强大的浪潮。"原中国科学院院长周光召在 1995 年就发表过《将绿色科技纳入我国科技发展总体规划中》一文。

绿色科技一词中的"绿色",与绿色食品、绿色生产、绿色文化、绿色发展、绿色未来等词中的"绿色",其指称和含义是一致的,大体上意味着无污染、清洁、无害的意思。绿色形象地联系到植物和生命,联系到可以通过和安全,因而能够鲜明地反映保护生态环境的要求;从一定意义上可以说,可持续发展就是绿色发展,走可持续发展的道路也就是走绿色道路,绿色科技就是适应于可持续发展要求的科技。

但是,仅仅这样说还没有揭示出绿色科技的内涵究竟是什么,也没有说明绿色科技有什么具体特点和内容,因而,我们有必要对"绿色科技"的概念再做一些分析。

(1)绿色科技的绿色,首先是对整个科学技术活动的一种导向,而不是仅就某一门学科的性质、某一个定律的内容或某一项操作的功能来说的。这种导向,其一,从科技发展战略上讲,主要是指:人们在从事科技工作,在发展和应用科学技术时不仅要为科教兴国战略服务,为提高社会经济实力和综合国力作贡献,而且要为实现可持续发展战略服务,为建立良好的生态环境作贡献;其二,从科技发展的基本要求讲,各门科学技术、各种科学技术活动,都要符合生态化的方向,不仅农业、林业要实现产业生态化,冶金、化工、建筑、交通、服务等传统行业的科技工作也要以有利于生态化为方向,即既有经济目标,又有环境目标,力求做到低消耗和低污染,实现清洁生产,对环境安全,有利于人与自然的协调发展。

(2)就具体的学科和专业说,绿色科技是为解决生态环境问题而发展起来的科学技术,是有益于保护生态和防治环境污染的科学技术。这个方面的科学技术是绿色科技,其重要的现实意义是无需多说的。不确切地划分,似乎又可以把它们区别为两类:一类主要是保护绿色的科技,如治沙技术、预防病虫害技术、污水处理技术、垃圾无害化处理技术,以及医学科学技术等;另一类主要是推进绿色发展的科技,如高效节能技术、资源综合利用技术、新能源开发技术(如太阳能高效利用技术、核能的安全利用)等。

(3)绿色科技还特指与生物资源有关的科学技术,从内容和形式看,绝大部分生物技术是名副其实的绿色技术。这里所说的生物技术,不仅是指现代的基因工程,如利用基因的变异、剪切、重组来育种或制药,还包括对各种天然生物资源的各种形式的保护、提取和加工,例如,用现代生物化学方法提炼野生动植物的有益成分,使之成为有特殊疗效的药物、保健品、农药;这不仅属于生物技术,而且有一些还可以是"生物高技术"。

二、绿色科技的意义

全面论述绿色科技的意义，需要阐明可持续发展的重要性和迫切性，阐明科学技术为可持续

发展服务的重要性，这样的陈述会远超出本文所及。这里只能就绿色科技对科学技术本身和人才教育的影响讲几点看法。

（1）发展绿色科技对广大的科学技术工作者发挥积极性提出了更高的要求，为他们发挥创造性提供了广阔的天地。为振兴民族经济，为延续人类未来，这二者的结合，既是鼓舞科技工作者奋斗的动力，又是引导科技工作者选题的指南。如果说，我们过去的重点是强调经济建设要依靠科学技术，科学技术要面向经济建设；今后就还需要可持续发展依靠科学技术，科学技术面向可持续发展。而"绿色需要科技，科技面向绿色"，既加重了科学技术的任务，又有利于科学技术的进步。事实上，科技工作者过去已作出的和正在进行的许多创造，已经属于绿色科技的范畴，如用矿渣、钢渣生产水泥，从烟尘中回收二氧化碳，以碳源为原料加工酒精和其他化工制品，开发能替代氟利昂和溴甲烷的制冷物质或杀虫剂，研制开发生物可降解塑料等。完全可以期待，实施可持续发展战略，重视绿色科技，将会推进科技事业取得新的成就。

（2）发展绿色科技对于我们认识什么是 21 世纪的主导技术有重要意义。当前，人们在这个问题上的意见是有分歧的，但有了可持续发展和绿色科技的概念，或许会有助于争鸣和使讨论更明晰。

对于什么是 21 世纪的主导技术，实际上存在着两种理解和提法：一是认为仍然是计算机技术或信息技术，信息技术不仅有无可限量的功能，而且信息产业还是最少消耗能源、最少污染的，当然最适应和符合绿色发展的要求。材料、能源、信息从来就是人类文明的支柱，计算机技术和信息产业当今已显示其先锋作用，并必将成为推动可持续发展的有力杠杆。

但是，我们同时也可以看到另一种观点，即认为生物技术对人类未来和可持续发展有根本的、头等重要的意义。其理由大致是：① 21 世纪是生物世纪，分子生物学、DNA 的发现、基因重组等划时代的重大突破，使生物工程成为前沿领域，例如，具有抗病虫害基因的棉花品种培育成功等，就预示和表现着生物技术的巨大潜力和前景；② 19 世纪至今（近现代工业文明）的技术体系及与之相关的产业构成，主要是以机械加工、热电转换、

化学合成为基础的，除了酿酒、制糖等相对简易的活动，对极为多样的生物资源的认识极其有限，对天然生物（百草）的深加工利用极其有限，当然对它们的保护也极其有限，生物技术和生物产业在今后应当和必然会得到长足发展；③对可持续发展尽管可以有诸种界定，但从根本上说，这就是要不断解决当代人和下代人的衣食住行和生老病死问题，并不断提高人们的生活质量。未来的这一切，首先仍要立足于农业、食品加工、医药等方面的基础技术和基础行业。

这两种意见的争论可能还会继续下去。例如，有的会更加强调人类未来文明必须要有信息技术的支持，要靠信息技术作保证，用信息技术来优化，信息文明是生态文明的基础，绿色文明是信息文明与生态文明的结合；而有的会认为计算机再伟大也不能直接（强调直接二字）解决人们的吃饭、穿衣、住房、旅行、治病的问题，计算机技术同生物技术、环保技术结合，对绿色有益，把计算机用于火力发电、冶金、化工、导弹制导、核爆实验等，虽有可能使现有技术体系的功能达到极限，却未必都有助于生态环境的优化和实现绿色发展。本文没有能力来评价这些观点的是非，但可看到，绿色发展、绿色科技的概念是有助于这个讨论的。

（3）发展绿色科技，还意味着或预示着科学技术上的重大变革。与传统科技相比，绿色科技大致有两个根本性的特点：一个是上面提到的生态化，另一个则是它的综合化；既生态化又综合化，必然要求有体系上的区别，或会导致体系上的创新。

绿色科技的综合化特点，表现于它遵循有机论的自然观和系统论的方法，在内容和功能上突出反映出各门学科的交叉、渗透和结合，常常越出现有专业分类的界限。例如，烟尘和污水的处理技术就不仅需要用物理的方法、化学的方法，还需要用生物的方法；生物资源的深加工或提取不仅需要有生物学、有机化学的知识，还需要有生理学、病理学的知识，不仅需要有农业技术、林业技术，还需要有化工技术、食品加工技术、制药技术；矿山尾矿利用不仅涉及采矿技术、冶金技术，还涉及材料技术、建筑技术乃至生物技术、土壤技术。然而，我们现有的学科专业体系，基本上就是按数、理、化、天、地、生、采、选、冶、机、电、土、农、轻、交来划分的，绿色科技有时就难以完全纳入到这个体系之中。例如，对于水处理技术、垃圾无害化处理技术、尾矿处理和利用的技术，就难以确定其在学科专业目录中的位置。因而我们有理由相信，随着绿色科技的进一步发展，特别是与生态环境有关、与资源综合利用有关的科技和产业的发展，将会导致科技体系的改变和创新。

（4）与以上三点相关，绿色科技的发展还会影响到现有的人才教育的内容、模式和体系。或者说，可持续发展要求有与之适应的绿色科技创新，绿色科技创新要求有与之相称的绿色科技人才，要求有足以满足需要的绿色教育。为此，就需要我们探讨关于可持续发展教育的特点、绿色科技教育的内容、绿色科技人才的素质等一系列的问题。例如，在我们学校，究竟是哪个学院、哪个专业、哪个硕士点或博士点"管"水处理、尾矿处理的技术和人才培养；在我们国家，究竟是哪个研究所和学校、哪个专业、哪些专家"管"垃圾无害化处理的技术和人才培养，或这种人才应当授予何种学科专业的学位。随着绿色科技的发展，科技体系和人才教育体系都会要求有所改变，都必然会有所改变，我们对此要有预见和准备。

三、绿色科技的困难

可持续发展或走绿色发展的道路，发展和应用绿色科技，有极大的重要性，也是经过努力可能做到的。但正如可持续发展在总体上有许多矛盾和很大的艰巨性那样，绿色科技的发展和应用，也是有诸多困难的。

（1）科技本身的困难。绿色科技在今天还没有成熟，一些重大问题还没有解决，没有形成体系和充分显示其效能，例如，①开发高效、清洁、安全能源的工作尚未取得突破，无论是可控核聚变还是太阳能高效利用，或是地热、潮汐能的利用，都还没有重大进展，而如果没有足够的清洁能源，仍然用煤和石油作为主要能源，就难以解决资源永续利用的问题，也难以从根本上避免和缓解环境污染；②回收（recycle）、再利用（reuse）、无废料（reduce waste）工艺，是绿色技术和绿色制造的基本要求和根本特点，但在目前，这种三 R 工艺还基本上是一种理念，远未在各个产业的技术上和设计上落实；③生物工程在满足人类基本需求上还有很大距离，例如，仍未实现粮食作物的基因同豆科作物的基因重组。

（2）生态效益与经济效益统一的困难。科技本身的困难需要科学技术家努力去解决，也是靠科学技术本身的发展可以解决的。然而，绿色科技面临的困难，往往并不在于科学技术本身，而在于科学技术之外——特别是经济的因素。不少的生态保护技术、治理污染技术以及生态农业技术，从原理上是正确的，实践上是有用的，但或因缺乏必要的投入，或因得不到相当的赢利，而得不到发展、完善和持续应用。绿色科技必须大力提倡和支持，也是必须正视经济效益和从满足经济效益出发去改进的。有一种生态农业的模式是"筑堤灌水、水中长树、水上养鸭、水中养鱼、鱼粪肥树、树叶肥水、树荫栖鸟、鸟粪喂鱼"，技术上可能很合理，但如果它生产出的鱼、鸭的价格比专业养鱼场和养鸭场的价格高许多，这种生态农业模式尽管符合绿色要求也难以持续下去。

（3）社会条件支持的困难。绿色科技需要投入，这就是社会条件支持，但绿色科技的发展和应用还需要有法制的支持、教育的支持、舆论的支持、公众的支持、伦理的支持，可持续发展和绿色科技是与人们的生活方式密切相关的，人们的生活需求、生活习俗、心理情感都会影响其应用。例如，垃圾的无害化处理技术的应用固然需要技术本身的成熟，固然需要资金包括居民收入水平的提高，但也还需要人们有自觉地把垃圾分类再扔投的意识和习惯；否则，即或有了最先进的垃圾处理技术，也是难以施展才能或是无能为力的。

参 考 文 献

［1］柳树滋：春风吹又生——通向二十一世纪的道路 . 哈尔滨：东北林业大学出版社，1996

［2］郑积源：跨世纪科技与社会可持续发展 . 北京：人民出版社，1994

关于可持续发展教育研究的探讨

可持续发展是我国的重大战略，可持续发展教育研究也开始成为人们关心的课题。但是，对于究竟什么是可持续发展教育研究，它有哪些研究主题，它要研究的重点是什么，这种研究有什么特点，如何入手，似乎并不都很清楚。或许，我们首先有必要对"可持续发展教育"问题作点一般性辩论或总体性探讨，本文就是对这个问题的一种探讨或个人建议。我们以为，为了进行可持续发展教育的研究，以下几个问题或许值得讨论和注意。

一、可持续发展教育研究的主题

目前，有不少人在思考可持续发展教育，在谈论可持续发展与教育的关系。然而，由于人们对"可持续发展"和"教育"概念涵义理解的差异，使得"可持续发展教育"成为一个复杂的问题，导致人们在这个问题上的认识很不一致。对于"可持续发展教育"，至少可以从以下三种角度得到三种理解：

（1）从教育的社会功能的角度来看，可持续发展教育主要是指教育如何为实现可持续发展战略服务，即教育应如何适应可持续发展的要求，如何培养符合可持续发展需要的人才，使教育培养出来的人才具备与可持续发展相适应的各种知识、能力等方面的素质。在这方面要涉及学校教育目标、课程设置、专业设置等许多问题。

（2）从广义的可持续发展的角度来思考，可持续发展教育主要是指教育如何可持续发展的问题，是教育事业如何不断发展，不断适应发展着的大众教育需求，不断适应发展着的科学技术和知识经济，例如，要解决扩大教育规模、提高师资水平、改善教学条件（如开展远距离教育）等。

（3）从广义教育的角度来理解，可持续发展教育主要是指对可持续发展理论和战略的宣传，是向社会公众说明什么是可持续发展，说明可持续发展的基本要求、必要性和重要性。这种教育的目的是要使受教育者懂得和接受可持续发展理论，使得可持续发展理论逐渐转变为一种公众意识，直至相关行为的形成，从而有利于可持续发展战略的实现。

以上对"可持续发展教育"的三种理解都是可以研究或需要研究的，问题是我们需要明确自己或别人是在何种角度上进行讨论，而不要把不同视角混在一起，不加区分；问题还在于，我们需要根据各级各类学校特定的情况和可能去确定研究可持续发展教育的重点，例如，对于中小学与大学，对于理工农医科为主的大学与文史哲经科为主的大学，它们的可持续发展教育研究，在内容、要求和方法上是不能不加以区分的。总之，在研究工作中需要有明确的方向，并在某个方向上确定研究主题。

可以设想，可持续发展的各个方向都会有诸多的研究主题，例如，关于各级各类学校的可持续发展课程的设置问题，可以探讨如何对小学生进行可持续发展的教育，如何对中学生进行保护生态环境的教育，如何在大学开设有关可持续发展问题的选修课，如何认识可持续发展教育与素质教育的关系，如何认识可持续发展教育与创新教育的关系；当然还可以再深入一些地探讨如何进行可持续发展的自然观的教育、可持续发展的伦理观的教育、可持续发展的价值观的教育、可持续发展的科技观教育，等等。

二、充分重视可持续发展教育研究的意义

可持续发展教育的研究从哪里起步，当然需要从实际调查开始，研究要有针对性，研究的结果要有可操作性，必须要以实证材料为基础。但是，在进行实际调查研究之前，从基本观点上讨论这个研究的意义，对于有热情有兴趣去进行探讨，以及对于有方向有针对性地去进行调查，都很有必要。

从不同角度去研究可持续发展教育，其意义也是不尽相同的。本文不可能一一探讨可持续发展教育在各个方面的意义，作为一种例证，下面主要在教育如何为可持续发展服务、如何适应于培养可持续发展人才的问题上，就研究的意义讲一些看法；而且，就是在这一个方面也不可能讲周全，只能主要就推进"回收利用"和培养这方面的人才，来考察可持续"发展

教育研究的意义问题。

可持续发展问题在开始提出时，就与人才要求和人才类型密切相关。1975年任美国世界观察研究所所长的布朗就提到，由于可持续发展是要为人类的未来解决资源、能源和生态环境保护的问题，因而就会提出新的社会任务、新的职业需要和有新的人才结构。他认为，在未来的社会或持续发展的社会中，不仅会有某些原有职业的扩大，而且会需要有新的职业，他所列举的这类职业有能源审查员（评定住房有利的节能潜力）风力勘察员农学家、林学家、太阳能建筑师、生物气体技术员（如沼气发生器技术员）、计划生育助产士等。

实现可持续发展将会有哪些职业需要扩大，哪些职业可能"新增"，这本身就是一个值得认真细致探讨的大课题，可能不是几个人在几年里能搞清楚的，对于这个问题，这里只补充一点：实现可持续发展，还要增加从事回收再利用工作的科技人员和公务人员，而且其数量还会相当大。仅此一点，也可思考可持续发展教育研究的意义。

所谓"回收再利用"，通俗地说与收破烂和废物利用有关，用学术提法，与生产中采用的回收（recycle）、再利用（reuse）、无废料（reduce waste）工艺，或简称的三R工艺有关。或者说，广义的回收再利用，一方面是要在企业内部力争实行循环作业，实现零排放和减少废料；另一方面是社会要对产生出来的废物再作回收利用——在生产和人们生活完全没有任何排泄物（工业垃圾和生活垃圾）是不可能的。

讨论可持续发展教育这么纯洁的问题时，把处理废物或"破烂"提到这么高有必要吗？现在看，这不仅非常必要，而且还可以说需要加深认识。本来，自然界本是无所谓废物的——自然界本身并不区分什么东西是有用的，应当保留，哪些东西是没用的，可以抛弃；仅是对于人类来说，才有了无用可弃的东西即"废物"概念，才有了废物处理和废物的回收再利用问题。只不过在工业不很发达、人口为数不多的情况下，生产排泄物和生活垃圾不多，废物的再利用也比较简单，回收再利用的规模和程度似乎无关大局，提不到战略的高度；随着工业发展和人口膨胀，生活和生产排泄物的品种繁多，数量激增，现在的城市已处于大量工业垃圾和生活垃圾的包围之中，当代人留下的垃圾已威胁到子孙后代的基本生活条件。在这样的情况下，在生产中尽力采用三R工艺，以及加强对生活垃圾和工业垃圾的处理利用，就成为关系到人类生存、人类延续和人类命运的重大战略问题。日本有的学者把"确保自然和社会可持续发展的社会"称作"回收再利用社会"，是值得认真思考的。

实际上，人们过去在实现回收再利用上已经做了一些事情，如利用矿渣、钢渣生产水泥，烟尘中回收二氧化碳等，但到目前为止，在这方面的进展还不大，还远远不能适应要求，三 R 工艺基本上还是一种倡导和理念，远未在各个产业的技术上和设计上落实，对生产排泄物和生活排泄物的处理既没有引起足够重视，也缺乏有效办法，例如，对大量废橡胶、废塑料至今还基本上不能回收利用，对城市垃圾的处理也未得到很好解决，基于这种情况，至少可以认为，为了保证可持续发展，需要增加从事回收再利用的研究人员、科技人员，形成或确定能够培养这类人才的学科、专业和学校。

在这样一类问题上，只讲教育要为实现可持续发展战略服务是不够的，必须具体地研究教育怎样才能适应可持续发展的要求，例如可以讨论各个学校、各个专业、各个学科点怎样为发展回收再利用技术和有关人才的培养作贡献，或可以讨论究竟由哪个学校、哪个专业、哪个学科"管"水处理和垃圾无害化处理的技术发展和人才培养，包括可以讨论这样一类人才应当授予何种学科或何种专业的学位。

与此有关，我们或许还应当再对已有的学科体系和专业设置目录作新的思考。我们现有的学科专业体系，基本上是按数、理、化、天、地、生、采、选、冶、机、电、土、农、轻、交来划分的，从这样的体系出发，就难以完全把诸如水处理技术、尾矿再利用技术、废橡胶回收技术、垃圾无害化处理技术等完全纳入该体系之中，就难以确定它们在学科专业目录中的位置。可持续发展教育的研究，是不应该不顾及这类问题的。

回收再利用不仅影响着自然科学和生产技术以及相关的科技人员的培养，而且还影响到思想宣传和社会管理的内容，以及思想理论和管理人才的培养。必须看到，可持续发展和生态环境的保护与人们的生活方式密切相关，人们的生活需求、生活习俗、传统心态都会影响到资源综合利用、环境保护和废物回收再利用技术的发展和应用，例如，垃圾无害化处理技术的应用固然需要有这种技术本身的成熟，还需要人们具有把垃圾分类再投弃的意识和习惯，否则，即或有了最先进的垃圾处理技术，也难以施展其才能或是无能为的而"非常简单"的垃圾分类，除了需要有居民收入水平的提高，还需要有相关意识的宣传和习惯的培养，这些也是需要有人去做的。

只从回收再利用这个问题来探讨可持续发展教育研究的意义，显然是有局限的，这里仅仅是作为一个例证，但即或是这样一个问题，也仍然可能有进一步研究的必要。

三、认真接受可持续发展的教育

教育者首先要受教育，研究可持续发展教育的人，自己要首先接受可持续发展理论的教育。由于我们不少人接触可持续发展问题都不久，由于可持续发展理论涉及的方面很广很复杂，我们对可持续发展的概念、原则、基本要求和内容的认识，对可持续发展的性质、意义和存在的困难的认识，很可能是不够准确、不够全面、不够深入的，为此，我们更需要认真学习和掌握可持续发展的理论，真正领会其实质和丰富内涵。很难设想，如果不认真接受可持续发展理论的教育，就可以搞好可持续发展教育的研究。当然这里所说的接受教育，对研究者而言，应当是研究可持续发展的理论，对于可持续发展理论，我们也应当实事求是，解放思想去对待。

从研究可持续发展教育来说，在接受可持续发展理论的时候，可以注意讨论些什么呢？

这里或许应包括以下的一些问题：

（1）"可持续发展"与我们通常所说的"不断发展"、"连续发展"有什么关系，国家的可持续发展战略所指的可持续发展，其指称和内涵是什么，可持续发展教育所指的可持续发展，其指称和内涵又是什么？

（2）可持续发展问题在当前有什么严重性，人类如果没有面临任何不可持续的问题，为什么要提出可持续发展的问题和任务；如果人类已经出现了难以持续发展的问题，这些问题都是什么，都严重到何种程度，为了解决这些严重的问题，教育应当承担什么责任，能否承担得起什么样的责任？

（3）可持续发展战略与科教兴国战略之间有什么关系，教育当然同科教兴国相关，又同可持续发展相关，这两种相关之间又有什么关系，有什么联系，有什么差异？

（4）可持续发展满足当代人的需要又不损害后代人满足其需要的能力，作为教育和教育工作者，怎样才能使当代人建立起"后代人意识"或顾及后代人的意识？

（5）可持续发展可以分别从生态的可持续发展、社会的可持续发展和经济的可持续发展去分析研究，教育的可持续发展或可持续发展教育同它们有什么关系？

（6）可持续发展要求充分重视对生态环境的保护，实现人与自然的协调发展，作为教育应该怎样来认识和评价生态伦理，怎样来规范和宣传环境道德？

（7）可持续发展理论批评只顾当前、只顾局部的利己主义，批评无节制地应用科学技术，作为教育，应当怎样说明利己与利他的关系，说明科学技术合理应用的界限？

（8）可持续发展倡导发展和应用绿色科技，什么是绿色科技的根本特点（有人认为绿色科技的根本特点一是生态化，二是综合化），如果绿色科技是既生态化又综合化，对教育工作又有什么影响？

（9）可持续发展特别要求在寻找新能源、回收再利用和保护生态环境诸方面有创造，作为教育，如何实现对创造性人才的培养，为了培养全面发展的、有创造性的人才，在教育工作中应该如何认识和处理自然科学、技术科学、社会科学、人文科学之间的关系？

（10）可持续发展要求动员广泛的公众参与，作为教育，在发动和引导公众参与上应当和可能做些什么。我们接受可持续发展的教育，需要看一点读本，更需要接触实际，这样，我们就可能找到许多值得研究的课题？

参 考 文 献

［1］［美］莱布朗：建设一个持续发展的社会．北京：科学技术文献出版社，1984：214

［2］世界环境与发展委员会：我们共同的未来．王之佳等译，长春：吉林人民出版社，1997

［3］陈耀邦：可持续发展读本．北京：中国计划出版社，1996

［4］张坤民：可持续发展论．北京：中国环境科学出版社，1997

人与自然的和谐曲

——《21世纪中国人口与资源、环境、农业可持续发展》的四大特色

我认真阅读了周毅博士新问世的《21世纪中国人口与资源、环境、农业可持续发展》这部长达50万字的宏篇力作。作者围绕可持续发展这一世界各发达或发展中国家共同遵循的战略，立足国情，鸟瞰全球，全方位多视觉地论述了人口、资源、生态、环境、农业诸方面的对立统一问题。归纳起来，该书有四大特色。

1. 描述了从野蛮到文明的动态演进，热烈呼唤从异化到本真的回归

世纪之交，随着知识经济化、全球化的姗姗来迟，踏着时代多重交响乐的强劲节拍，追求时尚、顺应潮流的青年双栖学者周毅博士为中华民族奉献了又一首人与自然的和谐进行曲，这就是由山西经济出版社于1997年岁末隆重推出的《21世纪中国人口与资源、环境、农业可持续发展》。周毅博曾获文学学士、法学学士、哲学硕士和史学博士学位，又在北京大学社会学系做博士后研究。他发挥得天独厚的专业优势，充分运用长期积累的大量经验性材料，以跨学科研究的独特视角，对非持续生产和消费模式进行了批评、透视和剖析，揭示了可持续发展在中国的历史必然性，并描述了从单一到整体，从分离到融合，从失落到回归，从竭泽到节制，从异化到本真，从野性到理性，从逻辑到历史的动态演进理想蓝图及其可操作性对策。是净化人们心灵和美化生态环境的又一片绿叶，值得决策者、研究者和有识之士赏识和珍爱。

2. 直陈非持续发展危机，审视工业文明惨重代价

周毅博士开门见山地指出：20世纪是人类物质文明最发达的时代，但也是地球生态环境遭到破坏最为严重的时代。非持续的人口膨胀、经济畸增和环境污染及资源穷竭意味着工业文明已走到尽头。人类正处在"第三

次大转变"的关键时期，今后人类生存发展已不能依靠土地种植和挖掘地球资源来维持，而必须深入开发和利用人类自身的智慧资源，这将导致以智力资源为基础的生态文明。一种以满足人的需求为价值取向，以人与自然统一的生态和谐发展为核心的可持续发展理论，正在东西方悄然兴起。重新审视发展历程，周毅博士提醒决策者：中国的现代化决不能重蹈发达国家"卫星上天，公害泛滥"的覆辙，而应该坚定不移地走国际社会共同遵循的可持续发展道路。

3. 揭示了"疯牛病"的真正病因，人类理应警钟长鸣

你去森林猎熊，可是你没有看见熊，于是你就寻找熊的踪迹或让猎狗去追寻熊的气味。周毅博士在书中形象生动地比喻道，你想在企业里消除低效率，却在运行系统中看不见它在哪里，你可以寻找它的踪迹或气味。结果，污染往往是引导你发现效率低下的最佳标志。何处是牛的乐园？何处是牧人的天堂？科学家研究表明，"疯牛病"的病因就在于今天对牛的饲养方式。商业利润的追求使养牛场主违背牛的天性，千方百计对牛催生催长使牛在更短时间里长成出栏，拿到市场上换回金钱，导致牛的一种糟糕变式：牛皮质量下降，牛肉也没有牛肉味，正像大棚的黄瓜没有黄瓜味一样。周毅博士在书中指出，这还不是问题之关键。他认为，科学只能在科学层次上反对科学滥用。"疯牛病"的真正病因在于牛之不为牛，大地不为大地，自然不为自然，牧野不为牧野的集中体现。牛之病从而也是大地之病、自然之病、牧野之病的象征。

4. 严肃的哲学思考、对历史演化的追溯和富有浪漫情怀的诗意三者交融，道出了自然的真谛和人生的归宿

周毅博士在该书中指出，今天，人与自然界的外在关系已成为时髦话题，到处都在谈论环境污染、生态危机及可持续发展问题。自然界的演化在产生出人类之后，情况发生了根本的变化。人类不仅变更了植物和动物的位置，而且也改变了它们居住地方的面貌、气候、甚至还改变了植物和动物本身，使他们活动的结果只能和地球的普遍死亡一起消失。周毅博士引用恩格斯的话说，对于人类征服自然界的每一次胜利，自然界都对人类进行报复。每一次胜利，在第一线都确实取得了预期的结果，但在第二线和第三线却有了完全不同、出乎意料的影响，它常常把第一个结果重新消除。人与自然的关系仅仅在外在关系方面被呈现，而真实的关系却被遮盖得密不透风。在原始的意义上，自然就是历史。陶渊明那"悠然见南山"的诗句要吐露的真意恰为"南山"的历史性。周毅博士解释道："悠然"不

是空间上的渺茫，而是悠悠自现。"南山"对人的显现是一首变奏曲。这变奏打破了"南山"的掩蔽，使"南山"澄明而显现。伤感的人就从这悠然中感到了悲伤，快乐的人从这悠然中感到了欢乐，宁静之人则感到一种怡然自得。如果采菊之人欲寻找新菊花生长之地，那么他就把这悠然视为无所谓，从而忘掉"南山"。把"南山"变为有可能生长菊花的一个地方。这样，"南山"在显现的过程中，被赋予了各种不同意义。"南山"变得难以自持，因而"南山"的显现就是一种历史。周毅博士回味道，在人类的思想史上，自然在古希腊哲学的开端处涌现出来，又逐渐发生变化，成为本性、神和神的作品。神在中世纪起着支配性作用，在文艺复兴时期又加强了万物有灵论的地位。随后，对象性思维日渐纯化，一切神灵都逃之夭夭，自然逐渐为理性照亮为一个机械的世界。机械自然观经历与有机论的斗争后，更为强大但物极必反，现成的自然终于面临天塌地陷式的灭顶之灾的危险。

于是，周毅博士画龙点睛：人渴望回归，追求返朴归真。自然以语言为家，诗人以自然的语言歌唱，思者则通过诗人的歌唱而领悟存在的真谛。诗人和思想家走出人的主体性，超越人的理性和自私，悉心聆听自然的声音。在对自然的应答中，周毅博士诗意地居住在大地上，让大地展开世界，让世界归于大地。诗意的生活扬弃了理性的生活和贪欲的生活，万物皆由对象逆转为艺术品，艺术品显露自然的显现与回归。于是，人的本真的生活，一任自然的沉沦和万物的冒险，又在沉沦和冒险中走出对象化，回复于纯朴的基础，神圣拯救涌出的自然，复现出自然的奥秘。诗人返回故乡，邻近本源，亲近本源，接近极乐。海德格尔说得好："诗人的天职是还乡，还乡使故土成为亲近本源之处。那邻近其本源居住者不愿意地离去。"返回故乡又不愿意地离家流浪，流浪在外思乡而又还乡。周毅博士的话令我们回味无穷：自然的真谛即人生的真谛，人生的真谛即自然的真谛。

后　记

　　陈昌曙先生是中国技术哲学的奠基人，最主要学术成就是建立了以人工自然论为基础的技术哲学。可持续发展是陈昌曙先生技术哲学理论的重要研究对象，同时可持续发展也丰富和发展了陈昌曙先生的人工自然过程论。陈昌曙先生可持续发展论内容十分丰富，其基本内容简介如下：

一、可持续发展与人工自然的分类

　　陈昌曙先生在"开展对可持续发展问题的哲学研究"一文中指出："人类文明的类型应作怎样的划分？既划分为原始时代、奴隶制时代、封建制时代、资本主义时代，又划分为铁器时代、电气时代、计算机时代、知识经济时代，该如何理？"[①]

　　陈昌曙先生的上述论述表明，研究可持续发展问题，必须在人工自然论的理论框架中进行。自然首先应该包括包括天然自然和人工自然。而人工自然又应该包括人化自然、狭义人工自然、产业自然和社会自然。研究可持续发展，就是需要研究可持续发展与天然自然、人化自然、狭义人工自然、产业自然和社会自然之间的关系。

二、天然自然与可持续发展关系

　　陈昌曙先生指出："天然自然可以定义为是不依赖于人和人的力量而存在的物质世界。这里所说的不依赖于人，不仅是指天然自然存在于人们的意识以外，而且还指根本不依赖于人，在人类产生以前乃至在人类消亡以

---

　　① 《开展对可持续发展问题的哲学研究》，东北大学学报（社会科学版），1999年第2期

后的自然存在。"①

关于天然自然与可持续发展关系，陈昌曙认为严格意义上的"生态"或"生态系统"，是在人类出现以前的"自然"；即天然自然或"天然自然系统"，在这个生态系统中，没有农业，没有工业，各个自然过程都循环再生，彼此依存，无所谓浪费，也没有垃圾和废物；各个自然因素都保持本来面目，无所谓清洁或污染，无所谓有益或有害，也没有毒物。天然自然是"纯生态系统"。天然自然生产是一种无主体生产，各种自然生产都必须由相互作用的各种物质要素参与，最后生成的物质结果是由发生相互作用的各种物质要素参与生成的。同时天然自然虽然当前不构成自然科学的研究对象，但是哲学的研究对象，具有"形而上"的特点。

三、人化自然与可持续发展

陈昌曙先生认为人化自然是人类观测所及从而能够感知的那部分自然，人类进行认识自然的科学研究主要是在这个领域展开的。科学是创建"人化自然"的手段，是人对自然的理论关系。探讨可持续发展与人化自然的关系解决以下问题：

（1）就具体的学科和专业说，可持续发展需要为解决生态环境问题而发展起来的科学，可以把它们区别为两类：一类主要是保护绿色的科学；另一类主要是推进绿色发展的科学等。

（2）可持续发展需要的科学还特指与生物资源有关的科学，如现代的基因工程等。而现有的学科专业体系，基本上就是按数、理、化、天、地、生、采、选、冶、机、电、土、农、轻、运等来划分的，可持续发展需要的科学有时就难以完全纳入到这个体系之中。因而随着可持续发展需要的科学的进一步发展，将会导致科学体系的改变和创新。

（3）可持续发展需要的科学的发展还会影响到现有的人才教育的内容、模式和体系。或者说，可持续发展要求有与之适应的绿色科学创新，绿色科学要求有与之相称的绿色科技人才，要求有足以满足需要的绿色教育。②

（4）可持续发展需要的科学特别包括工业生态学。工业生态学是新兴

---

① 陈昌曙：《技术哲学引论》，北京：科学出版社，1999
② 陈昌曙：《关于发展"绿色科技"的思考》，东北大学学报（社会科学版），1999年第1期

学科，它的产生是可持续发展的需要。[①]

四、人工自然与可持续发展

陈昌曙先生指出："我们把人类有目的活动的产物，把经过人类改造、创建、加工过的自然界叫做人工自然。"技术是创建人工自然的手段，是人对自然的实践关系。而工程是为了创建人工自然，是在特定的自然环境和社会情境中建造某一特定人工物的活动，因此陈昌曙先生提出的狭义人工自然主要是指技术人工自然和工程人工自然。

陈昌曙先生认为，关于可持续发展与人工自然的关系主要体现在以下方面：可持续发展问题的产生首先来自天然自然与人工自然的矛盾，天然自然与人工自然之间并非仅仅是利用与被利用、改造与被改造、控制与被控制的关系，人类还需要尊重自然、顺应自然、保护自然，使天然自然与人工自然之间从对立走向和谐，只有这样，才能实现可持续发展。

其次从可持续与人工自然的关系来看，要解决可持续发展问题，各种技术与工程活动，都要符合生态化的方向，不仅农业、林业要实现产业生态化，冶金、化工、建筑、交通、服务等传统行业的技术与工程活动也要以有利于生态化为方向发展。例如，开发高效、清洁、安全能源的问题，回收、再利用及无废料的工艺问题等。

再次从可持续与人工自然的关系来看，要解决可持续发展问题，需要明确什么是21世纪的主导技术，一是认为是计算机技术或信息技术，另一种观点即认为生物技术对人类未来和可持续发展有根本的、头等重要的意义，哲学都需要认真加以探讨。

五、产业自然与可持续发展

按照陈昌曙先生研究思路，产业可以定义为重复乃至规模化地生产人工物，使个别的、偶然出现的灵感、创意、发现、发明、人工物获得了普遍性，转变成了制造物。产业自然就是由制造物组成的自然。

从可持续发展与人工自然的关系来看，可持续发展问题的产生直接源于天然自然与产业自然的矛盾。体现在：

---

① 王东：《可持续发展与工业生态化》，上海经济研究，2007年第1期

1. 规模性矛盾

产业是通过大规模制造人工物，实现人工物向社会物的转化，从而满足人类需要的社会实践活动，规模性生产是产业自然的最重要特点，这与天然自然自主性特点形成矛盾。

2. 盈利性矛盾

产业以追求盈利性为目的，由此导致在产业自然中，只关注物质和能源的"可盈利"循环，产业自然要讲市场原则，讲效率优先、兼顾公平。这些与天然自然的全循环特点形成矛盾。

关于天然自然与产业自然的矛盾的解决，陈昌曙先生认为，从产业自然的产生看，社会可以分为农业产业自然、工业产业自然和后工业产业自然。解决产业自然与可持续发展矛盾的路径需要从产业自然产生的历时性入手。具体体现在：人类产生以后，有了畜牧经济和农业经济，天然自然开始派生出和派生为"农业产业自然"。初期的农业产业自然农业系统基本上是"生态性的人工自然系统"，其对自然的改变、污染和破坏是很有限的。在有了近代工业以后，自然生态系统发生了根本性的改变。近代工业乃是"改造和对抗天然自然的产业"，终于在 20 世纪下半叶造成了人口膨胀、资源短缺等全球性问题。至此人们呼吁和希望抑制非生态化的进程，重建一个新的、符合生态化要求后工业产业自然，以此为实现可持续发展提供现实可能性。[①]

六、社会自然与可持续发展

根据陈昌曙先生的研究，可以将社会自然定义为：社会自然是在产业自然及其确定的生产力基础上，通过建立和调整相适应的生产关系和经济基础，进而确立合适的上层建筑而形成的自然。从可持续发展与社会自然的关系来看，可持续发展问题的最终解决要依赖与与可持续发展相适应的社会自然的建立。

首先可持续发展的实现需要在相应的社会自然形成新的自然观，超越传统自然观的"主客二分"，人要尊重自然包括尊重自然界和自然物的发展权，进而实现人与自然的协调发和人与自然的共同进化。[②]

[①] 王东：《可持续发展与工业生态化》，上海经济研究，2007 年第 1 期
[②] 《开展对可持续发展问题的哲学研究》，东北大学学报(社会科学版)，1999 年第 2 期

其次可持续发展的实现需要在相应的社会自然形成新的社会支持。可持续发展需要投入，这就是社会条件支持，但可持续发展还需要有法制的支持、教育的支持、舆论的支持、公众的支持、伦理的支持，可持续发展与人们的生活方式密切相关的，也需要从人们的生活方式的改变方面获得相应的支持。[①]

本书共收录了陈昌曙先生关于可持续发展著作《哲学视野中的可持续发展》，以及"可持续发展研究"相关的 6 篇文章，编排的顺序是著作在前文章在后。

在编辑这部分内容时除了按照科学出版社体例的要求，对每篇文章和专著的文献格式作了统一修改处理之外，未对文稿内容做任何修改，原样馈赠读者，以表对陈昌曙先生思想的尊重。

参加本卷整理、编辑文献的人有刘晓宇、曹洪涛、张瑞、关宝瑞、张蕾，由郑文范统稿。

郑文范

2014 年 12 月 1 日

[①]　陈昌曙：《关于发展"绿色科技"的思考》，东北大学学报（社会科学版），1999 年第 1 期